本书由现代服务业河南省协同创新中心
与河南财经政法大学政府经济发展
与社会管理创新研究中心共同资助出版

河南省
文化产业创新
与发展研究

杨健燕　等◎著

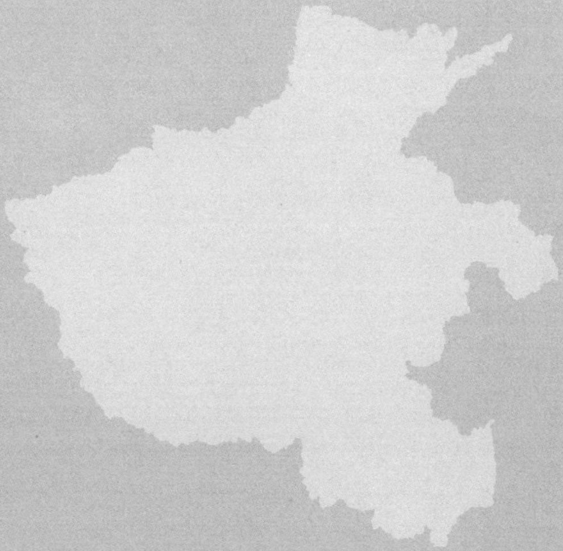

HENANSHENG
WENHUA CHANYE CHUANGXIN
YU FAZHAN YANJIU

中国经济出版社
CHINA ECONOMIC PUBLISHING HOUSE
北 京

图书在版编目（CIP）数据

河南省文化产业创新与发展研究 / 杨健燕等著.
—北京：中国经济出版社，2017.11
ISBN 978-7-5136-5273-5

Ⅰ.①河… Ⅱ.①杨… Ⅲ.①文化产业—产业发展—研究—河南 Ⅳ.①G127.61

中国版本图书馆 CIP 数据核字（2017）第 150495 号

责任编辑 杨 莹
文字编辑 郑潇伟
责任印制 巢新强
封面设计 久品轩

出版发行 中国经济出版社
印 刷 者 北京建宏印刷有限公司
经 销 者 各地新华书店
开　　本 710mm×1000mm 1/16
印　　张 16
字　　数 237 千字
版　　次 2017 年 11 月第 1 版
印　　次 2017 年 11 月第 1 次
定　　价 58.00 元
广告经营许可证 京西工商广字第 8179 号

中国经济出版社 **网址** www.economyph.com **社址** 北京市西城区百万庄北街 3 号 **邮编** 100037

目　录

第一章　导　言

当今世界，文化与经济、文化与科技交融共进，文化为经济发展提供强大精神动力的同时，其经济功能越来越重要，在综合国力竞争中的地位和作用越来越凸显。大力推进文化产业发展，提升文化“软实力”，已经成为当今世界经济社会发展的一种潮流，全球主要发达国家相继把文化产业作为国民经济的支柱产业和新的经济增长点。2017 年 4 月 19 日，文化部公布了《文化部“十三五”时期文化产业发展规划》，明确指出：“站在新的历史起点上，面对新形势、新要求，要进一步坚定文化自信，增强文化自觉，坚持创新驱动，推动文化产业转型升级、提质增效，实现文化产业成为国民经济支柱型产业的战略目标。”①河南文化产业要真正实现创新驱动发展，关键在于以促进文化产业价值链的重构与升级，推动文化产业结构的调整与升级，由此快速提升河南文化产业的核心竞争力与整体实力。

第一节　新技术助力河南文化产业升级

作为华夏文明的主要发祥地之一，河南省拥有极其丰富的文化资源。然而，由于受到产业低端化的制约，河南省对文化资源的开发、制作与加工，并没有充分转化为强大的文化产业硬实力，因此，加速产业升级，可谓是河南文化产业发展战略的第一个重要议题。

---

① 文化部关于印发《文化部“十三五”时期文化产业发展规划》的通知 [EB/OL]. http://www.mcprc.gov.cn/whzx/bnsjdt/whcys/201704/t20170420_493285.html, 2017-04-20。

（一）新技术引领文化产业创新发展

新技术正在引领传统文化产业走向创新之路，这一现象集中体现为互联网、人工智能、新材料、新工艺、新设计、新方法等在文化科技领域中呈现出高度融合的趋势。及时有效地抓住这一历史性机遇，对于加速河南文化产业升级，提高河南文化产业的竞争力具有重大的现实意义。

在互联网方面，互联网技术改变着文化产业的业态。互联网时代呈现出大数据、云计算、B2B、物联网、智能移动五大技术，这五大技术集中体现为数字化技术和网络的广泛应用，这就促使文化产业主体，诸如：博物馆、美术馆、旅游景区、会展中心等，为了应对“数字转变”，借助互联网平台，制定并完善自身的数字化发展战略，在团队、技术、管理、服务等方面提升数字化程度；在基础设施、运营、商务、客户关系、社区关系、KPI 等方面提升信息化管理水平和数字服务水平，充分利用数字技术与渠道解决自身的可持续发展问题。

在人工智能方面，人工智能在文化创意领域实现广泛应用。随着全球数字化的急速发展，传统的计算模型已经不能适应非结构性数据膨胀的计算要求，人工智能应运而生。其特征就是人工智能可以利用算法和基于规则的逻辑来识别和处理数据流，这样的能力让人工智能系统能够实现跨多种行业的自动化，利用算法、数据与工业、商业、金融业、文化娱乐等行业融合，促使经济和商业形态发生变革。在文化创意领域，人工智能在国际上已有大量应用，主要集中于音乐、新闻出版、视频、旅游等数字内容和电商平台。但是，随着行业内数字化程度的提高，企业内部运营数据和第三方平台数据来源的多元化以及算法不断成熟，人工智能可以解决的问题将越来越多，行业应用范围也将越来越广泛。

在新材料方面，新材料与艺术达到完美、实用的有效结合。这主要体现在智能织物与智能服饰的发展趋势。在 2016 年国际可穿戴技术与产业论坛上，专家认为“身体传感网络，智能织物”等是可穿戴设备未来的方向，智能织物纤维将是下一代可穿戴设备的重要基础材料之一。由于智能织物、纤维的广阔发展远景，美国、德国将“革命性纤维”或“未来织物”上升为国家战略。在文化创意领域，可穿戴设备与工业设计的结合已经密不可分，而随着智能材料性能的变化，智能织物的不断完善，可穿戴设备未来与时尚、各类生活消费品的结合将日趋紧密，可以预见智能材料和织物与文化创意结合将驱动更多形态的产品创新。

在新工艺方面，以增材制造（又称“3D”打印）为核心的新型制造技术，必然带来文化产品生产工艺上的革命性进步。广泛应用于工业设计、工艺设计、珠宝、玩具、文化创意等领域，它对于文化产业的意义在于：一是3D技术的广泛应用，使得设计师可以将所有的精力放在设计上，而不需要花很多精力和时间去迁就制作方式；二是3D技术借助互联网智能技术，既可以实现个性化的定制和制造，又可以实现像珠宝首饰这种现代艺术品的生产和制造，还可以实现古代艺术的再现，如文物等高端艺术品的衍生品；三是3D将技术取代了传统的手工制模的工艺，在作品精细度、制造效率方面都带来了极大的改善和提高，可以高效的实现小批量的生产，促进文化的传播和交流。总之，该技术带来了大量的跨界整合和创造的机会，尤其是给艺术领域的艺术家们带来了更为广阔的创作空间。

在新设计方面，时尚产业迈向智能制造，数据在全产业链各环节的驱动作用已逐步显现。从消费市场看，奢侈品消费的增长向设计师品牌（小众品牌）方向发展；从生产商看，生产商的制造工厂开始向智能化转型；从产品来说，智能服饰成为下一个发展方向，科技企业与时尚品牌合作开发了大量智能服饰产品；营销环节，国内外时尚网红经济同步发展，创造的经济价值惊人；零售方面，欧美时尚电商逐步由线上转向实体，传统零售商利用技术和大数据打造无缝体验，线上线下融合趋势明显。

总之，在新经济时代，文化产业或创意产业、版权经济已经成为发达国家经济发展的重要动力，经济发展与竞争已经越来越多地依赖于文化竞争力和科技竞争力。发展河南文化产业，优化河南文化产业结构，提升河南文化产业的产业链和价值链，就必须关注新技术及新技术与文化产业的结合，打造新技术趋势下河南文化产业的快速升级。

（二）新技术促进文化产业价值重构

在采用新技术加速河南文化产业升级的过程中，最为核心、最为关键的问题是如何避免由产业价值链“低端锁定”所导致的“伪升级”的发生。低端锁定是基于全球价值链（GVC）理论提出的一个概念。早期的产业升级理论主要停留在产业间升级层面，而近年来的主流趋势则将分析视角深入到价值链的不同功能环节，并从全球价值链视角出发，提出了流程升级、产品升级、功能升级、链际升级四个顺序推进的价值链攀升环节。诸多学者发现，发展中国家实际的产业升级过程，大都停留在流程升级与产品升级环节，只有极少数案例成功实现了功能升级与链际升级。[①]故而，为了描述发展中国家的产业升级困境，一些学者提出了“低端锁定”概念，其主要内涵是“在全球价值网络条件下，跨国公司利用核心能力来约束中国企业的知识创造与企业能力的提升，造成中国企业长期处于无核心能力的经营地位，从而迫使其在全球价值网络体系中长期处于价值创造的低端地位”。[②]

由于中国文化产业在全球文化产业价值链上处于中低端环节，而河南文化产业又处于中国文化产业价值链的中低端环节，所以，在全球文化产业的价值链条上，河南文化产业实际上陷入了一种双重低端锁定困境，极有可能陷入“伪升级”之中，“在现有成熟技术的轨道上亦步亦趋地追随发达国家，其技术赶超只能是永远向着技术前沿迈进但总是无法抵达技术前沿”。[③]一言以蔽之，这只是一种“伪升级”。正如有的学者所说：“在对发达国家主导企业战略意图臣服的前提下去进行所谓的‘升级’，实际上只能是‘伪升级’，GVC 理论的价值假设与‘升级’论断之间逻辑上存在内在矛盾与冲突，出现所谓‘升级悖论’：集群内企业沿着某一特定产品

---

① 李玮. 全球价值链理论和发展中国家产业升级问题研究［J］. 工业技术经济，2017（1）.

② 卢福才，胡平波. 全球价值网络下中国企业低端锁定的博弈分析［J］. 中国工业经济，2008（10）.

③ 黄宁，张国胜. 演化经济学中的技术赶超理论：研究进展与启示［J］. 技术经济，2015（9）.

—技术路径升级越快，当地植根性与当地产业关联被弱化的可能性就越大。”①

因此，为了探索“双重低端锁定困境”的突破路径，防止河南文化产业“伪升级”现象的发生，河南文化产业升级必须开拓新思路。“十三五”时期乃至更长时段内，文化产业区域化发展将成为一个主要趋势。《文化部“十三五”时期文化产业发展规划》提出：“以国家区域发展总体战略为基础，以‘一带一路’建设、京津冀协同发展、长江经济带发展为引领，引导各地根据资源禀赋和功能定位，走特色化、差异化发展之路。”这也表明文化产业的创新驱动发展，并没有一刀切的统一模式，而是带有鲜明的区域化特征。

基于中国文化产业的区域化发展趋势，文化产业区域价值链的重要性将逐渐凸显。故而，立足河南文化产业区域化特征，着力打造文化产业区域价值链，应当成为河南文化产业价值链重构的重要方面。从学理上说，区域价值链是对全球价值链与国家价值链的补充与完善，是“立足区域本地的关键资源能力与市场需求，发掘并整合区域价值链内部的创新要素，由本地企业主导产业价值链的核心环节，并通过主导企业的桥梁与纽带作用，强化设计、研发渠道、品牌等高附加值环节，形成相对完整的区域内循环型价值链”。②

与全球价值链的中心辐射边缘、先进带动后发的模式不同，区域价值链更加强调独立自主基础上的互动与双赢，更加强调不同区域在采用新技术加速升级过程中的主导性，故而为了突破双重低端锁定效应，加速河南文化产业升级，在坚持将新技术作为根本驱动力的同时，还须坚定不移地构建河南文化产业的区域价值链，并根据构建河南文化产业区域价值链的需要，加速新技术在文化产业的扩散与应用。

---

① 许南，李建军．全球价值链研究新进展：俘获型网络的形成与突破对策［N］．湖南师范大学社会科学学报，2011（1）．

② 王海杰，宋姗姗．基于马克思价值链理论的欠发达地区产业发展研究［J］．当代经济研究，2014（4）．

（三）新技术推动文化产业结构升级

科学技术是第一生产力。历史上每一次科技革命都会引发产业革命，文化的发展也会随之产生翻天覆地的变化。在科技突破的引领下，以互联网为代表的信息技术的迅速发展，推动了人类进入信息时代，以人工智能、互联网+、智能终端、大数据、物联网等为代表的现代科技正在向文化产业领域渗透，使文化产业发展出现了新的重大机遇。互联网+文化产业正是利用数字化、互联网、移动互联网、新材料、人工智能、虚拟现实、增强现实等创新技术，将文化产业带入新的大环境之下，实现产业的逐步升级转型。

通过文化科技融合驱动文化产业升级的思路，在国家政策层面上也得到了明确表述，比如党的十八大报告提出："促进文化和科技融合，发展新兴文化业态，提高文化产业规模化、集约化、专业化水平。"① 2016 年 11 月 29 日，在国务院印发的《"十三五"国家战略性新兴产业发展规划》中，与文化产业密切相关的数字创意产业被列入国家战略性新兴产业范畴，成为与新一代信息技术、生物、高端制造、绿色低碳产业并列的五大战略性新兴产业之一。②

战略性新兴产业之所以能够带动文化产业升级，正是由于对前沿核心技术的掌控与应用。从理论方面，早就有学者指出："产业结构演变过程可以用螺旋式上升模型表示，传统产业经过技术改造可以形成战略性新兴产业，而新兴产业的培育可以为传统产业升级提供支撑，这两者呈现出螺旋式上升趋势。"③ 从政策方面，国家对战略性新兴产业的核心功能定位是

---

① 胡锦涛. 坚定不移沿着中国特色社会主义道路前进，为全面建成小康社会而奋斗——在中国共产党第十八次全国代表大会上的报告［EB/OL］. http://www.ce.cn/xwzx/gnsz/gdxw/201211/19/t20121119_23859552.shtml，2012-11-19。

② 国务院关于印发《"十三五"国家战略性新兴产业发展规划》的通知，［EB/OL］. http://www.gov.cn/zhengce/content/2016-12/19/content_5150090.htm，2016-12-19。

③ 孙军，高彦彦. 产业结构演变的逻辑及其比较优势——基于传统产业升级与战略性新兴产业互动的视角［J］. 经济学动态，2012（7）.

“提升产业层次、推动传统产业升级、高起点建设现代产业体系”。[①]所以，作为新兴科技与新兴产业深度融合的产物，战略性新兴行业可谓国家产业发展政策的风向标，而将数字创意产业列入战略性新兴产业，则集中地体现了通过前沿核心技术引领并带动文化产业升级的国家意志。

作为战略性新兴产业，数字创意产业是新技术推动文化产业转型升级最有说服力的鲜活例证，这表明以文化为核心，以科技为依托，是未来文化产业创新发展的必由之路。不难理解，河南文化产业结构的转型与升级，必须以新技术为根本驱动力，而国家将数字创意产业纳入战略性新兴产业目录，无疑为河南文化产业利用新技术实现产业结构调整与升级提供了良好的机遇。因此，河南文化产业结构的转型升级，需要牢牢抓住数字创意产业这一关键性环节，以数字创意产业为主导，引领传统文化产业的改造与调整。

增强文化产业竞争力是一个长期的系统的工程，无论是河南文化产业价值链的重构，还是河南文化产业结构的调整，最终都是为了增强河南文化产业的竞争力。文化产业竞争力是指“文化产品的生产企业在一定的市场环境下，掌握文化资源、开发核心产品、迅速占据市场以获得经济效益和社会效益的能力。”[②]文化产业竞争力的形成具有多样化机制，根据迈克尔·波特的竞争力理论：从“动态要素”中获得竞争优势，要比从“静态因素”中获得更能持久，而且会随着时间推移与知识积累而增加，所以作为一种动态要素，数字技术在文化产业的深化应用，能够为要素资源提供可持续发展的可能性，进而为文化产业发展提供强大的动态竞争优势。[③]

世界各国文化产业发展的实践也表明，文化产业竞争力的提升，紧紧依赖于新技术的支撑。比如20世纪90年代以来，以数字化技术、互联网技术为主要标志的新科技革命浪潮，文化产业领域结合新科技后不断生成

① 国务院关于加快培育和发展战略性新兴产业的决定（国发［2010］32号），［EB/OL］. http：//www.gov.cn/zwgk/2010-10/18/content_ 1724848.htm，2010-10-18。

② 徐萍. 我国区域文化产业竞争力实证分析［J］. 集团经济研究，2006（32）.

③ 邓文君，温雯. 法国文化产业竞争力的产业模型分析［J］. 学术研究，2016（1）.

新业态，这对文化产业竞争力的形成机理产生了深刻影响。正如有学者所描述的那样："互联网已成为新的商业平台和文化娱乐平台，不断衍生出新的媒体，将文化产业推进到了前所未有的高度。新技术、新产品将会使数字娱乐全面超越传统娱乐方式，数字技术正席卷全球，媒体和娱乐业越来越多地利用计算机产生的图像来运行数字内容的创作、动画创作、影视数字创作。IT 科技发展为影视业开辟了新的发展方向，创造了数以十万亿元的利润。"①

河南省所拥有丰富的文化资源，只有借助高新技术的转换与开发，才能将静态的竞争优势转化为动态的竞争优势，从而使古老而悠久的中华文化重新焕发出蓬勃的生命力。尤其是在新技术成为文化产业发展根本驱动力的当下，更要重视文化产业的数字化发展，通过数字技术不断创新并丰富传统文化的现代表现形式，提高文化产品的数字化程度。以新技术促进文化产业竞争力的提升，应当是河南文化产业实施创新驱动发展战略的重要着力点。

第二节　新业态拓展河南文化产业空间

伴随着信息技术、生物技术、新材料技术、新能源技术所引发的新一轮科技革命的孕育兴起，文化业态的新旧更替将成为"十三五"乃至更长时期内我国文化产业发展的一种重要趋势。培育新兴文化业态，拓展文化产业空间，成为河南文化产业实施创新驱动发展战略的又一重要议题，这既是河南省实现产业经济转型升级的客观需要，也是推动河南文化产业成为国民经济支柱性产业的主要路径。

（一）新业态实现文化产业新突破

所谓新业态，是指不同产业之间的重新组合，以及企业内部价值链和外部价值链各个环节的分化、融合、行业跨界，或者是关键信息及互联网

① 宋彦麟. 辽宁省文化产业竞争力研究［N］. 辽宁人民出版社，2007（2）.

技术所形成的新型企业、商业乃至产业的新的组织形态。尤其是在知识经济发展的当下，这种发展趋势已经成为人们追求新的经济增长点、培育新产业、优化产业结构、谋求竞争优势的战略定位。一般来讲，新业态的产生与发展取决于三大重要因素：一是信息技术革命，二是产业升级的推动，三是消费者需求的倒逼。就文化产业而言，这三大因素与文化产业的发展密切相关，在很大程度上突破了文化产业发展的瓶颈问题。

近年来，河南文化产业新兴业态虽然发展迅猛，但在思想观念与体制机制等方面仍然存在诸多问题。只有通过深入实施创新驱动发展战略，才能进一步破解障碍，实现河南文化产业跨越式发展，其主要路径正在于以构建文化创意产业价值链为目标，着力推动新兴文化业态的发展壮大。换言之，与加速产业升级，推动产业融合一样，培育新兴文化业态是河南文化产业价值链重构与升级的重要方式，是河南文化产业实施创新驱动发展战略的主要着力点之一。

在文化技术革新、文化需求增长与文化消费转型等因素的强力驱动下，文化产业新兴业态逐渐突破了传统文化产业的边界与范围，改造了文化产业的内在结构与层次，极大地拓展了文化产业发展空间，为文化产业价值链的升级创造了有利条件。比如金元浦将文化产业分为三个部类：第一部类是传统意义上的文化产业，如传统旅游业、文艺演出业、民族传统节庆业和传统工艺品业等；第二部类是以电子和纸质印刷为基础的广播、电视、电影、新闻出版等常态文化产业；第三部类则是数字化、互联网等高新技术支撑下，以文化创意为核心的新业态。在这三个部类中，由高新技术支撑的新兴文化业态，是文化产业增加值的主要贡献者，代表着文化产业发展的未来方向。①

从学理上讲，文化业态的新旧更替正是文化产业价值链的重构与升级过程。有学者指出："从产业的演变历程来看，价值链的运动在一个产业生命周期中是持续不断的过程。价值链的运动缘起于企业的商业模式变

① 金元浦．走向新业态：高新技术力促文化产业升级［J］．中关村，2011（9）．

革，业态创新是价值链运动的基本表现形式，分解、融合、新业态是价值链运动的三种经典模式，产业细分和产业重构是价值链运动导致的必然结果。”[①]因此，在发展新兴文化业态时，一定要强化价值链意识，根据河南文化产业区域特征和条件，大力扶持处于价值链高端环节的文化业态，并采用新技术推动传统文化产业向价值链高端环节移动，从而实现河南文化产业价值链的重构与升级。

2016年9月30日，河南省委省政府印发了《华夏历史文明传承创新区建设方案》，这份纲领性文件提出了华夏历史文明传承创新区的五大发展战略定位：全球华人根亲文化圣地、中国文化遗产保护传承示范基地、全国重要的文化产业基地、现代文化创新发展新高地、中国文化“走出去”的重要基地。然而，当前河南文化产业集群的发展存在诸多问题，比如创新能力不足，集约化程度不高、供给需求矛盾突出、资源配置机制不合理、文化产业治理水平低等，迫切需要以文化产业价值链的重构与升级为目标，通过文化产业集群发展模式的创新，实现河南文化产业的良好快速发展。

有学者指出：“产业价值链实现着发现价值和创造产业链整体竞争优势的作用。通过产业价值链的整合，出现价值链与价值链之间、价值系统内部各部分之间的协同效应，不断发现和创造新的价值。随着产业链理论的更深入的研究，产业价值链作为价值创造的创新形式将发挥越来越重要的作用。”[②] 河南文化产业在不同空间尺度上的集聚发展，要充分考虑价值链整合与协调功能。为了突破在全球文化产业价值链中的“双重低端锁定困境”，河南文化产业应当积极打造“区域价值链”，其中“区域”对应的就是华夏历史文明传承创新区、黄河中原地区文化带、“一带一路”重点文化产业带等空间尺度，这条构想中的“文化产业区域价值链”，实际上也是一条以文化创意产业为核心的全产业价值链。

推动文化产业集聚式发展，正是要发挥这条文化产业价值链的整合与

---

① 北京市长城企业战略研究所．产业价值链运动三规律［J］．高科技与产业化，2014（3）．

② 杜义飞，李仕明．产业价值链：价值战略的创新形式［J］．科学学研究，2004（5）．

协调功能，通过文化创意和高新技术的联动发力，延伸与拓展文化产业价值链。这并不意味着在文化产业价值链的所有环节上铺开，而是要在关键重点环节上有针对性地进行突破，并通过价值链上各节点之间的互动带动河南文化产业的跨越式发展，从而大力发展好文化产业，让河南的文化潜力转化为文化软实力，最终转化为经济发展的硬实力。

（二）新业态衍生文化产业新链条

文化产业集群是由众多文化企业以及相关支撑机构，根据专业化分工和协作关系，在一定区域集聚而形成的产业组织。① 产业集群实质上是产业要素的空间集聚现象，故而可以在不同空间尺度上对文化产业集群进行思考，文化产业集群既可以是产业园区规模的文化产业集群，又可以是城市规模的文化产业集群，还可以是省域规模的文化产业集群。近来有学者提出了中国文化产业的“带状发展”概念，这意味着文化产业跨越省域向着更大空间尺度拓展与布局的趋势。所谓“带状发展”，是指“在大数据时代，文化产业空间布局突破传统区域环状分布取而代之以线性带状分布相关联，将文化产业的诸多要素进行有机的市场化配置与整合，从而突破行政区划的阻隔和产业门类的分割，最终实现国际化生产、交换与消费的整体共赢的文化产业发展大格局。”②

实际上，文化产业带状发展思路已在国家文化产业政策中有所体现。《文化部“十三五”时期文化产业发展规划》提出：“围绕一带一路建设、京津冀协同发展、长江经济带发展等国家战略，加强重点文化产业带建设，建立和完善区域文化产业发展协调联动机制，实现互惠共赢。”③ “一带一路”重点文化产业带的战略布局，为河南省文化产业的发展带来了历史性重大机遇。在中国文化产业带状发展视野中，“黄河中原地区文化带”

---

① 康小明，向勇．产业集群与文化产业竞争力的提升［N］．北京大学学报（哲学社会科学版），2005（2）．

② 范建华．“十三五”中国文化产业带状发展新趋势［N］．中国文化报，2015.5：（006）．

③ 文化部关于印发《文化部“十三五”时期文化产业发展规划》的通知［EB/OL］．http：//www.mcprc.gov.cn/whzx/bnsjdt/whcys/201704/t20170420_ 493285.html，2017-04-20.

具有得天独厚的条件与优势。范建华在《“十三五”中国文化产业带状发展新趋势》一文写道：

黄河文明的中心在中原地区。从地域上来说，黄河文明的范围很广，囊括了中原文化、齐鲁文化、三晋文化、秦陇文化、河套文化、黄河三角洲文化等不同的区域文化，而其中的中原文化是黄河文明的中心，主要以今天的河南省为主向四面八方延伸，这里人口密集，仅河南省的人口就突破了一亿人。这一文化带具有极为深厚的历史底蕴和文化遗产根基，毫不夸张地说，中华民族的伟大复兴首先要看的就是黄河中原地区文化带的复兴。

古老文明同现代产业相结合是当今世界文化发展的一大趋势，黄河中原地区只有打造“兼容并蓄”的文化产业集群才能实现新的发展，中国文化产业的蓬勃发展同样需要“逐鹿中原”——离开中原文化产业的崛起，中国文化产业将缺失重要的发展原动力。众所周知，古代丝绸之路起点之一就是洛阳，而洛阳又是中原文化的核心区域。“一带一路”国家战略中的“丝绸之路经济带”建设，很重要的一环就是实现黄河中原文化带的振兴，尤其是推动河洛地区文化产业的发展。①

基于中国文化产业发展形势与格局的变化，我们应该进一步拓宽视野，深谋远虑，将河南文化产业发展与提升国家文化竞争力、维护国家文化安全、传承创新华夏文明结合起来。为了实现这些战略目标，迫切需要我们用新思路与新模式，深入实施创新驱动发展战略。河南文化产业发展应当在更大的产业集群空间尺度上进行统筹规划。这不是说文化主题基地、文化产业园区的建设不重要，而是说河南文化产业的集聚发展模式可以从园区、城市、区域层不同层面上考虑，并将不同空间尺度的文化产业集群模式置于华夏历史文明传承创新区、黄河中原地区文化带、“一带一路”重点文化产业带等更大空间尺度的产业集聚模式中考虑。

---

① 范建华．“十三五”中国文化产业带状发展新趋势［N］．中国文化报，2015.5：(006).

(三) 新业态成就文化产业新格局

催生文化产业新业态的关键原因是高新技术，故而以往对新兴文化业态的界定将高新技术置于重要位置。比如如下界定："新兴文化业态主要是指凭借互联网和数字技术支持而衍生出来、与文化产品和文化服务有关的文化业态，其核心技术应该是网络信息技术和数字化技术。"①然而，由于新技术革命背景下文化产业新旧业态的交替越来越快，造成"新兴文化业态"成为一个动态的、相对的概念，很难对其内涵与外延进行准确的界定。

目前，关于文化产业新型业态的理论研究，主要包括三个方面：一是从技术或政策角度分析文化产业新业态的发展路径和未来前景；二是从产业融合视角探讨文化产业新业态的产生途径；三是借鉴经济学等理论资源，阐释文化产业新兴业态的驱动因素与形成机制。②不过整体而言，关于文化业态创新的特征、模式、机制等相关问题的研究尚待深入与系统化，切合中国文化产业状况、得到业界和学界普遍认可的文化业态创新理论仍处于创建阶段。③

在文化产业跨界融合的过程中，新兴文化业态不断涌现，迅速改变着文化产业的格局与形态，对于文化产业结构的优化发挥着重要作用。根据国家统计局数据，2016 年上半年，我国新兴文化产业在规模、增速和贡献等方面都远超传统文化产业，尤其以"互联网+"为主要形式的文化信息传输服务业和文化休闲娱乐服务业的发展最为迅猛，分别增长了 29.7%和 19.8%，成为带动文化产业快速发展的强力引擎。④已有学者撰文指出："十五""十一五"是我国文化产业的起步阶段，"十二五"是培育产业体系、形成产业规模、打造产业园区、整合产业资源、聚合产业资本的快速

---

① 杜丽芬．新兴文化业态：核心概念及其初步分类［J］．商场现代化，2010（17）．

② 邓向阳，荆亚萍．中国文化产业新业态创新模式及其发展策略［J］．中国出版，2015（16）．

③ 郭鸿雁．基于系统观的文化业态创新研究［J］．现代传播，2009（4）．

④ 李凤亮，宗祖盼．经济新常态背景下文化业态创新战略［N］．北京大学学报（哲学社会科学版），2017（1）．

发展时期，与上述时期不同，“十三五”是中国文化产业进入大数据时代，新兴产业门类和新业态对文化产业进行大解构、大变革、大融合、大转型、大升级的历史机遇期。①

从全球文化产业的发展潮流来看，传统文化产业的黄金时代已成过去，以数字技术、互联网技术为代表的新兴文化业态已经迎来发展的大好机遇。新技术革命背景下，文化产业竞争力的内涵发生了重要转变，这主要来源于新兴文化业态的崛起。新业态强力推动了文化产业的大繁荣，并在传播手段、盈利方式、载体与内容等各方面超越了传统模式，呈现出新的时代特征。在新兴文化业态视域下，区域文化产业竞争力主要体现在产业融合能力、产品创新能力、资源整合能力、市场拓展能力四个方面。由于文化新业态蓬勃兴起，文化资源的分配方式被重新定义，文化产业竞争格局正悄然变化，一些地区的文化产业表现出“弯道超车”的快速发展态势。②面对趋势，对于河南文化产业竞争力的提升而言，新兴文化业态的重要性将越来越凸显。

第三节　新产业加速河南文化产业发展

推动文化产业成长是河南文化产业实施创新驱动发展战略的另一重要议题。文化产业内部及文化产业与其他产业的融合，不仅可以推动文化产业的发展，而且能够提升其他产业的附加值，最终促成经济与文化的良性互动。以新产业拓展新增长点，以新产业赢得新优势，以新产业谋求发展新格局。

（一）新产业为文化产业成长注入新动能

新产业是相对于传统产业而言，目前尽管没有一致的界定，根据新产

① 范建华．“十三五”中国文化产业带状发展新趋势［N］．中国文化报，2015.5：(006).

② 李凤亮，潘道远．新业态视域下的广东文化产业竞争力研究［J］．广东社会科学，2017(4).

业的形成规律，我们认为它包含了三层意思：一是由于新技术产业化而形成的新产业；二是基于高新技术改造传统产业而形成的新产业；三是产业之间跨界融合而形成的新产业。这些新产业都具有高技术、高知识、高资本、高智慧、高附加值等特点。这些新产业跨界的发展趋势将为文化产业的成长提供新的动能。

首先，就是新技术产业化形成的产业。新技术一开始，属于一种知识形态，在发展过程中其成果的转化、深化和应用逐步产业化，最后形成一种新的产业。这种新产业的深入发展必然拉长产业链条。比如IT技术，对于文化产业而言，必然为数字文化产业的发展提供强大的产业支撑。因为无论是从国际还是国内的角度来看，数字文化产业都是朝阳文化产业，也是与信息技术密切结合的产业，该产业代表文化产业的主流方向。数字文化或数字出版是指利用数字技术进行内容编辑加工，并通过网络传播数字内容产品的一种新型出版方式，其主要特征为内容生产数字化、管理过程数字化、产品形态数字化和传播渠道网络化。数字出版产业或者数字文化产业涉及内容产业、平台产业和文化科技三个主要领域，内容产业可以具体化为电子图书、数字报纸、数字期刊、网络原创文学、网络教育出版物、网络地图、数字音乐、网络动漫、网络游戏、数据库出版物、手机出版物（彩信、彩铃、手机报纸、手机期刊、手机小说、手机游戏）等。因此，在发展数字文化产业的过程中，意味着首先是一种跨界的理念，即跨部门、跨行业、跨领域、跨技术门类等的资源和技术平台的合作。最重要的是通信网络成为数字出版和文化产业最重要的网络交流平台。

其次，就是用高新技术改造传统产业，形成新产业。比如说，改造后的传统钢铁行业，生产复合材料以及抗酸、抗碱、耐磨、柔韧性好的新兴材料。同样，用新技术改造传统的商业，变成现在的物流产业。这类改造升级后的新产业，伴随着产业链条延伸的原理，必然传导和带动传统产业链条的升级和改造。因为作为一种产业组织形式，产业链包含了经济活动中各个产业部门的内在关联，形成环环相扣的链条式关联关系。在经济增长方式转型升级背景下，文化产业与制造业体现出前所未有的相互依赖、互动发展趋势。在上游的研发设计、下游的销售服务等环节都渗入了文化产业的相关因子，诸如：出版、传媒、旅游、动漫等领域的文化产品的生产、销售、消费等。文化产业与制造业的嵌入关系是指相互联系的产业链成员之间形成的社会网络关系。完整的产业链条上，生产制造业企业与文化产业企业基于某些共性而建立合作，从而形成相应的嵌入关系。这种嵌入关系一旦形成，无论是产业链条的前纵向延伸和后纵向延伸，都将以协同效应的经济性和市场交易费用的节约的内在特质，赋予上下游企业内生的发展动力，提高企业的专业化水平和社会协作能力。

最后，产业之间跨界融合而形成的新产业。在以新经济快速发展今天，产业升级正在以产业投资的跨界和产业运营的融合等方式进行，产业之间的关系已经不再是简单的投入产出关系和上中下游关系，产业之间的边界越来越模糊，一些新经济、新产业也相继出现。比如：专门从事网络资源搜集和互联网信息技术的研究、开发、利用、生产、贮存、传递和营销信息商品的互联网产业。从其产业内部看，互联网产业链正在进行更广泛的垂直整合，电信运营商、内容服务商、设备制造商等加速将自身业务向产业上下游延伸，打造硬件、软件、应用服务一体化的产业模式，抢夺互联网以及移动互联网“入口”。在互联网经济下，有用户才会有商业价值，而布局、抢占甚至试图垄断“入口”，就是争夺用户，提升商业价值。从其产业外部看，互联网与传统产业的跨界融合正在加速。一方面，传统企业积极用互联网思维武装自己，用互联网工具变革自己，许多被人们贴上“传统”标签的行业、企业正在加速与互联网融合。典型的如传统商贸、商超、零售企业纷纷向互联网转型，推动了我国网购市场高速发展。互联网教育、互联网娱乐、互联网医疗，以及世界杯期间大热的互联网彩票等正在持续发酵。另一方面，随着大数据、云计算、移动互联网的发展，互联网与传统经济的融合正在加速。移动互联网以前所未有的传播速度，云计算以超强的存储和计算能力，大数据以快速准确的挖掘能力，联袂向生产、消费领域的广度和深度渗透，促使生产、消费、服务和流通一体化。

（二）新产业为文化产业发展营造新机遇

如同产业升级，产业融合不仅是理论界的一个重要概念，也是政策文件中的热点问题。实际上，与其他类型的产业融合相比，文化产业融合具有特殊逻辑或模式，从学理上深入分析这一问题，对于推动河南文化产业融合大有裨益。产业融合这一特殊经济现象受到关注，起源于以信息技术为核心的高新技术的应用与扩散所带来的产业间交叉与产业边界的消融。基于这种历史性成因，传统产业融合理论认为技术融合是根本驱动力，并以技术融合为核心构建了一套相当完善的产业融合阐释模式。比如，陈柳钦将产业融合界定为“不同产业或同一产业内的不同行业在技术融合的基础上相互交叉、相互渗透，逐渐融为一体，成为新的产业属性或新型产业形态的动态发展过程”，并以技术融合为基础详细阐述了产业融合的发展动因、演进方式与现实效应。①

不过，通过考察产业融合的历史演进与最新进展，也有学者提出了观察产业融合的新观点：“产业融合经过了以技术为核心、以管理和市场为核心的融合过程。目前，以文化要素为核心的产业融合时代正式开启，以文化要素为核心的文化产业与其他产业的融合有别于传统产业之间的融合，文化作为要素资源不再稀缺，大部分文化产品的使用在互联网经济下不再排他，真正实现共享，这为文化产品融入其他产业提供了物质基础，并最终转化为提升其他产业绩效的创意源泉。可以说，以文化为逻辑的产业间的融合是产业融合的一种新的趋势，是对传统产业融合理论的一种发展。”②

正如一些学者所说：“文化产业的综合性、渗透性、关联性突出，同多个产业存在天然的耦合关系，具有产业融合的深厚基础和广阔空间。推动文化产业和相关产业融合发展，是文化产业成为国民经济支柱性产业的

---

① 陈柳钦．产业融合的发展动因、演进方式及其效应［N］．郑州航空工业管理学院学报，2007（4）．

② 冯晓棠，张爱英．文化要素为核心的产业融合新趋势分析［J］．经济问题，2016（4）．

必然要求，也是转变经济发展方式、实现相关产业优化升级的迫切需要。”[①]基于文化产业融合的特殊性，国内有学者提出“一源多用与全产业价值链”的文化产业融合战略。所谓“一源多用”，是指一种文化资源在商业环境下通过知识产权经营，将影视、出版、电影、游戏、漫画、主题公园、观光旅游等相关竞争领域结合起来融合发展。所谓“全产业价值链”，是指以文化符号为链接、文化品牌为纲领，推动现代农业、特色加工业和现代服务业的跨界共生，大力推进文化的产业化和产业的文化化的协同发展，将第一产业、第二产业与第三产业融合为第六产业。[②]

产业融合不仅能够拓展文化产业的发展空间，而且能够塑造新的市场结构，并由此改变一个地区的产业结构与经济增长方式。有学者指出，文化产业融合的主要功能体现在以下三个方面：一是有效推进产业结构优化升级，催生新兴业态，建立现代新型产业体系；二是促使市场结构在企业竞争合作关系的变动中趋于合理化从而大幅度提高产业整体效率；三是推动企业组织产权结构的重大调整，并引发企业组织内部结构的创新。[③]

正是由于文化产业融合功能所带来的多重效益，推动文化产业融合日益成为推动文化产业发展空间的政策关注点。比如，2014 年 2 月，国务院发布《关于推进文化创意和设计服务与相关产业融合发展的若干意见》，强调了文化创意和设计服务具有高知识性、高增值性、低能耗、低污染等特征，并阐述推进文化创意和设计服务与实体经济深度融合的重大意义。从这一视角来看，国家将数字创意产业纳入战略性新兴行业，不仅仅体现了通过高新技术引领并带动文化产业升级的国家意志，而且也是在表达一种崭新的文化产业融合理念，即通过数字创意产业与各产业领域的融合，催生产业融合的化学反应，从而形成文化创意经济跨界融合与无边界渗透的发展格局。随后，《文化部“十三五”时期文化产业发展规划》提出“推动文化创意和设计服务与装备制造业和消费品工业深度融合，提升产

① 朱欣悦等．文化产业价值链的构成及拓展［J］．经济纵横，2013（7）．
② 向勇．文化产业融合战略：一源多用与全产业价值链［J］．前线，2014（6）．
③ 郭万超．产业融合必然塑造新的市场结构［J］．中国民商，2016（11）．

品附加价值”，并从文化与建筑地产业、旅游业、农业、体育产业、健康养老产业等方面阐述文化产业跨界融合的思路。2016 年 9 月 30 日，河南省委省政府印发了《华夏历史文明传承创新区建设方案》，这份纲领性文件提出发展创意设计产业，实施“文化+”工程，大力发展“文化+制造业”“文化+现代农业”“文化+旅游业”“文化+互联网”等文化产业融合思路。

（三）新产业为文化产业壮大赢得新优势

产业融合与产业竞争力的提升具有密切关联。在文化产业与其他产业融合的过程中，通过对不同产业价值链上的价值创造活动进行细化分解，识别这些价值创造活动的优势与劣势，进而借助技术手段的创新，突破原有的产业边界而进行重组、优化与创新，从而整合成涵盖两个产业核心价值活动的新型价值链。由于新的价值链融合了两个产业的优势，不但具有更高的附加值与更大的利润空间，而且创造了更为多样化的产品与服务，顺应了消费需求的发展趋势，其竞争力自然会逐渐提高。[①]

产业融合不仅是河南文化产业价值链的延伸和发展空间的拓展过程，同时也是整合资源促进河南文化产业竞争力提升的有效途径。例如：作为现代服务业中的朝阳产业，旅游业的高关联性与动漫业的高资本密集型，使二者的融合具有可行性，并表现出“互为对方注入活力”“实现产品深度开发”“互用营销渠道”“加强竞争合作”“降低交易成本”等多种竞争优势。基于这种分析，不难理解，“动漫旅游业的融合是对河南省现有旅游业资源的网络开发。动漫业可以依靠河南省旅游业所具备的文化和历史特性展现出其标新立异的创作面，从而带动相关出版行业、音像制品行业、服装业、玩具业等相关产业的发展，所以动漫产业和旅游业融合短期内使二者受益，长期来看也对带动相关行业做出巨大贡献。”[②]

文化产业集群发展发轫于 20 世纪 70 年代，并逐渐发展为一种世界性

---

① 张海燕，王忠云．基于产业融合的文化旅游业竞争力评价研究［J］．资源开发与市场，2010（8）．

② 杨轶雯．产业融合下产业竞争力提升路径选择——以动漫业和旅游业的发展为例［J］．商业时代，2014（7）．

的潮流与趋势。而在当今世界的文化产业版图上，已经形成了众多影响巨大的产业集群，包括：美国洛杉矶的影视娱乐集群、纽约的设计媒体娱乐集群、硅谷的软件网络和数码内容集群、英国伦敦的设计媒体和娱乐产业集群、日本东京的动漫媒体印刷集群、意大利米兰的时尚会展集群、印度孟买的影视娱乐集群、德国法兰克福的会展出版业集群等。

近些年来，河南省文化产业虽然取得了长足的进步，然而仍然存在一些瓶颈性问题，诸如文化资源低水平开发、文化产业创新力不足、缺少竞争力强大的龙头企业等，这些问题的解决都有赖于文化产业集聚模式的探索与创新。只有形成了集群优势，才能提升河南文化产业的核心竞争力，正如有学者说："文化产业集群代表了文化产业的综合竞争力，一个国家要成为世界级的文化产业大国，必须建立强大的文化产业集群。全球的文化产业竞争，在能级和规模的意义上讲，主要就是文化产业集群的竞争。"①

河南文化产业集群优势的培育，需要考虑的问题相当多，这里特别强调发挥龙头企业的核心作用。河南文化产业的总体规模相当大，企业数量也非常多，然而具有强大竞争优势的大型文化企业相对较少，因此，要重点培育一批对文化产业发展具有引领作用的大型文化企业，通过产业集群发展有效发挥大型文化企业对本区域的龙头引领作用，并逐步地建立健全文化产业集聚发展的扶持政策，从而形成具有中原地域特色与产业竞争优势的文化产业集群。

---

① 花建．推动文化产业的集聚发展——"十二五"期间推动文化产业软实力的重大课题［J］．社会科学，2011（1）．

第二章　文化产业概述

文化产业作为一种新兴产业，蕴含着巨大的发展潜力，以其精神性、创意性、高成长性、高附加值性等特性，被喻为21世纪的绿色朝阳产业，现如今，已成为许多国家和地区的支柱产业，是衡量一个国家或地区社会进步和经济综合实力的重要指标，在中国，文化产业已成为经济新常态下新的经济增长点，是经济结构调整升级和可持续发展的有力助推器。

第一节　文化产业的界定

文化产业作为一个国家文化的重要组织部分，不仅为人民群众提供丰富的文化消费品和文化服务，满足人们的精神需求，而且还是新科技成果转化的重要载体，为其他产业提供大量的产品附加值，进而对GDP的增长做出贡献，其社会功能和经济功能日益凸显。作为一门新兴产业部门，怎样准确把握其内涵，怎样准确界定其产业边界和内涵就成为各省重要的问题。

一、文化产业的定义

文化产业的概念至今还未得到十分严格和统一的界定，各国学者也都认同这一概念具有多重含义，并在不同的历史、文化背景下和不同的意义上理解和使用这一概念。因此，文化产业有时也被称作或引申为“文化产业”（Cultural Industry）、“大众文化”“通俗文化”“创意文化”（Creative Industries）“媒体文化”“内容产业”（Content Industries）“版权产业”（Copyright Industries）等。这些或宽泛或狭义的称谓充分反映了文化产业概念本身的丰富性和不确定性。

（一）不同学者对文化产业的定义

现代意义上最早的关于文化产业概念始于西方社会20世纪40年代对“大众文化”的研究。德国法兰克福学派的西奥多·阿多诺（Theodor Adorno）和马克斯·霍克海默（Max Horkheimer）在1947年出版的《启蒙辩证法》一书中，首次提出了“文化产业”（Cultural Industry）的概念，他们认为：文化产业是在先进的现代科学技术手段的基础上大批量地复制和传播商品化、标准化的文化产品的娱乐工业体系。

学术界对文化产业概念的研究，以澳大利亚学者大卫·斯罗斯比（David Throsby）的观点最具代表性和影响力。他认为文化产业“是通过具有创意的生产活动提供的文化产品与文化服务，它们具有知识产权与传递某些社会意义的功能。”他在《经济与文化》一书中用一个同心圆来界定文化产业的行业范畴，音乐、舞蹈、戏剧、文学、视觉艺术、工艺等创造性艺术处于这一同心圆的核心，并向外辐射；环绕这一核心的是那些既具有上述文化产业的特征同时也生产其他非文化性商品与服务的行业，包括电影、电视、广播、报刊和书籍等；处于这一同心圆最外围的则是那些有时候具有文化内容的行业，包括建筑、广告、观光等。由于大卫·索斯比的界定方法更具有创新性和借鉴价值，所以在国际上具有较大的影响。

对文化产业概念界定较有影响的其他学者有：英国的贾斯廷·奥康纳（Justin O’Connor）认为，“文化产业是指以经营符号性商品为主的那些活动，这些商品的基本经济价值源自于它们的文化价值。”还有英国的尼古拉斯·加纳姆（Nicholas Garnham），在他看来，“文化产业指那些使用同类生产和组织模式如工业化的大企业的社会机构，这些机构生产和传播文化产品和文化服务。”美国著名学者斯科特（Scott）提出了自己的观点，认为“文化产业是指基于娱乐、教育和信息等目的的服务产出，和基于服务者特殊嗜好、自我肯定和社会展示等目的的人造产品的集合。”

国内学者对文化产业的界定。如胡惠林（2001）认为，文化产业是一个以精神产品的生产、交换和消费为主要特征的产业系统。李江帆（2003）则认为，文化产业就是国民经济中生产具有文化特征的服务产品和实物产品的单位的集合体。江蓝生等（2002）在《中国文化产业蓝皮书》中提出文化产业是指按照工业标准进行生产和再生产、存储和分配文化产品和服务的活动。张志宏（2002）指出，文化产业是通过工业化生产和商品交易过程进行的以文化产品和服务对象的生产、交易及传播活动。文化产业不仅提供产品作为商品交易的标志，更具有文化传播的特征，目的在于满足人们对文化的各种需求。谢名家（2002）指出，文化产业的本质是以人类劳动力为基础的精神生产力发展的形态，强调文化产业在精神层面的重要体现。

表 2-1　不同学者对文化产业内涵的界定

作者	定义
日下公人（1978）	文化产业是：①创造某种文化；②销售这种文化；③文化符号
路易·多洛（1981）	文化工业分为三个类型。首先，大规模传播的文化财产（书籍、唱片……）；其次，文化设备（电唱机、录音机……）；最后，宣传载体的物品（广播、电视的发射机……）。
尼古拉斯·加纳姆（Nicholas Garnham，1983）	文化产业指那些使用同类生产和组织模式如工业化的大企业的社会机构，这些机构生产和传播文化产品和文化服务，如报纸、影像公司、商业性体育结构等。
贾斯廷·奥康纳（Justin O’Connor）	文化产业是指以经营符号性商品为主的那些活动，这些商品的基本经济价值源自于它们的文化价值。包括了传统的文化产业——广播、电视、出版、唱片、剧院、音乐厅、博物馆和画廊。
安迪 C. 普拉特（Andy C. Pratt，1997）	文化产业这一概念与以文化形式出现的材料生产中所牵扯到的各种活动有联系（这些文化形式如电影、电视、音乐、出版、绘画和雕塑）。
大卫·斯罗斯比（David Throsby，2001）	该概念用一个同心圆来界定文化产业。音乐、舞蹈、戏剧、视觉艺术等创造性艺术处于同心圆的核心；围绕这一核心的是那些既具有文化产业的特征同时也生产其他非文化性商品与服务的行业，包括电影、电视和书籍等；处于这一同心圆最外围的则是那些具有文化内容的行业，包括建筑、广告、观光等。
张晓明（2001）	以文化意义的创作与生产为文化产业的基本定义，按照这种生产的不同环节，将其分为“文化意义本身的创作与销售”“负载文化意义的产品的复制与传播”以及“赋予一切生产活动和产品以文化标记”三重不同的定义。

续表

作者	定义
乐后圣（2000）	文化产业是第三产业中的一个子概念，其内涵为：文化产品再生产总过程中的各种社会行业。包括科学教育化艺术、新闻出版和广播电影电视。其结构形式分为三个方面：一是产业的部门群，即使用价值相近的产品生产、服务部门的集合；二是产业链，即有递进关系横向构造的产品生产、服务部门的组合；三是行业网络，即若干产业链的纵横和前后延伸。
程恩富等（1999）	文化产业是以文化产品和文化活动为主体对象，从事生产经营、开发建设、管理服务的部门，是从事精神文化产品和服务的行业。主要包括文化艺术、教育、体育、科技、旅游、宗教等。
海江等（2005）	文化产业就是生产文化产品和提供文化服务的行业。具体内涵包括：其一，文化产业中的文化主要指狭义概念上的文化；其二，行业是一个集合概念，是指特定区域内具有某类共同特征的单位组织的集合；其三，文化产品具有多元供给特征。
康小明等（2005）	文化产业是由市场化的行为主体实施的，以满足人们的精神文化消费需求为目的而提供文化产品或文化服务的大规模商业活动的集合。
胡惠林（2000）	文化产业是一个以精神产品的生产交换和消费为主要特征的产业系统，是一个涵盖包括文化艺术业、新闻出版业、广播电视业、电影业、音像制品业、娱乐业、版权业和演出业在内的庞大体系。

资料来源：根据相关资料整理

通过以上分析可以看出，对文化产业的定义，虽然学者们的观点大不相同，但他们都强调了以下几个方面：第一，它以文化要素为内容；第二，以实现商业价值为目的；第三，以服务为手段；第四，以创意为发展方向。强调文化为生产要素，揭示了文化产业的文化属性；对文化的商业价值的认同，使文化纳入产业范畴；对文化服务性的强调，使文化产业更多地被归入第三产业服务业的范畴；对创意的重视，意味着文化产业进入了新的更高层次的发展阶段。

（二）重要国家、地区及国际组织对文化产业的分类

目前，世界各国，各地区根据自己的发展阶段特点和实际需要，赋予了文化产业不同内涵。如在美国，称之为版权产业（Copyright Industries）；

在英国、新西兰、新加坡等国，称之为“创意产业”（Creative Industries）；在韩国称之为“文化内容产业”（Culture Content Industry）；在中国则称之为“文化产业”（Cultural Industries）。由此，各国及相关组织对文化产业的解释也存在很大的差异，本书统一使用“文化产业”这一名称。

1. 联合国教科文组织对文化产业的解释

1972 年，联合国教科文组织（UNESCO）在蒙特利尔召开大会时给出了“文化产业”的定义，即按照工业标准，生产、再生产、储存以及分配文化产品和服务的一系列活动。该定义是从文化产品和服务的工业标准化生产、流通、分配、消费的角度进行界定，涉及两个重点：一是大工业化生产方式；二是文化产品和服务的生产与交换。符合上述两点并具有系列化、标准化、生产过程分工精细化和消费的大众化特征的文化产品和服务才能被纳入到产业所指的对象中。

2. 美国对文化产业的解释

美国倾向版权产业的提法，主要是从文化产业具有知识产权的角度进行界定。美国 1997 年制定了“北美行业分类系统”（NAICS），强调美国已进入“以信息和知识为基础的经济”阶段，将通信、新闻出版、电影、音像录制、在线服务等列入“信息产业”。这标志着美国将文化、信息产业从其传统工业中彻底剥离出来，融为一体，形成了新的文化产业体系。

3. 英国对文化产业的解释

英国最早提出“创意产业”这一概念，并且通过对“文化”的诠释，使其发展成为一种在全球化的背景下，推崇智力创新、强调文学艺术作品的创作与传播（即文化活动）对经济的支持与推动作用的新兴理念、思潮和实践活动。在世界上，特别是在工业发达国家，文化创意产业越来越受到政治界、经济界和文化界的重视。以伦敦为例，作为一个无可争议的富有变化的全球性城市，文化创意产业已成为其第三大产业。

4. 欧盟对文化产业的解释

欧盟提出的文化产业概念与美国有较大的区别。欧盟于 1997 年重新界定了文化产业，认为文化产业是基于文化意义内容的生产活动，除了新闻出版业、广播影视业、音像业、网络业、文学艺术业、音乐创作业，还包括一切具有现代文化内容标志的产品和贸易活动，如摄影、舞蹈、工业与建筑设计、艺术场馆、博物馆、艺术拍卖、体育、文化演出以及教育活动等。

5. 韩国对文化产业的解释

2001 年 8 月，韩国成立了文化内容振兴院（KOCCA），该院是韩国政府为发展文化内容产业并支援国际合作而成立的专门机构。韩国将文化内容产业定义为：由与内容有关的经济活动（如创意、生产、制作、流通等）组成，这些活动的内容源自于任何类型的知识、信息以及与之相关的文化资源，具体包括动画、卡通、漫画、电影、音乐、电子图书、移动、互联网内容、游戏、娱乐内容、广播电视等。

6. 中国对文化产业的解释

我国文化部于 2003 年 9 月发布了《关于支持和促进文化产业发展的若干意见》，在借鉴联合国教科文组织关于文化产业定义的基础上，突出了“工业标准生产”“经营性”的特点，定义文化产业为：“从事文化产品和提供文化服务的经营性行业”。2004 年 4 月，国家统计局颁布的《文化及相关产业分类》又进一步对文化及相关产业进行界定：“为社会公众提供文化娱乐产品和服务的活动，以及与这些活动有关联的活动的集合”。为了适应文化产业发展形势和文化统计工作的要求，2012 年 8 月，国家统计局颁布《文化及相关产业分类（2012）》，将文化及相关产业界定为：为社会公众提供文化产品和文化相关产品的生产活动的集合。

综上，尽管学术界和世界各国对文化产业的概念存在差异，但仍然有一些主流的看法认为现代意义上的文化产业实际上是一个巨大的“产业群”，它们奠基于大规模复制技术和现代知识产权之上，履行最广泛传播的功能，经商业动机的刺激和经济链条的中介，迅速向传统文化艺术的原创和保存两个基本环节渗透，将原创变成资源开发，将保存变成展示。本书对文化产业的界定参考国家统计局修订的《文化及相关产业分类（2012）中文化及相关产业的定义》。

二、文化产业的分类

文化产业包含的内容和门类非常丰富，是一个多系统多组织构成的有机整体，长期以来没有一个规范科学的分类标准，现在的分类标准是在各种产业分类标准的基础上演化而来的。因为对文化产业进行分类有一定的难度和复杂性，加之文化产业概念的模糊性、不确定性和多义性，世界各国地域、经济、文化背景、产业政策等各不相同，所以与文化产业的内涵和外延相对应的文化产业分类标准和体系也不尽相同。随着文化产业的快速发展，各国政府纷纷采取措施，根据各自的国情和发展目标制定本国的文化产业分类体系，以应对文化产业发展带来的各种机遇和挑战。

（一）基本分类

根据其定义与特点及发展，文化产业基本上可以划分为三类，如图2-1所示：

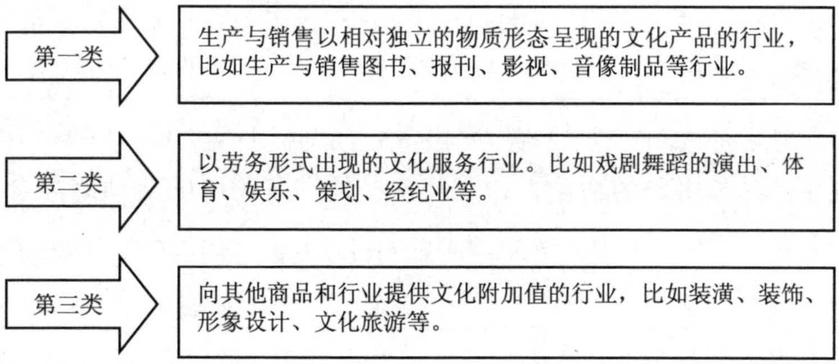

图2-1　文化产业的分类

图2-1展现了文化产业的基本分类，而不同的国家，地区或组织对文化产业的分类也不尽相同。

（二）世界其他国家、地区及国际组织对文化产业的分类

在世界各国对文化产业的类别界定中，最具指导意义的是联合国教科文组织制定的产业分类方式。现在，联合国教科文组织对文化产业的统计框架是在 1986 年制定、1993 年修订的文化产业统计框架之上进一步修订而成的，并已成为规范各国文化产业统计工作的指导性文件。

对文化产业的门类的划分，世界各国或地区是不尽相同的。由表 2-2 可见，世界各国根据本国文化产业发展的实际状况，分别对本国文化产业进行了具体而宏观的行业划分，各国在文化产业的名称、内容和分类上仍有差别。但从总体来说，仍存在着许多共识，如都包括文化内容的创造活动、文化产业的制造业、文化产品的批发零售业和服务业，以及文化产业和其他产业相融合而产生的混合型产业四个方面内容，对文化产业所具有的文化与经济相结合这一根本属性则大体认同，其分歧大都体现为某一具体行业的归属。

表 2-2　不同国家和组织的文化产业内容与分类

国家或组织	分　类
联合国教科文组织（文化产业）	文化遗产、出版印刷、音乐、表演艺术、视觉艺术、社会文化活动、体育、游戏、环境和自然 10 类
欧盟	制造、开发、包装盒销售信息产品及服务的产业，包括各种媒介上所传播的印刷品内容（报纸、杂志、书籍等），音像电子出版物（联机数据库、音像制品服务、电子游戏等），音像传播内容（电视、录像、广播和影视），用作消费的各种数字化软件等
国际标准产业分类（第三版）	文化内容发源（书籍、音乐、报刊和其他相关资料的出版、软件咨询和供应、广告业、摄影活动、广播电视、戏剧艺术、音乐和其他技术活动）；文化产品的制造（电子元件制造、电视广播发射器和电话机装置的制造、电视广播接收器、磁带、录像及装和附件的制造、光学仪器和摄影仪器的制造）；文化内容的翻印和传播（印刷业、录制媒体的再生产、电影和录像的制造和发行、电影放映）；文化交流（其他娱乐业、图书馆和档案活动、博物馆活动、历史遗迹和建筑物保护）

续表

国家或组织	分　类
美国（版权产业）	文化艺术业（表演艺术、艺术博物馆）、影视业、图书报刊、出版业等
加拿大（文化创意产业）	信息和文化产业（影视、因特网、信息业）、娱乐和消遣（演艺、体育、古迹遗产机构、游乐、娱乐业）
澳大利亚（文化娱乐业）	自然遗产、艺术（文学和印刷、音乐创作和出版、广告设计、广播和电影）和其他文化娱乐等
法国（文化产业）	文化建设、文化设施管理、图书出版、电影、旅游业
德国（文化创意产业）	音乐、图书、艺术和电影、广播、表演艺术、设计等
英国（创意产业）	影视、音乐、出版、互动休闲软件、软件
日本（内容产业）	电影、音乐、游戏软件、观光旅游、艺术设计等
韩国（文化内容产业）	影视、广播、动漫、游戏、卡通形象、演出、文物等
印度（娱乐和媒介产业）	电视业、电影业、广播业、唱片业和出版业

资料来源：根据相关文献资料整理。

（三）中国文化产业的分类

为进一步规范我国文化及相关产业的范围并对其进行科学的统计，国家统计局在2004年3月正式出台了《文化及相关产业分类（2004）》，作为国家统计标准颁布实施。这是我国文化产业的第一个全面统一的分类标准。《文化及相关产业分类（2004）》把我国文化及相关产业划分为四级，共两大部分、9个大类、24个种类、80个小类，并在第四层即小类中设置与“国民经济行业代码”相对应的代码。为反映文化建设和文化体制改革的情况，《文化及相关产业分类（2004）》的内容可进一步分成文化产业核心层、文化产业外围层和相关文化产业层，其中，文化产业核心层和文化产业外围层是文化产业的主体部分，相关文化产业层是文化产业的补充部分。图2–2即为文化产业内容演示图。

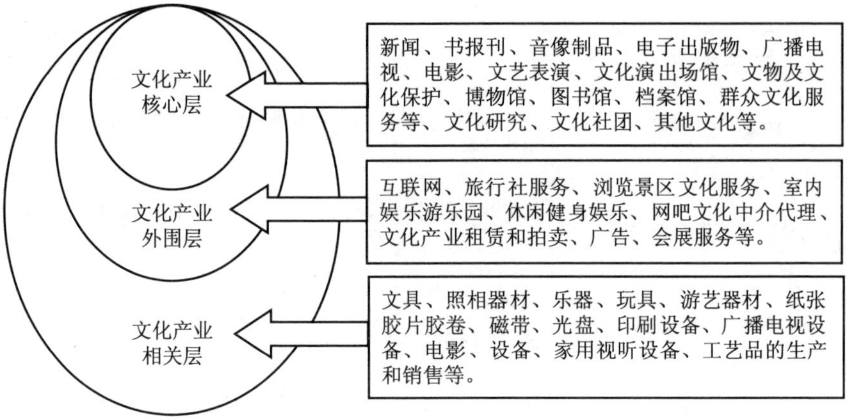

图 2-2　文化产业内容演示图

随着新兴文化业态的相继出现，2004 年制定的《文化及相关产业分类》越来越不适应文化产业发展的新形势对文化产业统计工作提出的要求，不断出现的新情况、新变化，亟须对现行分类体系进行必要调整，使其更加切合现实发展的需要。为进一步规范和完善我国文化产业及相关产业统计工作，使之更适应我国文化产业发展的新情况、新变化，国家统计局在《国民经济行业分类》（GB/ T4754—2011）的基础上，结合《2009 年联合国教科文组织文化统计框架》对《文化及相关产业分类（2004）》进行修订，于 2012 年 7 月颁布了新的《文化及相关产业分类（2012）》标准。

在修订过程中，延续了原有的分类方法，调整了类别结构，增加了与文化生产活动相关的创意、新业态、软件设计服务等内容和部分行业小类，删除了少量不符合文化及相关产业定义的活动类别，如教育和体育业等。目前，我国文化体制改革已取得新突破，文化新业态不断涌现，许多文化生产活动很难区分是核心层还是外围层，因此，修订不再保留三个层次的划分。《文化及相关产业分类（2012）》将我国文化及相关产业划分为五层，共两大部分，10 个大类，50 个种类，120 个小类和 29 个延伸层，具体分类如表 2-3 所示。

表 2-3　文化及相关产业分类（2012）

第一部分　文化相关产品的生产	第一部分　文化相关产品的生产
一、新闻出版发行服务	八、文化产品生产的辅助生产
（一）新闻服务	（一）版权服务
（二）出版服务	（二）印刷复制服务
（三）发行服务	（三）文化经纪代理服务
二、广播电视电影服务	（四）文化贸易代理与拍卖服务
（一）广播电视服务	（五）文化出租服务
（二）电影和影视录音服务	（六）会展服务
三、文化艺术服务	（七）其他文化辅助生产
（一）文艺创作与表演服务	九、文化用品的生产
（二）图书馆与档案馆服务	（一）办公用品的制造
（三）文化遗产保护服务	（二）乐器的制造
（四）群众文化服务	（三）玩具的制造
（五）文化研究和社团服务	（四）游艺器材及娱乐用品的制造
（六）文化艺术培训服务	（五）试听设备的制造
（七）其他文化艺术服务	（六）焰火、鞭炮产品的制造
四、文化信息传输服务	（七）文化用纸的制造
（一）互联网信息服务	（八）文化用油墨颜料的制造
（二）增值电信服务（文化部分）	（九）文化用化学品的制造
（三）广播电视传输服务	（十）其他文化用品的制造
五、文化创意和设计服务	（十一）文具乐器照相器材的销售
（一）广告服务	（十二）文化用家电的销售
（二）文化软件服务	（十三）其他文化用品的销售
（三）建筑设计服务	十、文化专用设备的生产
（四）专业设计	（一）印刷专用设备的制造
六、文化休闲娱乐服务	（二）广播电视电影专用设备的制造
（一）景区游览服务	（三）其他文化专用设备的批发
（二）娱乐休闲服务	（四）广播电视电影专用设备的批发
（三）摄影扩印服务	（五）舞台照明设备的批发
七、工艺美术品的生产	
（一）工艺美术品的制造	
（二）园林、陈设艺术及其陶瓷制品制造	
（三）工艺美术品的销售	

资料来源：国家统计局：《文化及相关产业分类（2012）》标准。

当文化产业的内涵较为明确时，其外延描述就会更为清晰。新修订的《文化及相关产业分类》（2012）标准基本上全面反映了近年来我国文化改革发展的客观进程和可喜成就，特别是新的四层次划分较为合理，对文化产业链条进行了新的提炼和梳理，更符合文化生产规律，更好地适应了我国文化产业快速发展的趋势。这既回应了社会各界对文化产业的热切关注，同时也澄清了以往在文化产业认识上的不确定认识，为我国政府和相关部门进行文化产业统计提供了重要的参考标准和行业导向，在我国文化产业发展史上具有里程碑的意义。

（四）国内外学者对文化产业的分类

顺应文化产业迅猛发展之势，理论探讨同样热烈。表 2-4 是国内外学者对文化产业分类的不同观点，对于认识文化产业有着重要的启发意义。

表 2-4　国内外学者关于文化产业的分类

姓名	分类
李江帆	文化艺术业（艺术、出版、文物保护、图书馆、档案馆、群众文化、新闻、文化艺术经纪和代理、其他文化艺术业）和广播电视电影业
胡慧林	文化艺术业、新闻出版业、广播电视业、电影业、音像制品业、娱乐业、版权业和演出业
范道桂	第一类，本体文化产业，即生产、传播完全意义上的意识形态产品和提供同类服务的行业。如通常所说的文学艺术（包括音乐、舞蹈、戏剧、美术、电影、电视、曲艺等）以及以广播此类产品位主而形成的广播影视业、图书出版业、报刊业、演艺业、音像制品业、艺术教育业、舞台美术业、文博业等 第二类，交叉文化产业，即由于文化与其他产业结合而提高产品和服务的档次和质量，增加产品和服务的附加值的产业。如旅游业、大众娱乐业、工艺美术业、餐饮文化业、包装业、广告业、工业设计业、企业文化、装饰业、服饰业等 第三类，外延性文化产业，即为提高文化产品和服务质量及消费技能水准而开展的辅助性或相关性文化产业。如文化教育培训业、文化信息咨询业、文化科技业等
张曾芳与张龙平	科学、教育、文艺、出版、影视、旅游饭店、娱乐、体育等主体产业部门，推销、印刷、中介、管理、咨询等服务配套行业

续表

姓名	分类
贾斯汀·奥康纳 Justin O' connor	传统文化产业：广播、出版、唱片、设计、建筑、新媒体传统艺术：视觉艺术、手工艺、剧院、音乐厅、音乐会、演出、博物馆和画廊
大卫·索斯比 David Throsby	处于同心圆核心并向外辐射的是音乐、舞蹈、戏剧、文学、视觉艺术、手工艺等创造性艺术；围绕这一核心的是那些具有上述文化产业的特征同时也产生其他非文化性商品与服务的行业，如电影、广播、报刊和书籍等；处于同心圆最外围的则是有时候具有文化内容的行业，如建筑、广告、观光等
安迪·C. 普拉特 Andy C. Pratt	把文化产业分成四组，分别是内容创意（初始生产、委托制作等）、生产输入（生产设施的制作）、再生产（再生产和集中发行）和分配交易（权属消费的交换地点）

资料来源：根据相关资料整理。

三、文化产业的性质

世界上的任何事物都有其本质属性的规定，这是我们在认识一种事物同其他事物的区别之处。有的事物属性是单一或明确的，而有的事物属性是多重的。文化产业由于其生产过程的特殊性和表现内容的多样性，属性也表现为多重性。文化产业的生产目的有别于衣、食、住、行等以满足人的物质生存和基本发展需要的具体物质生产产业，是为了满足人的精神生活需求而进行生产活动的产业。在人类社会发展初期，社会生产活动主要是以满足人的基本生存的物质生产活动为主，人们以“刀耕渔猎”为主要生产方式，为了获取最基本的生活资料，为了生存下去，人们几乎耗尽了所有的精力和时间，根本顾不上物质生活以外的文化和精神上的需求与享受，在古代中国就有“日出而作，日落而息”的说法。随着社会的发展，生产力水平的提高，社会开始出现剩余的食物和产品，这就为人们从事文化和精神的生活与生产提供了空间和可能。按照马斯洛人的需求五层次理论，人总是首先要满足最基本的生存需要，才可能发展其他更多的、更高级的需要。在较低级的生存需要得到满足之后，催生了文化和精神上的需求，形成了对文化产品的创造和生产的需求。

文化产业的生产过程始于人类的精神生产。文化产业的生产过程不是一般的或单纯的物质产业生产过程，而是一个富有创造性的将精神产品转化为物质形态产品的复杂过程。按照“文化”的广义定义，即人类在社会历史发展过程中所创造的物质财富和精神财富的总和，文化产业实质上是人类社会发展过程中物质和精神一体化的表现形式，同时具有物质和精神的双重属性。文化产品就是把抽象的主观精神物化为有外在表现形态的物质载体，没有人类的精神劳动，就没有人类的社会生产活动，这正是人类区别于其他一切动物的根本标志，正如马克思所说：“动物只是按照它所属的那个种的尺度和需求来建造，而人懂得按照任何一个种的尺度来进行生产，并且懂得处处都把内在的尺度来运用于对象。”“有意识的生产活动把人同动物的生命活动直接区别开来。”

（一）文化产业的文化属性

文化产业生产的目的是提供满足人们文化生活需要的产品和服务，虽然它的组成方式多数由物质材料构成，比如图书、音像制品等，但人们消费的不是它的物质外壳，而是物质材料所承载的文化内涵，是为了满足自我的文化需求以及娱乐、休闲和丰富自己的知识和心灵的需要。由于文化产品的内容涵盖了人类的价值标准、道德标准、审美标准，文化产品经过人的消费之后，虽然它的物质外壳会被损耗，但其内含的文化内容、精神内容不会被损耗，反而会通过新的文化成果，不断地被传承下去。文化产品中的文化内容和物质形式是不可分离的，没有文化内容的物质形式是自然状态下的存在物，而不依托物质形式存在的文化内容，也仅仅是滞留在人脑中的抽象意识，不能作为被物化的文化产品来满足人类社会的精神和文化生活需求。

文化属性是文化产业最基本的属性，体现着文化产业整个生产经营活动的本质，文化产业是围绕文化而发生的生产、流通、传播等活动，是为了满足人类社会精神文化生活需求和实现人类社会文明发展需求。人类社会的文化发展与文明进步是构成人类社会进化、历史发展的最基本要素。

世界文化产业的发展历程表明，文化产业每一次在技术上和产业形态上的超越与升级，不仅扩大了人类社会交流、沟通的手段和认识世界的方法，更重要的是增强了人类社会改造世界的方法和途径，推进了人类社会文明的发展和文化的进步。例如，文化产业和信息产业的结合，使人类社会文化传播模式出现了由纸为中介向电子化、数字化方向的转变，改变了人们以往的交往方式和思维方式。德国媒体心理学家温特豪夫·斯伯克教授通过对电视和人的行为心理关系研究后指出，电视已悄然成为一个隐蔽的教育者，开始塑造新的社会性格。手机短信、网络传播等一些新型的文化产业形态正像当年电影发明后，给人类的社会关系、文化传播带来革命性变革一样，这些新的文化产业形态的迅猛发展，正在日益成为未来人类社会存在的重要方式。

（二）文化产业的经济属性

“文化产业是属于这个时代最有挑战力商人的最大蛋糕”，这是美国通用公司原总裁杰克·韦尔奇经常说的一句口头禅。在当今时代，经营文化已成为创造财富的主要潮流之一，精神文化需求以及由它带动的消费需求成为经济发展新的空间，满足人们的精神文化需求成为促进经济增长极其重要的动力。文化产业的经济属性主要是指文化产业的产业性质和促进社会经济增长的作用。在产业经济学领域，所谓的产业主要是指介于微观经济细胞（家庭、企业）与宏观经济单位（国民经济）之间，生产和经营同类产品的“企业群”。文化产业就是指生产和经营文化产品的企业群，文化产业同其他从事生产和经营活动的产业部门一样具有经济属性，也是以追求利润增长、产品的价值补偿和实现企业增值为目标的。在文化产业整个生产经营过程中，无论是文化产品的生产，还是文化消费，都涉及市场经济活动中最基本的买卖行为，都会发生各种各样的经济关系，实现各自追求的经济目标。文化企业作为市场经营主体，它要考虑投入产出、成本核算、市场规律、盈利模式等。与文化产品生产者相对应，作为文化产品消费者实现的任何文化消费，都要遵循市场经济规律中的商品交换规则，通过商品交换，实现文化产品消费。在这里，文化产业主客体的关系就表现为纯粹的经济行为和经济关系。调节这些生产、消费关系的市场经济规律，与对其他物质生产产业一样，同样适用于文化产业的生产和消费过程。

尽管说由于文化产业的特殊属性，文化产品与普通物质产品相比，在内容和价值上有着难以评估的特殊性，但这些文化产品的生产和服务毫无疑问是人的脑力劳动与体力劳动相结合的结晶，是文化产品的生产者通过其创造性劳动所体现出来的生产力要素的转化，劳动力的价值经过市场的转换，达到满足消费者精神文化生活需求的目的，从而通过使用价值体现出其具有的交换价值。可见，文化产业所提供的文化产品和文化服务，进入市场被消费者接受以后，进而达到了使用价值和交换价值的统一，体现出这些文化产品和文化服务的经济属性。文化产业依靠这种经济属性，在社会经济发展过程中产生着越来越大的经济效益，文化产业创造出的巨大物质财富，在许多国家已成为支撑整个国家社会经济快速发展的支柱性力量。

（三）文化产业的政治属性

文化产业主要是指社会生活中关于文化内容的生产、传播和服务。在社会生活中，文化产业生产的文化产品或提供的文化服务中，许多文化内容都含有对现行社会政治制度的态度，对政府制定的方针政策持肯定或否定的态度，对国家政权的态度，从而对社会政治的发展构成影响，影响社会大众对政治主体的褒贬态度，也影响到国家政权的巩固和稳定。因此，文化产业的核心部分如新闻出版、大众传媒、影视作品等，作为社会的舆论工具具有强烈的参政性和导向性。在当代中国文化产业的发展过程中，作为观念形态物化的文化产业，构成了中国共产党发展文化执政能力的使命和内容。要把文化产业的发展作为建设社会主义先进文化来抓，要把在市场经济条件下发展文化产业作为满足社会大众的精神文化生活来抓。社会主义先进文化的建设是具体的，不是抽象的。今天的农民已经不是简单地在田边听广播，工人也不再是简单地在班组读报纸，全新的文化产业的生产、传播、服务方式，成为文化产业服务社会、服务国家的一个重要渠道。从这一点上来说，文化产业的政治属性在市场经济的运行中生动地表现出来。

（四）文化产业的意识形态属性

按照马克思主义的基本原理，文化具有意识形态性，它属于社会上层建筑的范畴。文化产业作为以文化为主要内容进行生产和经营活动的经济领域，因其生产和经营的文化产品和服务所具有的意识形态属性，其产业生产和经营活动也同样具有意识形态属性，文化产业通过其产品的生产过程或者是生产出的文化产品，融入意识形态的内容和因素。在文化产业产生之前，文化作为国家上层建筑的组成部分，作为统治阶级维护其统治利益的工具，是以各种文化作品形式直接体现着统治者的意志。随着文化产业的出现，文化为统治阶级服务、体现统治者意志的功能和方式也发生了变化，由过去的直接方式逐步转化为间接的、依托于文化产业的中介方式，依附于文化产业所生产的产品和提供的服务之中。现代社会文化产业通过生产和服务向社会提供具有特定思想价值、文化价值的产品，通过消费者最终表现为文化消费，由此也衍生出文化消费意义上的演变，这种演变不仅仅是爱好、兴趣、审美以及购物习惯的改变，而且是对社会、个人、家庭和国家等概念在认知上的革命性转变，造成这种转变即是由于文化产业的形成和发展。因此说，文化产品尤其是文化产业核心层的文化产品，是具有鲜明的意识形态属性的特殊商品。

从文化产业范畴的三个层面看，其包含的社会观念和意识形态对国家与社会的影响度，从相关层到外围层，再到核心层，是一个由弱渐强的变化，影响力最大的是包含广播电视、新闻出版、影视作品等类别的文化产业核心层，掌握文化产业核心层的主导权，就掌握了社会意识形态的主导权。由于广播电视、新闻出版等在整个社会意识形态的演变中，具有与大众沟通的直接性、通俗性，广播电视业和新闻出版业等自然的处于整个文化产业的核心部门，世界上各个国家对广播电视业和新闻出版业的管理与市场准入的控制，也就成为各国政府实施文化管理的一项重要内容。由于文化产业在文化生产与传播中具有其他产业经济形态所不具有的意识形态属性，关于文化产业准入的制度设计、政策规定以及各个国家在这一领域展现出来的竞争，客观地造成文化产业成为意识形态问题的重要一环节，并把它作为意识形态建设的一项重要工作来进行管理。

文化产业作为一个产业部门，同其他物质生产产业一样具有物质生产的共同属性，但文化产业生产的是文化产品和服务，其产品核心内容是文化，不同于普通物质产品生产，因而，文化产业具有一般物质生产所没有的特殊性。文化产业具有文化属性、政治属性和意识形态属性，这也是研究文化产业价值取向问题的基础和出发点。文化产业所具有的多种属性，形成了国内外理论界对文化产业的基本内涵和外延有多种认识和界定的现状，对文化产业属性的不同理解，形成了各个国家对文化产业政策、文化产业管理的价值取向。

第二节　特色文化产业的解析

我国历史悠久，幅员辽阔，文化资源丰富多样、璀璨夺目，具有文化、艺术、历史、经济多重价值，是凝聚着中华民族智慧的结晶。立足于中国的文化根基，大力发展特色文化产业，既是传承中华文化价值的迫切需要，也是面向未来，推动区域经济社会发展的必然要求。当前，在国家加强文化建设、打造中国经济升级对大力发展特色文化产业，推动文化建设和结构调整提出了新的更高要求。因此，在继续鼓励和支持发展文化产业，不断满足人们精神文化消费需求的指引下，各地区依托自身独特的文化资源而兴起的特色文化产业，在我国文化产业发展中占据着越来越重要的地位，发挥着举足轻重的作用。

一、特色文化产业的内涵

特色文化作为民族和区域文化、经济和社会发展的重要资源，越来越受到普遍关注，已成为不同民族和区域的形象名片，彰显着奇伟睿智的劳动创造和搏击进取的民族精神。对于什么是特色文化产业，它有哪些内涵，目前学界见仁见智。表 2-5 是国内外学者对特色文化产业分类的不同观点。

表 2-5　国内学者对特色文化产业的分类

姓名	分类
周建军、张爱民	是特定区域范围内人们在长期的生产、生活实践中所形成的共同价值观，是区别于其他地区得以存在、繁衍和发展的内在根基和精神动力。
王国胜	“特色文化”是在大文化概念中表层面、中层面和深层面所表现的富有特色和地方性的文化现象。
齐勇锋、吴莉	特色文化产业是民间自发产生形成的，是“草根文化产业”，其产品品质、品种、品相和工艺方面都具有民族性和区域性的特点，包括特色文化旅游、戏剧演艺、节庆会展、工艺美术和健身运动，以及文化遗产性质的影视、动漫、出版产业等，其关联产业涉及特色文化饮食、服饰、酒茶文化产业等。
姜长宝	特色文化产业是文化产业的重要组成部分，它指具有较大区域内外影响力，相比其他区域文化产业具有独特性和比较优势。
李树启	特色文化产业是基于民族特色文化资源，综合运用金融、科技、营销等商业运作手段，创造性地提供民族特色文化产品和服务的行业。
纪明辉	特色文化产业是基于民族和地域的特色文化资源优势，并具有一定核心市场竞争力和产业规模的文化产业形态，是各地区文化产业发展的重中之重。
李炎、王佳	特色文化产业是文化产业发展到一定阶段的产物、是在产业规模和区域特点的基础上形成和提升出来的一种产业形态。
李建柱	特色文化产业的发展是国家战略“转方式、调结构”的产物，是提升文化竞争力和软实力的必然选择，是区域错位竞争的有效途径，同时也是地域文化传承和缩小区域差距的重要渠道。
文化部财政部	特色文化产业是指依托各地独特的文化资源，通过创意转化、科技提升和市场运作，提供具有鲜明区域特点和民族特色的文化产品和服务的产业形态。

资料来源：根据相关资料整理。

我们认为“特色文化”，是指类型独特、民族或区域特征明显、传承甚少或濒于湮没、价值极高或技艺精湛的各种文化形态。它既包括有形的物质文化、也包括无形的非物质文化，作为文化遗产，它涉及文化成果、文化活动和文化精神三个基本的层面（程芳银，2006）。特色文化是在人类长期的社会发展过程中不断积淀形成的，总的来说具有以下一些共同的特点：一是依托的资源具有特色。它不是纯粹的“内容产业”和“创意产业”，它是在现有文化积淀的基础上产生的，而且这种文化积淀不是普遍存在的文化，而是带有民族特色或者地域特色的文化资源。二是它的文化产品或文化服务具有特色。它的表现形式不是在大型超市或者网络购物就可以随便实现的，更多的是要实地体验、观赏、融入其中才能实现“购买”的产品。三是具有重要的区域经济影响力，要形成“产业形态”，而非“产品形态”。总结起来，特色文化产业具有三大要素，即特色文化元素、特别产品形态、特殊区域影响，符合这三个条件的文化产业可以称之为特色文化产业。

二、特色文化产业形成的条件

特色文化产业以满足人们的精神需求为目的，是文化资源、市场需求、技术进步和制度机制等因素共同作用的结果。

（一）文化资源

文化资源是文化产业形成和发展的物质基础和前提，是人类所创造并积累的文化遗产库和当代人所创造的文化信息的总和，包括历史人物、文物古迹、民俗风情、宗教信仰、语言文字和戏曲等。许多国家和地区的实践表明，文化产业的兴起和发展与当地文化资源紧密相关，文化资源的丰裕度往往是推动文化产业发展的首要因素，尤其是在文化产业的起步阶段。文化遗产和文化资源丰富的地方，文化旅游业总是较为发达；创意和设计人才丰富的地区，与版权相关的文化产业往往较为繁荣，这种生产的内在逻辑决定了文化产业的发展具有极强的文化资源依赖性。

（二）市场需求

产业逐利的特性使文化产业必须提供满足市场需求的文化产品和服务，市场需求不仅影响着文化资源的配置和供给，还决定着文化产业发展的方向，并推动文化产业结构的不断升级。不同于一般商品，文化产品属于高收入弹性消费品，解决的不是生存方面的物质问题，而是精神层面的更高层次需求，只有得到市场认可才能进行文化产品的再生产，并形成具有一定规模的文化产业。由于地区间经济发展不平衡的普遍存在，人们生活习惯、消费观念的差异，以及文化产品消费的学习和转移成本较高，形成了不同地区文化消费需求的差异，这种差异最终决定了不同地区文化产业的形成规模和发展水平。我国城乡居民家庭人均文化消费支出远远落后于世界发达国家。文化消费的市场需求不仅是文化产业发展的风向标，也是推动文化产业发展的根本动力。

（三）科学技术

科学技术对文化产业的种类、形式、格局始终产生着极为深刻、从某种意义上来说甚至是决定性的影响。这种影响主要体现在三个方面：首先，高新技术创造了全新的文化产业。其次，高新技术为文化产业注入了新的元素和功能，促进了传统文化产业的升级。如基于纸质媒体的图书出版在数字技术的改造下，形成的数字图书、数字化出版物；基于模拟信号的广播电视在数字技术改造下，形成的数字广播电视；由网络技术传播形成的网络广播电视、播客；基于卫星传输技术形成的移动电视、车载电视；基于胶片制作的电影，在数字化技术的改造下，形成的数字电影等。不仅如此，科学技术对文化产业的作用还在于把以前无法利用或难以开发的资源，用新的形式组合起来，成为不仅方便而且廉价的新资源，为文化产业带来新的发展机会和空间。最后，高新技术推动了不同行业之间的融合，改变了文化产业的运作模式。一方面，现代科技促进了传统文化产业向新兴文化产业相互转化；另一方面，现代科技促进了产业间的融合，形成了诸多新兴产业。如网络游戏、动画漫画、MP4、多媒体手机等。此外，在科学技术的推动下，日本的动漫产业、韩国的网络游戏等产业迅速蹿红，不仅获得了丰厚的利润，甚至影响了人们的生活和消费习惯，科学技术的引进和应用已成为推动文化产业迅速崛起的推进器。

（四）制度机制

文化产业的产生和发展同样离不开制度机制的保障。只有在市场经济条件下，市场需求才能成为引导文化产业的发展方向，在价值规律的作用下，文化建设才得以发展成为产业，获得更为广阔的发展空间。诺斯认为，制度环境是一系列用来确定生产、交换与分配的基本政治、社会、法律规则，制度安排是支配经济单位之间可能合作与竞争方式的规则，而制度本身是“一整套规则，它遵循的要求和合乎伦理道德的行为规范，用以约束个人的行为”。完善的制度是约束人们行为及其相互关系的一套行为规则，可以为交易双方搭建一个对话的平台，可以有效调节矛盾和冲突，减少比较和选择成本，降低交易费用。制度具有规范主体行为、凝聚共同价值观和协调人们行为的功能，是个人与环境达成一致的一种节约交易费用的工具，制度的出现大大简化了人们认知和选择的过程，使文化产业的产生和发展成为可能。文化产业是以创意为核心的内容产业，对知识产权的合理保护是文化产业发展的前提。在缺乏知识产权保护的地区，不仅会抑制文化产业的创新，还将影响文化产业的良性发展。如我国的电影放映业，由于相关知识产权保护制度的缺失和不健全，使几乎没有生产成本的盗版猖獗，劣币驱逐良币，造成国内电影业发展滞缓。相反，美国则建立了极为完善的政策制度，并将知识产权保护与产业发展完美结合，因此成为文化产业发展强国。

三、特色文化产业形成的路径

近年来，以本土文化资源为基点的特色文化产业在一些地区获得长足发展，不仅对区域经济发展和文化惠民做出巨大贡献，而且也有利于保护和传承中华优秀传统文化，建设特色化的新型城市和村镇。一些特色文化产品如瓷器、苏绣、武术、剪纸等已成为中华文化的符号，在“走出去”打入国际市场，传播中华文化精神，增强文化吸引力方面发挥着不可替代的作用。可以说，大力研究和推动特色文化产业发展，也是丰富和发展中国特色社会主义文化发展道理的重要支撑。一般说来，特色文化产业的形成路径主要有：

（一）特色文化资源的开发与转化

在特色文化产业的形成模式中，特色文化资源的开发和转化属于比较初级的一类，适合于文化资源相对丰富和文化产业尚处于起步阶段的地区。主要通过对本地特色文化资源的深入挖掘、有效整合、全面提升和市场化包装后形成以资源为亮点的文化产业。我国西部地区在长期的历史发展过程中形成了丰富的资源，既有灿烂的历史文化、多样的民族文化，又有丰富的文物资源和奇特的人文景观，是西部地区发展文化产业的独特优势。由于整体经济的发展水平滞后于东中部，许多宝贵的文化资源还处在浅层次开采甚至尚未开采的原生状态。西部一些文化资源大省，通过对文化资源的开发和利用，发展出许多具有地域特色的文化产业。如云南省通过对本地文化资源的梳理，创造性地开发出原汁原味的生态“丽江模式”和大型原生态歌舞《云南映像》，以资源为特色形成了独具特色的云南文化产业发展模式。根据中广网的报道，2007 年，云南省文化产业增加值和旅游产业产值超 800 亿元，达到 822.1 亿元，占 GDP 比重达到 12.35%，成为资源推动型文化产业发展中的经典成功模式。文化资源的开发和转化具有见效快和难以模仿的优点，但随着文化全球化趋势和科学技术的不断发展，以文化资源开发为主导的模式受到越来越大的冲击。如本是我国传统民间故事的“花木兰”，经过好莱坞加工、制作拍成电影后，又以文化产品输入的形式反馈回中国，不仅赚取了大量的票房收入，还借机宣传了美国的价值观。

（二）独特的内容创意

与文化资源的开发相比，以内容创意为特色的文化产业更为强调人的创造力、灵感、理念和技能。英国是将内容创意为特色的文化产业发挥较好的国家之一，作为世界文化产业发展大国，英国政府非常重视创意因素在文化产业发展中的作用，把创意的作用提升到无以复加的高度，将文化产业定义为文化创意产业。具体指“那些发源于个人创造力、技能和天分，能够通过应用知识产权创造财富和就业机会的产业”。文化产业属于创新密度和技术含量双高的内容产业，高水平的创意和丰富的内容是其发展的核心。许多人们早已司空见惯的文化产业，由于加入了独特的创意，而重新焕发活力成为行业中的佼佼者，其中比较著名的是美国迪士尼主题乐园的开发，其成功的秘诀就是通过对主题乐园施加无穷的创意。同样通过创意取得巨大收获的例子是湖南电视台的“超级女声”。当前，通过内容创意发展特色文化产业已经成为不同区域间文化产业竞争的主要手段。

（三）经营管理创新

科学有效的经营管理对文化产业的发展不仅关键，有时甚至起到决定性作用，科学的经营理念和管理手段可以成就一个特色文化产业，落后和僵化的管理方式也可能彻底摧毁一个朝气蓬勃的特色文化产业，尤其是对那些发展已经较为成熟的文化产业。文化产业覆盖范围很广，其中的一些文化产业与传统产业的发展非常类似，一方面，他们没有独特和丰裕的文化资源可以依靠；另一方面，这些文化产业也很难通过内容创意成为行业的翘楚，这些文化产业的发展只有通过管理创新，以先进的管理理念为指导，最终形成具有特色的文化产业。四川新闻出版业就是通过管理的持续创新成为区域内的特色文化产业。从 20 世纪 90 年代中期以来，四川新闻出版业通过实施“大集团带大产业”走“内涵式”发展道路，构建产业集群，完善新闻出版“产业链”以及开拓新产业，培育新的经济增长点等一系列管理创新，使四川新闻出版业成为出版总量占西部 30% 以上，出版综合实力位居全国前列。

（四）高新技术应用

按照产业技术含量的程度，文化产业可以分为传统文化产业和高新技术文化产业。随着信息时代的到来，文化生产、传播、消费的方式已发生了巨大的变化。互联网技术、电子技术、光储存技术、计算机技术、移动通信技术、动漫制作技术等已普遍应用于文化产业，文化产品的生产和流通进入了大工业时代。高新技术的进入不断催生出新的文化产品，使文化产业发展的速度和规模远远超过了其他产业。据统计，高技术文化产品的品种年增在60%以上，产值年增速度在30%以上。其中，盛大网络发展有限公司是以高新技术为发展特色的典型，该公司在2001年以代理大型网络游戏“传奇”为契机进军在线游戏运营市场，在不到一年时间里就取得了巨大成功，成为当时中国国内最大的网络游戏运营商。但盛大公司深知与国际高水平企业相比，其自主研发核心技术能力缺乏，于是盛大公司在上海、深圳、成都等地通过投资、兼并以及控股等形式设立了多个研发中心，进行网络游戏核心技术、网吧管理软件、手机游戏、短信服务等方面的技术开发。通过几年努力，盛大公司拥有了一系列核心技术，突破了技术瓶颈，产品的研发实力有了长足进展，陆续推出“传奇世界”“神迹”“英雄年代”等盛大自主研发的多款网络游戏，成为当今世界上最有影响的互动娱乐公司之一。

总之，特色文化产业一般不可能仅由某一条路径单独促成，多数情况是上述四条路径共同作用的结果。只是在特色文化产业的形成过程中，某一路径在其中处于核心地位，成为推动其形成的关键性力量。

第三节　文化产业的经济学分析

美国著名经济管理学家德鲁克曾指出：“今天真正占主导地位的资源以及绝对具有决定意义的生产要素，既不是资本，也不是土地和劳动，而是文化。”纵观世界经济发展历程，各国早已将经济增长的潜力放在文化因素的促进上，如伦敦由“金融之都”到“创意之都”的转变，迪士尼打造的“美国梦”、日本动漫产业的领先发展等，都在经济实践中验证了这一经济主题。发展文化产业，除了要研究文化的内涵，更要把文化产业放在经济学的维度里进行深入思考。

一、文化产业发展一般规律

发展文化产业就要遵循一般产业发展的经济规律。文化产业生产的是文化产品和服务，一旦放到市场上就成为一种商品。马克思指出："科学、艺术等，都不过是生产的一些特殊形式，并且受生产的普遍规律的支配。"[①]也就是说，文化产的发展也要遵循"生产、分配、交换、消费"这样一个商品生产的普遍规律，必须接受文化资源配置，接受文化市场的供给与需求，接受投资、价格、成本、收益等一系列市场杠杆的调节。

但是，文化产业又具有自身的生成、发展的特殊规律，更多的是为人们提供精神产品，进而满足人们的精神生活，而精神生活在很大程度上又具有民族性、地域性、传承性、习惯性和宽泛性的特点。因此，从文化资源到文化资本，从文化资本到文化产业，从文化产业再到文化产业链，其中文化市场发挥了充分的促进作用。这一过程充分体现了文化产业形成与发展的一般规律。相反，单纯依靠政府财政拨款、行政指令性管理、按计划生产和服务的方式，既不能与社会主义市场经济相适应，也违背了市场经济的运作规律。

文化产业作为一种经济形态，一方面，文化产业发展要遵循市场规律。市场规律表明，任何经济活动都应该根据社会需要即消费者的需要来决定具体的生产对象，坚持经济效益、产品质量与服务顾客的三个统一。文化企业既要考虑自身的经济效益，也要创造出优质的文化产品，只有满足消费者对文化产品的需要，才能真正促进文化产业的发展。文化产业在市场经济环境中要适应优胜劣汰的竞争规律。市场经济注重产品质量，质量就是企业的生命；文化产业更要注重产品的质量，文化产品质量也是文化企业的生命。另一方面，文化产业发展要遵循价值规律。价值是关系范畴，既离不开事物的客观属性，又离不开主体的具体需要，只有当事物的属性满足主体需要时，事物才能实现特定价值；如果事物的属性不能满足主体需要，就无法实现自身价值。因此，当供不应求时，产品就会增值；当供大于求时，产品就会贬值。文化产业只有体现丰富的文化属性并且能够满足消费者对文化产品的需要，才能够实现自身价值；反之，当文化产

① 《马克思恩格斯全集》42卷，中文1版［M］. 北京：人民出版社，1979：121.

品缺乏丰富的文化属性，不能满足消费者对文化产品的需要时，文化产品就会贬值。文化产业价值规律的实践表明：文化产业作为经济业态，如果不能盈利，就无法维持产业的发展；只有通过创造出具有真善美的优秀文化产品，才能获得经济效益与社会效益双重效益。

作为经济形态的文化产业只有盈利，获得经济效益，才能为文化产业发展提供物质基础，文化产业如果不盈利，企业家就没有发展文化产业的动力，也不可能促进文化产业的良性循环。承认并重视文化产业的经济属性，这并不是唯经济论，而是恰恰抓住文化产业作为经济形态的本质属性，我们甚至可以说，把经济属性转化为经济效益，这是发展文化产业最主要的目的。文化产业的经济属性应该依存于文化产品，为消费者提供健康、文明、科学、先进的文化内容，必须具有丰富多彩的审美化的外在形式。社会消费的文化产品越多，越有利于把文化产业经济属性转化为企业经济效益；反过来，文化产业经济属性转化为经济效益越多，就越能够促进文化产业的可持续发展。

文化产业与其他产业有着明显的不同。从文化产品质的规定性来看，文化产业不是一般的经济业态，而是文化经济，要受到文化属性的制约和影响，体现出文化属性对经济活动影响的两面性：文化产品如果具有健康、文明、科学、先进的文化内容，就能够促进文化产业的发展，有利于文化企业获得较大的经济效益；相反，如果没有健康、文明、科学、先进的文化内容，就会阻碍文化产业的发展，也不可能获得良好的经济效益。文化产业经济属性的特殊性就在于，文化产业既要遵循经济活动的一般规律和特殊规律，又要遵循文化发展的一般规律和特殊规律；既要遵守经济活动的相关法律法规，又要遵守文化活动的相关法律法规。从消费者对文化产品消费来看，消费者对文化产品的消费内容只能是对产品所蕴含文化内容的消费，包括对文化产品形式美的消费，而不是对产品物质属性的消费。观众到电影院看电影，消费的是电影中的艺术形象、故事情节、审美意境等，而不是消费电影的屏幕和放映机；读者从书店购买小说阅读，也不是消费小说纸张和文字，而是消费作品中的故事内容和艺术魅力。与文化产品消费不同，一般经济消费表现为消费者对商品物质属性的认同和消费，其最终结果是消费购买的物质商品。

从经济学的视角来看，任何一个产业的发展都是其需求与供给平衡的结果，文化产业也不例外。但文化产业经济属性的特殊性也决定了文化产业具有不同于其他产业的、自己所特有的经济特征，主要表现在以下几个方面：

（1）经济性和文化性统一。文化产业作为一种经济形态，既具有经济属性又具有意识形态的属性，它是经济性与文化性的统一。文化产品既创造财富，又因其本身承载着丰富的人文资源，从而具有益智功能、教化功能、凝聚功能和审美功能。经济性和文化性统一的关键点是文化产品的商品化。只有把文化产品变成商品来消费，才能实现其价值，完成文化产品自身的循环，文化产品变成商品才能最大限度地实现文化的宣传教育功能，更好地发挥其意识形态属性。

（2）资源可再生性和共享性统一。发展需要资源，当前主要有两种资源，一种是自然资源，如山川、土地、江河、矿藏等；另一种是文化资源，如文物古迹、文化遗迹、文化传统等。这两种资源有两个根本的区别。首先，自然资源具有独占性，而文化资源是非独占性的，是人类共享的；其次，自然资源是有限的，而文化资源取之不尽、用之不竭，可循环反复利用。

（3）高创意和高回报统一。文化产业在中国香港特区、英国称为创意产业，创新意识是它最核心的价值体现。一个文化企业，它的文化资本的多少，不是看它拥有多少厂房和设备，关键在于它的产品原创性。当今中国有影响的文化产业项目，如“云南映象”、桂林的“印象·刘三姐”、河南的“风中少林”等，无不基于全新的创意。高创意带来的必然是高回报，“印象·刘三姐”是中国首部大型山水实景演出作品，投资近7000万元，从2004年正式演出到2008年年底，演出总场次近2000场，观众约300万人次，票房收入约6亿元。该项目拉动了当地的旅游业，促进了当地经济的发展。

(4) 复合性和融合性统一。文化产业之所以能实现大规模的经济产出，拉动经济增长，主要是因为文化产业本身具有极强的复合性和融合性，能很好地容纳相关行业领域，通过创意策划，再加上资本运作，打造成产业链，获取更大的经济效益。以《杜拉拉升职记》这本畅销书为例，仅其系列图书的销售额就突破1亿元，而以其为中心衍生出的电影、电视剧、话剧等，据业内人士保守估计，仅票房收入将近1.3亿元，除此之外，其视听书、DVD销售额超过500万元。随着《杜拉拉升职记3》的问世以及与服装、网络游戏、无线增值等其他品牌的深度合作，预计未来三年将创造10亿元产值。“杜拉拉”成功之处不仅有赖于作者独到的视角和妙笔生花，更重要的是其完整的商业运作模式，使得产业链越拉越长。位于这条产业链最上游的是图书出版社，接下来有品牌运营商、冠名赞助企业、广告代理商、电信运营商等多个环节，各环节层层相扣、互应互补，都获得了巨大的收益。

二、文化产业的“微笑曲线”理论

(一)“微笑曲线”理论介绍

20世纪90年代，台湾重要科技业者、宏碁集团的创始人施正荣根据波特理论以及IT产业的丰富经验，提出了“微笑曲线”(Smiling Curve)理论，也叫“产业微笑曲线”。该理论指出：制造业的价值链包括三个主要环节，即研发设计、加工制造和市场营销。其中，处于价值链两头的研发设计和市场营销的附加值较高，处于中间环节的加工制造的附加值较低，这样便形成了一条两头高、中间低的向上开口的抛物线，由于该曲线类似于人微笑时的嘴型，因此，被形象地称为“微笑曲线”(孙晓飞，2011)(如图2-3所示)。在“微笑曲线”上，从过程产品到最终产品的销售，以加工制造环节作为分界点，产业链上各个环节所创造的价值会随着要素密集度的变化而变化。在价值链的上游和下游，即产品研发、流通环节的附加值高，利润空间大，而处于中游加工制造环节的附加值低，利润空间小，若要提高附加值，就需要努力走向“微笑曲线”的两端。简而言之，“微笑曲线”理论就是以附加值高低来判断企业和产业的竞争力，产业和企业只有不断地往附加值高的区块移动和定位，才能赢得良好的经营效益与持续发展。在全球化的条件下，企业在累积了附加值最低中有部分的足够经验和能力之后，不断创新进取，向“微笑曲线”两端逐步升级，才能赢得竞争的主动，扩大产品的附加值及利润空间；产业结构调整只有在产业链上的不同位置和不同产业之间的调整，才能取得更多的附加值，获取更多的利润，才能赢得更强的国际产业竞争力。运用“微笑曲线”分析和规划区域经济和产业发展方式，已经成为宏观经济政策的一个重要方面（杨林，曾繁华，2009）。

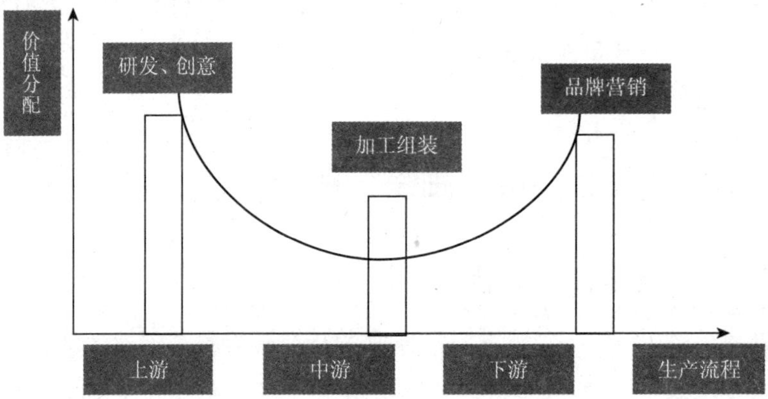

图 2-3 “微笑曲线”示意图

（二）文化产业发展的微笑曲线理论分析

“微笑曲线”将一条产业链分为三个区间，即研发与设计、生产与制造、营销与服务。企业如果要获得更多的附加值，就必须向两端延伸，越向两边走，企业获得的附加值就越多。也就是说，在曲线左边加强研发，创造智慧财产权，在右边加强客户导向的营销与服务，不断地往附加值高的区位移动与定位，才能在国际产业体系中走向产业链高端位置，实现持续发展与永续经营。“微笑曲线”理论在以后的发展中被不断赋予新的内容，现在已经成为许多产业和经济分析的重要基础和依据，文化产业作为近年来发展速度和规模都大幅提升的新型产业，同样存在这类问题。实际上，文化产业本身就具有高附加值的特性，关键是在产业发展过程中要注重将产业的高附加值部分发挥释放出来。随着全球化进程的加速与深化，以及世界经济的转型与融合，文化产业逐渐成为全球最具发展潜力的新兴产业之一，世界各国政府普遍给予了高度重视。从宏观层面分析，20 世纪末期以来，随着信息技术的不断突破和知识经济的迅猛发展，技术进步和资源约束等因素有力地推动了国际产业竞争从传统生产领域向知识、文化和创新的方向发展。从微观层面分析，这一时期的国民经济从总体上转向以文化附加值为主体的经济，经济下游化趋势明显。数字技术的发展促使文化产业和其他产业广泛渗透，为其他产业提供高文化附加值，推动文化产业与国民经济各部门普遍融合。比如，文化产业将服装业转变为服装设计业，将建筑业转变为建筑设计业，将农业转变为农业观光业等（张晓明，2009）。通过“微笑曲线”理论，我们可以清晰地看出，文化创意大大提升了这些传统行业的附加值，从而能够获得更高的收益。文化产业具有突出的跨行业跨部门跨领域等特点，是促进产业结构升级和经济转型的重要方法和途径。

近年来，中国出台了一系列发展文化产业政策，希望通过文化产业的发展推动区域产业结构升级，提升城市发展水平，然而，我国文化产业的总体发展显得相对落后，与美国和日本一些国家仍有不小的差距。以娱乐和媒体产业为例，据普华永道公司公布的《全球娱乐和媒体业展望：2012—2016》报告，2011 年，中国娱乐和媒体业产值实现 1090. 6 亿美元，首次超过德国的 993. 4 亿美元，进入世界前三名。然而，较之美国的 4638. 6 亿美元和日本的 1928. 0 亿美元，中国差距明显而且短期内难以赶超：即使在 2016 年，中国娱乐和媒体业产值实现 1925. 2 亿美元，但与美国的 5972. 8 亿美元相差甚远，并且未能赶超日本的 2216. 3 亿美元，仍屈居第三。以中国动画产业为例，作为文化产业的重要组成部分，现阶段的中国动画产业发展现状令人担忧。据统计，中国动画年产量在 2004 年之前不足4000分钟，而2010年达到22万分钟，一跃成为世界第一动画生产“大国”。然而，中国只是动画生产“大国”，而非动画生产“强国”，动画产业产值的增长并没有与产量增长同步。从国际市场看，2007年美国仅迪士尼一家公司就达到365亿美元，2009年日本动漫市场为2000亿美元，而动画生产量世界第一的中国，2010年动画产业整体产值只有470.8亿元人民币。显然，产值低下已成为中国动画产业的发展瓶颈。为什么会出现这种情况呢？当然，中国动画产业存在着产业经验不足、产业链不完善、产品低端等问题，但产值低下的根本原因是中国动画产业集中于“微笑曲线”中的生产环节，而忽视了产业上下游的设计研发和市场品牌等高附加值环节。

同时，在推进文化产业发展的过程中，不同程度地暴露出来缺乏创意、一哄而上、大拆大建、缺乏品牌思维等现象，给文化产业的健康发展带来了极大的负面影响。运用“微笑曲线”理论分析，能给今后文化产业的发展带来诸多有益的启迪。其中一些误区是由于地方政府或者相关文化产业运营商对于文化的理解有偏差，没有认识到文化其实是人类在长期的历史发展中共同创造的物质财富和精神财富的总和。文化对于一个地区或者城市而言，是其形象的名片、品位的标志、灵魂的体现。它对于彰显一个地域的特色，提升一个城市的品位，促进一个区域的发展，有着无可替代的重要作用。因此，要通过文化推动区域产业结构升级，就一定要深刻研究文化发展的特点和规律，结合实际，才能制定出科学的产业规划，才能有“和而不同”的文化产业发展模式。在文化产业的“微笑曲线”左端选准了位置，必然会在价值链的上游取得丰厚的回报。除此之外，一些误区的产生是由于缺乏“服务”和“品牌”思维，没有意识到通过服务和品牌推广建立的“盈利模式”会给产业发展带来跨越式发展。反映在“微笑曲线”理论中，就是在抛物线的右端的工作没有做好，必然导致产业利润空间的下降。因此，要真正提升文化产业在区域经济发展中的重要地位，发挥文化产业带动经济发展的强大引擎作用，通过“微笑曲线”理论增强文化产业的“创意”，提升文化产业附加值，想方设法在“曲线”两侧寻找经济增长点，逐步培育辐射全国和全球的文化“品牌”，是当前各地发展文化产业的迫切任务。否则，只是沿袭传统的旅游、展览等盈利模式，就只能处于“微笑曲线”的底部，在文化产业发展的价值链上失去先机，遑论通过文化产业推动区域产业结构升级。

（三）文化产业附加值

根据微笑曲线理论，要实现文化产业引领区域经济升级换代的目标，必须注重激发文化产业内在的高附加值特性，着力提高文化产品和服务的附加值，稳步推动文化产业成为国民经济支柱型产业。

（1）不断强化“品牌效应”。在文化产业发展的过程中，文化品牌引领着文化产业发展的主流方向，起着引领和带动作用。比如优秀影视剧使剧中演员“一夜成名”的传奇时常在全球上演，而令拍摄地就此成为驰名旅游胜地的成功案例也为数不少。其中，2001 年凭借《指环王》在全球的热映，新西兰美丽的风景变得家喻户晓，成为游客向往的地方。而 2009 年的贺岁电影《非诚勿扰》的上映，使浙江杭州和日本北海道两地的游客数量猛增。随着 2011 年春节贺岁片《非诚勿扰Ⅱ》的热映，三亚亚龙湾热带天堂森林公园名声大噪，电影中的“鸟巢”蜜月房、过江龙索桥等景点现已成为全国各地旅行社推行的旅游热线。据统计数据显示，2012 年的春节黄金周，三亚亚龙湾热带天堂森林公园共接待游客 6.52 万人次，同比增长 225.93%，日接待游客量从以前的 5000 多人突破至 1 万多人。对优秀影视剧外景地的宣传和旅游产生的积极作用让人眼前一亮，更为海南旅游宣传提供了一条新路径。毋庸置疑，“品牌效应”极大地提高文化产品和服务的附加值，有效提升区域文化产业档次和竞争软实力。但目前来看，品牌建设仍是中国文化产业发展的“短板”，今后应把文化产业品牌建设、发挥品牌效应作为产业发展的重要着力点。

（2）逐步打造完善的产业链。完整的产业链可以产生规模效应、协同效应和品牌效应。例如，著名的“哈利·波特”现象。从 1997 年开始，“哈利·波特”缔造出现代文坛最大的神话，在全球创造了近千亿美元的产业规模，成为史上最成功的文化商业品牌。这一切离不开它完整、高效的产业链，包括小说的创作、出版、营销、制作，以及电子游戏、衍生产品开发、文化旅游、主题公园等多个领域，整个产业都是一环扣一环，产业链一环扣一环，且每个环节的规模效应都相当可观。目前，中国已经形成了一批基于产业链条的具有品牌特征的产业集群，对于建立完善包括研发、生产、销售等环节在内的产业链具有非常重要的意义。这也使得产业集群里中小企业获得了群体竞争优势和规模效益。例如，北京“798”文化艺术园区、北京通州宋庄“画家村”“中国油画第一村”深圳大芬村更是在短短的十年时间里，创造了占领全世界60%的油画市场的奇迹。文化产业的产业链不是分裂的、分散的，而是环环相扣、相辅相成的完整循环体系，通过整个产业链实现利润的创造、分配和投入。从这个角度审视，无论是国家层面还是地方层面，中国文化产业普遍存在着低端重复建设、产品和服务同构现象严重、产业条块分割严重、创新能力不高等产业链断裂或不完善现象，这些问题都需要政府相关部门和研究机构进行深入思考和研究。

（3）有效促进文化与科技融合。文化与科技融合应该成为发展文化产业的一个指导原则。科技的每一次进步都影响着文化生产方式，文化与科技的融合能够催生出文化新业态、新载体，创造新的文化消费终端，推动文化产业转型升级，甚至促使文化产业发生从量变到质变的飞跃。第一次工业革命，直接影响了新艺术运动的诞生，便于携带的锡管颜料帮助印象派画家走向大自然。第二次工业革命迎来电气时代，电影业、广播电视业应运而生。随着信息时代来临，催生了电子出版物、数字影音、网络传输、游戏等众多文化新业态。当今时代，科技进步和文化发展日新月异，我们更应该积极探索传统文化与现代科技相融合的实现道路。这也是摆在科技工作者和文化工作者面前的历史机遇和历史使命。

（4）从文化产业与其他产业的耦合中寻找灵感，不断提高文化产业发展的“创意”。要通过对文化本身的深入理解提高文化产业模式的新颖性和独创性。文化产业不仅包括为社会公众提供实物形态文化产品的活动

（如书籍、报纸、杂志等），也包括提供的各种文化服务和娱乐服务（广播电视、电影、表演服务），以及为了提供文化产品和服务所必须的设备、材料的生产销售活动（如印刷设备、广播电影电视设备等）。这些文化产业在生产和销售其文化产品的过程中，可以形成自身独立的运作模式，形成完整的价值增值链条，即集文化产品创意、要素聚合、产品生产和销售于一体。同时，文化作为一种社会现象，产品还可以与其他产业相结合，如工艺美术设计、增加其他产业产品（农业、制造业和服务业相关的产品）的文化品位等（杨凤鲜，王信东，2010）。文化产业这一类“耦合式”的运行模式，不但可以通过与其他产业，如农业、制造业和服务业结合，提升相关产业产品或服务的附加值，并实现自身的价值，更为重要的是，它能为文化产业发展走出传统窠臼，增加无限新颖的创意提供广阔的想象空间。

（5）大力推动文化“走出去”。在经济全球化浪潮中，对于努力推动中国文化“走出去”，不断提高中国文化在国际社会的影响力和竞争力，中国政府一直有着明晰的思路。2003 年 12 月，胡锦涛总书记在全国宣传思想工作会议上指出，大力发展涉外文化产业，积极参与国际文化竞争。2004 年 9 月，党的十六届四中全会提出，推动中华文化更好走向世界，提高国际影响力。2005 年 10 月，党的十六届五中全会再次强调，积极开拓国际市场，推动中华文化走出去。2011 年是“十二五”规划开局之年，国家关于“十二五”规划建议提出，在推动文化产业成为国民经济支柱型产业的基础上，加强对外宣传文化交流，创新文化走出去模式，增强中华文化国际竞争力、影响力。“十三五”时期是文化产业发展新的历史机遇期，“一带一路”建设为产业跨地区融合并走向世界提供了新机遇。文化产业可以在此战略格局下突破传统区域环状分布而代之以浅性带状分布，突破行业区划的阻隔和产业门类的分割，以国际化的视野，整合国际化资源，开拓国际市场。

三、文化产业发展的政策理论

经济政策和经济理论之间存在着密切的关系，经济理论是经济政策的依据，经济政策则是经济理论的应用。由于现代经济活动日趋复杂，加之市场的外部性问题，很难实现市场和整个经济自发形成的平衡，这就形成了凯恩斯主义经济学所集中体现的国家干预主义，即要求国家根据经济活动的情况，不同程度地介入经济生活，从而实施有理论依据的经济调节政策，进而形成了相对独立的经济政策理论。经济政策应用于到产业，就是产业政策。所谓产业政策，又广义和狭义之说，广义而言，“产业政策是对于一定时期内产业结构变化趋势和目标的设想，同时规定各个产业部门在社会经济发展中的地位和作用，并提出实现这些设想的政策措施”①。狭义而言，“产业政策是指国家为了鼓励或限制某一特定产业发展而采取的政策的总和”②，这里的产业政策指的是调节所有产业活动的方针和措施。

（一）文化产业政策的含义

所谓文化产业政策，是指国家制定并组织实施的旨在鼓励、规范文化产业发展的一系列政策的综合。③

首先，文化产业政策是国家产业政策的重要组成部分，同其他产业政策一样，具有产业政策的共同特征。诸如光伏产业政策、农业产业化政策等，其目的就是为产业的健康发展提供政策引导和政策约束。

其次，文化产业政策是一种产业意义上的经济政策，它不同于文化政策，也不同于文化事业政策。文化政策是指各类文化行为主体必须遵守的、具有强制性的行为准则和规范，体现着国家和政党的文化意志。文化事业政策则是建设、引导、调控和管理社会的非营利性、公益性的文化政策。三者之间又相互关联，由于文化产业政策性质、特征和演变要受到一个国家基本文化政策的制约，因此，文化产业政策从属于文化政策；同样，文化事业政策是为了为社会提供文化公共品的政策引导，以其非营利性满足人们对文化的追求，因此不能以文化事业政策指导文化产业政策。

---

① 部义钧，邱钧．产业经济学［M］．北京：中国统计出版社，2001（485）．

② 汪同三，齐建国．产业政策与经济增长［M］．北京：社会科学出版社，1996（37）．

③ 杨吉华．文化产业政策研究［C］．北京：中共中央党校，2007（89）．

最后，文化产业政策也是一种特殊的产业政策。文化产业是一项“内容为王”的产业。文化产业所见诸的文化产品与物质产品比较，它具有精神性、可复制性、重复性等特点。所谓精神性，是指文化产品主要是满足人们精神上的或心理上的需要，其使用价值的大小就取决于它们所蕴含的“内容”的容量和质量，或者说取决于它满足消费者精神需要的程度。所谓可复制性，是指多数精神产品可以快速复制、下载、传播、扩散，且成本低廉。所谓重复性，是指精神产品可以重复使用，而且具有价值增值的特点。其使用价值在使用中不仅不会降低，还会不断增值、放大。

（二）文化产业政策的内容

如同其他产业政策一样，文化产业政策包括了文化产业结构政策、文化产业组织政策、文化产业技术政策、文化产业布局政策以及文化产业贸易政策。

文化产业结构政策，就是国家制定的、用来调整优化文化产业结构的政策，它反映的是国家对文化产业现状、文化产业地位的认识，以及根据这种认识对文化产业结构调整做出的政策安排①。从宏观意义上，文化产业政策是指按照国民经济发展的现状，调整文化产业在国家整个产业结构中的地位和比例关系，以适应产业结构更加合理化、高度化、专业化的要求。从微观意义上，就是调整文化产业内部各个行业之间的比例关系，促进文化产业的行业间协调发展，以满足人民对美好生活的需求。因此，文化产业结构政策就是针对文化产业的“结构”而制定一系列政策的总和。

文化产业组织政策，就是国家为优化文化产业组织结构，培育产业链条，防止过度竞争或垄断地做制定和实施的一系列政策的总和。通过文化产业组织政策，一是可以提高文化产业的集中度，通过税收政策，加大文化企业剩余价值的资本化，实现企业规模扩张；通过货币政策，扩大文化企业的资本形成，引导文化企业快速发展；通过法律政策，实现文化企业间的并购和重组。在实现文化企业规模经济水平的同时，文化产业组织水

① 杨吉华．文化产业政策研究［C］．北京：中共中央党校，2007（105）．

平更加合理。由于文化产业是由十几个行业组成的产业群，每个行业组织都有自己的特殊演变规律。在制定文化产业组织政策时，要根据不同行业组织的特点和演变规律，制定出符合不同行业的组织政策。这是政策成功的根本保证。

文化产业技术政策，是指国家通过财政贴息、奖励、扶持等政策手段，引导文化产业技术升级和技术进步，促进文化高新产业的形成，推动文化产业稳定快速发展，提升本土文化产业在国际上的竞争力和综合实力。尤其是在人类第三次技术革命的今天，大数据、云计算、智能移动、B2B、物联网、人工智能为代表的新技术，无一例外地改变着一个国家和地区的经济发展和运行，文化产业以其极具创造性的产业为特征，必将迎来大发展的历史机遇，如何通过文化产业的技术政策，引导文化产业和文化企业与新技术融合，对于推动整个产业的结构调整和升级，对于提升文化产业的技术水平，无疑是产业政策的重要内容。

文化产业布局政策，是指规划文化产业在国民经济和社会发展中的区域布局和经济布局的一系列政策的总和。区域布局就是鼓励各地根据资源禀赋和功能定位，确立文化产业发展重点，发挥各自优势，依托大型城市和城市群建设文化产业带，支持中小城市和农村发展特色文化产业群，形成区域、城乡文化产业协调发展格局。经济布局就是鼓励文化产业跳出影视、出版、演艺等传统领域，融入国民经济的“大循环”中，将文化创意和设计服务深度融合到装备制造业、消费品工业、建筑业、信息业、旅游业、农业和体育七大产业，放大文化的“溢出”效应，提升文化的附加值，文化也将像科技一样，成为国民经济转型升级的“新引擎”。

文化产业的贸易政策，就是国家为改善对外贸易结构，扩大文化产品和服务的出口所制定和实施的一系列政策。从国际方面来看，文化贸易推动原创的、高附加值的文化产品走向世界，既提高我们在世界文化贸易中的“硬实力”，又提升中国文化的“软实力”，实现“中国制造”向“中国智造”的升级。

（三）文化产业发展的政策手段

从产业经济学的角度，产业政策手段是指一定时期内，为落实产业政策所采用的方式、方法和措施。一般而言，产业政策手段分为行政手段、法律手段和经济手段，其中，经济手段又分为货币手段、财政手段和税收手段。对于一定时期内的产业政策的目标能否实现，或者实现的程度，不仅取决于某一项或某几项手段，而在于多种手段的有效组合的整体效应。就产业政策的使用方式而言，行政手段最为直接，主要体现在市场准入等方面。法律手段和经济手段则比较间接，主要体现在生产者或消费者接受方面。只有合理搭配产业政策手段，正确处理好三项政策手段的关系，形成科学的产业政策的实施机制，才能达到产业政策实施的效果。

（1）文化产业发展的行政手段。行政手段在文化产业政策中起到非常重要的作用，尤其是在文化产业培育和成长时期，有效的行政措施，对于促进未来文化产业的发展方向和发展质量是不可或缺的。行政手段主要是政府凭借所拥有的政权组织和政权力量，指定或颁布政策、指令、计划、规划，贯彻上级文化产业政策措施，实现文化产业政策目标。也就是说，政府或政府机构通常运用行政命令、行政引导、行政信息、行政咨询、行政服务、行政管理等行政权力和行政手段，对文化产业活动进行强制性或半强制性干预，其中包括了市场准入条件、产品规制、数量规制、价格规制、环境保护规制以及安全生产规制等。由于行政手段具有权威性、垂直性、强制性、具体性、便利性、直接性、非经济利益性等特点，在对市场的干预中往往立见成效，尤其在市场外部性问题突出的时候，往往为政府机构依赖，不可否认，过多地或不恰当地行政干预，往往造成市场机制扭曲，严重影响文化市场的有效运行，加之出现的地方保护主义，不利于文化资源的优化配置和企业有效的运行，最终可能导致文化产业政策得不到落实，文化产业政策目标落空。

（2）文化产业发展的法律手段。文化产业的法律手段就是依靠国家的法权力量，通过经济立法、司法和守法确保文化产业的健康有序发展，尤其是保证文化产业发展环境的优化，维护文化市场秩序，保证文化产业与其他产业间、文化产业内部关系的协调，保证文化产业政策顺利和有效地实施。由于法律手段的权威性、强制性、规范性、稳定性的特点，加之文化产业政策法律化的趋势，已经成为调整产业组织、规范竞争秩序的主要手段。需要说明的是，由于我国文化产业起步比较晚，文化政策、文化事业政策与文化产业政策指向不尽一致，造成文化产业法律立法相对滞后，尤其是改制后的文化集团公司，如广播电视、出版集团等，缺乏一部专门、系统、权威的部门法律，针对一些传统文化企业、网络文化公司、信息咨询公司等同样没有相应的、统一的规范性文件，完全不能满足互联网时代文化产业发展的需要。因此，加强文化产业立法工作，建立系统的文化产业法律体系，为文化产业健康发展创造良好的法制环境，是当前重要的任务。

（3）文化产业发展的经济手段。文化产业的经济手段就是在尊重经济规律的基础上，运用资金、价格、信贷、奖励、扶持、税收等经济杠杆，调整市场主体中的经济利益关系，引导文化产业发展方向，落实文化产业政策等一系列的方式和方法。由于经济手段所具有的利益性、传导性、间接性、针对性、多样性的特点，如同其他与产业政策一样，更多地为政府部门广泛采用。从文化产业政策实践来看，多为刺激性手段和引导性手段。刺激性手段就是政府部门利用各种价值工具，通过调控企业间的利益关系或资金奖励、扶持手段干预企业的经济行为，使其按照产业发展目标从事经济行为，以期实现产业的调整、布局和发展。这种手段一般包括财政、税收、金融等。引导性手段是前端干预，就是政府通过发布有关产业发展信息、设立产业发展基金，影响企业的价值判断，在产业技术、产业布局等方面适应产业政策目标的需要。这种手段主要体现为产业引导基金方面。需要注意的是，文化产业的产业引导基金主要功能在于引导，集中体现为文化产业技术度、文化产业融合度等方面。

第三章　河南文化产业的发展成就

河南省作为一个文化资源大省，近年来文化产业也初步形成了一定的规模和竞争力，如何将河南省丰富的文化资源转变为文化生产力，提高文化产业的活力和竞争力，是优化河南经济结构，促进又好又快地发展、建设中原经济社会发展强省的迫切要求。

第一节　河南文化产业发展历史脉络

从新中国建立到党的十一届三中全会召开，由于我国在很长一段时间内实行的计划经济体制，文化仅仅是作为一种从事文化建设和提供文化服务的公益性事业，由政府统一包揽，这对于迅速确立社会主义文化在全社会的主导地位，对于迅速普及教育、科学和文化知识具有不容忽视的积极作用。但随着社会主义市场经济体制的确立，过去计划经济体制下延续下来的文化事业已经不适应新形势的要求，新的文化事业建设逐步为人们所认识，为促进新时期社会主义文化事业的大发展，文化产业逐渐摆上了议事日程。在这一宏观的大背景下，河南文化产业与全国一样，经历了一个探索、兴起、推进、升级的四个发展阶段，随之文化产业作为产业的概念范畴也逐步清晰起来。

一、河南文化产业的积极探索期

1978—1992 年是我国文化产业的积极探索阶段，其制度变迁的基调是管制。1978 年，党的十一届三中全会确立了工作重心转移到社会主义现代化建设上来的政治路线，改革开放号角吹响。自此，我国的经济、政治、文化各项事业开始呈现蓬勃发展的良好势头。对于文化而言，改革开放初期，文化事业的大多数领域都严格控制在党的宣传部门和文化管理部门手中，文化生产是事业范畴，还没有被赋予“产业”地位，广义的文化产业实际上没有出现，只是与意识形态关系不密切的个别行业出现了产业化的苗头，这些行业包括大众娱乐业、广告业、文化硬件制造业。

在这一宏观背景下，文化产业化的发展处于摸索和自发状态，在这一阶段也就没有所谓的“产业政策”，但针对个别行业发展中存在的问题而提出的政策要求还是陆续出台。比如，体制内一些文化单位迫于生存，展开了生产自救，利用其掌握的文化资源举办主业以外的各种生产、经营活动，以获取收益，缓解经费不足的矛盾，提高职工福利待遇。这些活动刚开始不被官方允许，后来在1984年的天津会议上，文化部、财政部才正式承认“以文补文”活动的合法性，从政策上给予支持。20世纪80年代中期后，我国广告公司及各种文化娱乐场所如雨后春笋般地出现，政府出台多项管理政策，文化事业单位经营合法化。1985年，国务院转发了国家统计局《关于建立第三产业的统计报告》，明确地将文化产业列入第三产业。1987年2月，财政部、文化部和国家工商局联合颁布了《关于文化事业单位开展有偿服务和经营活动的暂行办法》，文件鼓励文化事业单位在加强社会主义精神文明建设中，提供多种服务，扩大服务范围，提高服务质量。同年，文化部、公安部、国家工商行政管理局发布了《关于改进舞会管理问题的通知》，正式认可营业性舞会等文化娱乐经营性活动。1988年，国家工商局、文化部等部门联合发布《关于加强文化市场管理工作的通知》，正式提出文化市场的概念，同时明确了文化市场的管理范围、任务、原则和方针。在文化经济政策方面，对经营性文化事业单位的刺激主要表现在颁布了《文化部关于文化事业若干经济政策意见的报告》（1991年），提出“文化经济”概念。从20世纪80年代后期开始，国家分期分批减少对媒介的事业经费的投入，实行“独立核算、自负盈亏、照章纳税、财政不予补贴”的政策，逐步结束了这些单位吃皇粮的历史，也极大地催生了广播电视报纸等领域中的非核心业务（主要是广告业务和发行业务）的市场化、产业化进程。

这一时期河南省的文化产业，仍是在原有的文化体制框架下发展的，确切地讲是在文化事业的主导下，主要在流通领域进行的。文化产业的出现和发展对于当时来讲是一个新生事物，对于文化产业的性质、意义以及发展的途径和方式都不甚明了。一些地方仍旧把发展文化事业等同于发展文化产业。1985 年，国家对基层文化事业单位进行调整，提出“双轨制”改革的要求，河南省也出台了与之相配套的一系列政策。在文化事业单位内部，模仿经济体制改革的经验，实行承包经营责任制，对文艺团体的资金投入也由原来的统包统管改为“定补”“差补”。全省各市、县的文艺团体，有的试行等级工资，有的试行基本工资加奖励或积分工资等，形成了以政府为主导、多业助文、以文补文的文化事业新格局。

这一阶段，河南省及各省辖市出台的有关文化产业的政策较少，内容比较笼统，缺乏针对性，并以“文化事业”为主导、主要在流通领域进行探索。与北京、上海等发达地区相比，河南省文化产业的起步较晚，具有较大的差距。1984 年，河南省出台了全国最早的地方文物法规《河南省<文物保护法>实施办法》，主要对文物管理机构、文物保护单位以及文物出境等做了明确规定。由此可以看出，此时河南省的政策还处在对于文化事业的管理和引导上，并未过多地涉及文化产业的发展。1991 年，《郑州市文化市场管理条例》实施，对音像制品、图书报刊、营业性舞（歌）厅、社会艺术表演团体、营业性文化艺术展览等活动进行了规定，河南省在政策上开始体现出对于文化产业的初步认识。但是直到 1995 年河南省正式出台《河南省文化市场管理条例》，对全省文化市场进行严格界定和管理之前，始终没有形成河南的“文化产业”概念。

二、河南文化产业的全面兴起期

1993—2001 年是中国文化产业的全面兴起阶段，其制度变迁的基调是规范。1992 年，中国共产党第十四大正式建立社会主义市场经济体制，市场经济体制的建立为文化产业的健康发展奠定了基础。这个时期我国文化产业化进程开始加快，主要表现在存量事业的文化事业单位体制改革开始启动，增量领域文化产业规模不断扩大，文化产业和文化事业走上共同发展之路。这一时期文化产业核心产业都有了快速发展，并出现了新兴产业—网络业。文化管理部门新增了文化部“文化产业司”、中宣部“新闻出版广播影视业改革发展办公室”及各省市相应的文化管理部门，对于文化发展的管理开始从“直接管理”向“间接管理”、从“办文化”向“管文化”、从“小文化”到“大文化”等转变。

由于文化体制改革的有力刺激，社会力量和外资参与中国文化经济发展的新格局也开始形成，文化产业化的浪潮从较小规模的文化单位发展到大的文化企业集团，从多种所有制企业进一步扩展到国有大型文化单位。据统计，到1999年，文化产业发展已初具规模，当年全国娱乐、音像、演出、艺术品四大市场文化经营单位27万个，从业人员112万人。随着文化产业的发展，迫切需要大量文化产业政策去支持、引导和规范。国家为支持文化产业的发展，在文化管理体制、经营机制、投资领域等方面均有较大改革。具体到经济政策，比较系统地提出了鼓励我国文化事业包括部分文化产业内容发展的财政、税收和投融资政策，极大地调动了各方面发展文化产业的积极性。

这一阶段，河南省的政策具有一定的针对性，并且在政策上进一步承认了文化产业的独立性。1995年4月17日，河南省政府出台了《河南省文化市场管理条例》，该条例就文化市场管理主体、文化经营的审批程序、文化经营活动管理、经营者消费者的权益保护以及相应的法律责任等，都给予了严格地规范。在针对文化市场进行政策管制的同时，确定了文化市场在河南的地位。2000年10月，中国共产党第十五届五中全会通过了《中共中央关于制定国民经济和社会发展第十个五年计划的建议》，第一次在中央正式文件里提出了“文化产业”这一概念，要求完善文化产业政策，加强文化市场建设和管理，推动文化产业发展。2001年，我国首次颁布了《国家“十五”时期文化发展规划纲要》，确定了“十五”期间我国文化建设和文化产业发展的基本方针、主要目标和基本任务。在这种大的政策背景下，河南省的文化产业发展进入了一个新的时期。这一时期河南省出台了很多政策，明确了“两个效益”的关系，努力实现经济效益和社会效益的统一。在发展文化产业的过程中，河南省坚持文化产业、文化事业两手抓，文化产业的发展逐步走上了与文化事业共同发展的轨道。其文化政策已经具有一定的针对性和规划性，并且以“文化事业”带动“文化产业”，坚持“文化事业”和“文化产业”并行发展；其文化政策还具有一定的延续性，往往在出台一项政策之后，会根据具体情况紧接着出台与之相对应的更加细化的条例法规，以完善整体的政策。同时，政策的涉及面也越来越广，包含了广播电视、装潢印刷、网络文化等。这表明在这个阶段河南省文化产业的发展步入正轨。这一时期河南文化产业发展的速度越来越快，保持12%以上。2004年，全省文化增加值达到264.45亿元，占GDP的比重为3%，跃居全国第九位。①

三、河南文化产业的整体推进期

2002—2011年是中国文化产业的整体推进阶段，其制度变迁的基调是鼓励。2001年11月，以中国加入世界贸易组织为契机，中国文化产业也开始融入世界市场，中国民营文化企业和国有文化企业集团开始与国外文化产业同台竞争，提高文化竞争力问题浮出水面。文化产业开始成为国民经济的支柱产业之一，并被纳为国民经济和社会发展战略的重要组成部分。

2002年，中共十六大召开，我国文化体制改革的步伐明显加快，国家把对文化事业的扶持和对文化产业的经营明确区分开来，国家开始强调调整文化产业的格局和文化产业政策，完善文化市场，培育具有国际竞争力的文化企业，提升我国文化产业的整体实力，推进文化产业发展的相关政策不断出台。党的十六大报告首次在全国性代表大会中明确提出要大力发展文化产业。2004年，为贯彻落实党的十六届三中全会精神，实现经济社会全面协调、可持续发展，文化体制改革试点工作继续深入，对文化产业

① 数据来源：刘清俭．河南省文化产业发展情况调查报告，决策探求，2001（11）：24-25

发展的推动作用越来越明显。新闻出版、广播电影电视、演艺等领域的事业单位转制为企业。国有文化企业进行股份制改造、改革举措均有突破。投融资体制改革开始提上日程，并在演艺、影视制作、分销等领域显示出推动产业实现跨越式发展的作用。总的看来，我国以文化产业为主导的国有经济格局正在形成，这一阶段国家集中出台了加快文化体制改革和鼓励各种经济成分共同发展文化产业的政策，

2005 年，河南省委、省政府出台了《中共河南省委、河南省人民政府关于大力发展文化产业的意见》。《意见》明确提出了河南文化产业发展的总体思路：做大做强主导产业，充分发挥其龙头带动作用；瞄准文化产业发展前沿，抢占新兴产业制高点；大力发展社会文化产业，拉动大众文化消费；以郑州为中心，以沿黄文化产业带为主轴，以豫北和豫南文化产业区为两翼，以各地特色文化产业区块为支撑，构建“一带两翼”的文化产业区域布局。

自 2005 年以来，全省文化产业增加值年均增长速度超过 15%，比同期 GDP 增速高出至少 2.5 个百分点。2009 年，全省文化产业增加值增长速度 15.1%，高出同期 GDP 增长速度 4.4 个百分点。动漫、网络游戏等新兴文化产业迅速崛起。截至 2010 年 10 月，全省共有动漫、网络游戏企业 63 家，已创作完成或正在创作的动画片 40 部，已创作完成或正在创作的漫画 22 部，已开工建设或正在规划的动漫产业园区和基地 6 个，动漫频道 2 个①。河南省文化产业政策制定的时间密度在这个阶段达到了最高峰，这时的政策已经具有很强的针对性和导向性。

在河南省委、省政府出台《中共河南省委、河南省人民政府关于大力发展文化产业的意见》之后，地方税务局、新闻出版社、工商局、中小企业服务局、商务厅、省文化厅、财政厅、劳动和社会保障厅等主要厅局均出台了支持文化产业的相关政策，其中包括文化企业将享受税收优惠政策、培养文化产业创新型人才、加大文化体制的改革力度、加大投资力度、加快文化领域信息化建设等多项措施。由此可以看出，2005 年以后，

① 数据来源：李蔚．河南建立五级公共文化设施体系舞台艺术送给农民，东方今报，2010-11-26（A11）

河南省从各个方面对文化产业的发展进行了强有力的支持。截至2010年年底，全省共有文化产业法人单位17196个，实现增加值367.13亿元，同比增长15.9%，高出同期生产总值增速3.7个百分点，从业人员年增长4.97%，高于全社会从业人员1.3%的增速①。全面完成出版、发行、电影制作发行放映、电视剧制作机构、国有文艺院团等领域的改革任务。

2006年，河南省第八次党代会将“加快文化资源大省向文化强省跨越”正式写入党代会报告中，成为中原崛起的重要内容。河南省委、省政府2007年12月17日正式出台《关于加快文化资源大省向文化强省跨越的若干意见》，明确了文化强省跨越的奋斗目标和保障措施，提出了文化强省建设“两步走”战略。“文化产业”在这个阶段成为河南省经济发展的重要主题之一，这个阶段的政策更加确立了文化产业的地位，政策直接针对文化产业进行规划。《2007年河南文化蓝皮书》和《2008年河南文化蓝皮书》，为贯彻省委、省政府文化强省战略在理论和智力上提供了支持。2009年，河南省政府出台了《河南省人民政府关于支持省级文化改革发展实验区建设的若干意见》，提出为河南文化产业发展提供人才支持。这无疑是对文化产业发展的更加明确定位，进一步巩固和确立了文化产业在国民经济中的重要地位。

四、河南文化产业的转型升级期

2012年至今的转型升级阶段，其制度变迁的基调是扶持。2012年是决定我国文化产业发展基调的一年，这一年，中共中央办公厅、国务院办公厅颁发了《国家“十二五”时期文化改革发展规划纲要》，文化部颁发了《文化部“十二五”时期文化产业倍增计划》。之后几年，国家更是明确了文化产业的指导意见。如2014年国务院下发了《国务院关于推进文化创意和设计服务与相关产业融合发展的若干意见》，国务院办公厅颁布《国务院办公厅关于印发文化体制改革中经营性文化事业单位转制为企业和进

① 数据来源：河南省人民政府关于批转河南省文化产业发展战略重点方案的通知，豫政〔2013〕24号

一步支持文化企业发展两个规定的通知》；2014 年，文化部、财政部《文化部、财政部关于推动特色文化产业发展的指导意见》；2017 年，文化部《文化部“十三五”时期文化产业发展规划》，等等。

这一时期的文化产业一方面文化产业的产业链形态基本成形，从内容性行业到平台性行业、从平台性行业到延伸性行业、从延伸性行业到服务性行业；另一方面，党和国家对文化产业的产业政策和扶持政策，都已上升到一个新的台阶，为后续的发展定下了原则和方向。当前和今后一个时期里，我国将处于全面深化改革和经济转型升级的关键时期，随着经济发展进入新常态，文化产业在促进经济结构调整、加快转变经济发展方式方面的作用将更加凸显。人民群众的精神文化需求持续增长，文化与科技融合的深度和广度不断拓展，社会资本进入文化产业的步伐加快，有利于文化产业发展的内外部环境将长期存在。因此，要抓住有利时机，继续深化文化体制改革，加大政策创新和政策支持力度，推动我国文化产业健康可持续发展。

在全国文化产业发展的大背景下，河南省政府立足于河南实际，相继出台了多个文化政策或规划。2013 年，河南省人民政府转批《河南省文化产业发展战略重点方案》，着眼于 2013—2015 年河南省文化产业发展战略重点，展望到 2020 年。提出重点发展数字传媒、创意设计、动漫游戏、文化旅游、工艺美术五大产业，通过重点产业带动全省文化产业提速。2013 年，河南省政府发布《河南省人民政府关于批转河南省文化产业“双十”工程实施方案的通知》。提出要从全省选出 10 个重点文化产业园区和 10 个重点文化企业进行培育和扶持，到 2015 年，形成年营业收入超百亿元文化企业 1 个、超 50 亿元文化企业 2 个、超 20 亿元文化企业 7 个，形成主导产业突出、产业链条健全、服务设施完善、经济效益明显的重点文化产业园区 10 个。

2015 年，《河南省文化创意和设计服务与相关产业融合发展规划（2015—2020 年）》由河南省人民政府印发，提出围绕文化软件服务、工业设计服务、广告服务、建筑设计服务等重点领域，坚持创意引领，强化科技驱动，激活传统文化，加快创新应用，提升文化创意和设计服务整体发展水平。推动文化创意和设计服务与制造业、建筑、旅游、农业的融合，到2020年，文化创意和设计服务与相关产业全方位、深层次、宽领域的融合发展格局基本形成。《规划》还列出诸多优惠政策支持文化创意和设计服务企业。财政方面，将设立河南省文化创意和设计服务创投基金，引进培育一批天使投资、创业投资、私募股权等投资机构，加大对创意设计产品和服务的政府采购力度。2016年，河南省人民政府办公厅印发《河南省支持文化企业发展和经营文化事业单位转企改制的若干政策》，在工商管理、土地供给、财政支持、税收优惠、金融和投融资、社会保障、人才队伍建设等方面支持文化企业发展，以及为经营性文化事业单位转企改制进一步优化发展环境。

第二节　河南文化产业发展现状

河南文化产业发展从早期的探索起步到目前的转型升级，经历了一个从无到有、从小向大、从弱向强的发展历程，保持了较快的增长速度。尤其是2006年，河南省第八次党代会明确提出加快河南由文化资源大省向文化强省跨越的战略目标以来，经历了“十一五”和“十二五”两个五年规划的发展历程，河南的文化产业获得了长足发展，实现了质的飞跃，市场主体迅速壮大，文化业态比较齐全，产业规模快速增长，产业地位得到提升，影响力进一步扩大，为河南从文化资源大省向有影响的文化大省的跨越做出了重要贡献。但从全国来看，河南省文化产业无论是发展规模还是发展速度、无论是文化管理体制还是文化产品消费，与北京、上海等发达城市相比还存在着一定的差距。

一、河南文化产业总量分析

（一）河南文化及相关产业增加值与利润总额

2015年，河南文化及相关产业实现增加值1111.87亿元，首次突破千亿大关，比上年增长12.9%（未扣除价格因素），高出全国1.9个百分点，增速明显高于全省 GDP 增速；占 GDP 的比重首次突破 3%。2016 年，全年河南文化及相关产业增加值继续保持 12%以上的增长速度，为全省经济较快增长做出贡献。

2015 年，河南文化及相关产业规模以上企业实现利润总额 252.66 亿元。其中，文化产品的生产和文化相关产品的生产各实现 119.01 亿元和 133.65 亿元。

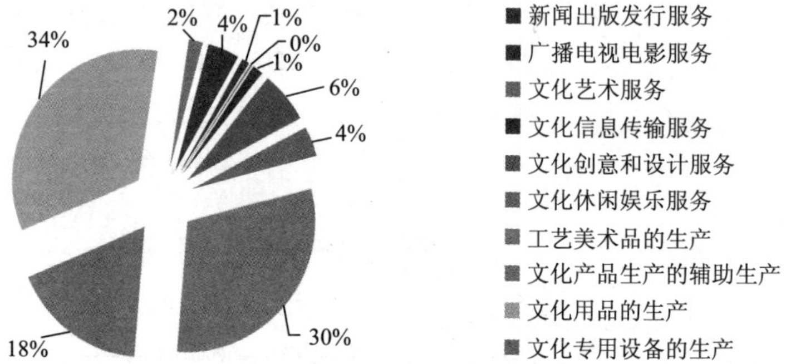

图 3-1　2015 年河南省文化及相关产业规模以上企业利润总额

数据来源：依据河南统计年鉴（2016）相关数据整理。

（二）河南文化及相关产业法人单位

2015 年，全省文化及相关产业法人单位共有 52103 家，比上年增长 35.7%，占全国的 4.6%。其中，文化制造业 7410 家，文化批零业 8853 家，文化服务业 35840 家，分别比上年增长 34.0%、66.7%、30.1%。

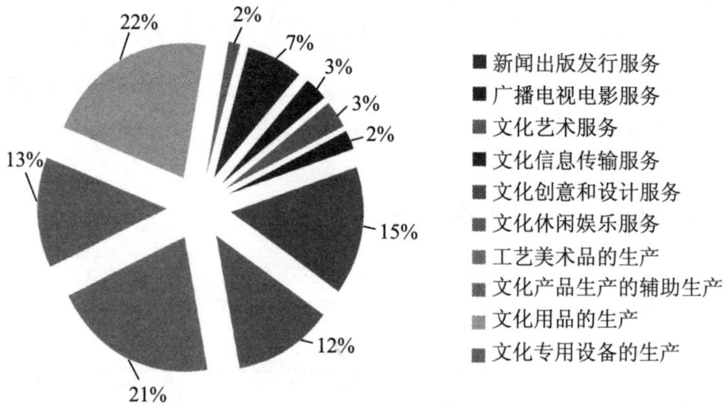

图 3-2　2015 年河南文化及相关产业各行业规模以上企业法人单位数量

（三）河南文化及相关产业从业人数

在从业人员方面，2014 年河南全省规模以上文化及相关产业法人单位从业人员 43.1 万人，居全国第 6 位；2015 年从业人员增长到 45.9 万人。从业人员主要集中于文化用品的生产、工艺美术品的生产和文化产品生产的辅助生产方面。

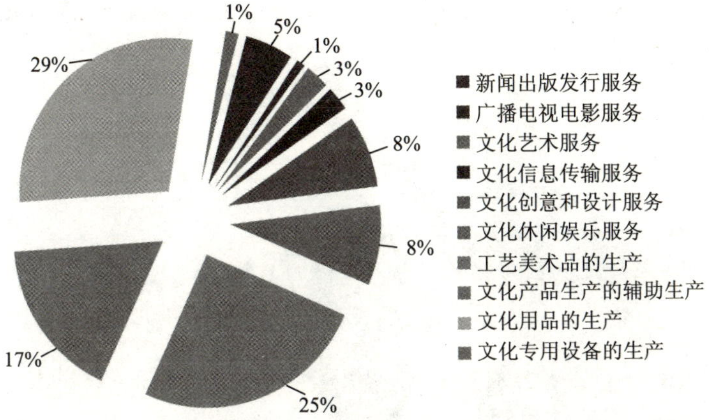

图 3-3　2015 年河南文化及相关产业各行业规模以上企业从业人数

（四）河南公有制与非公有制文化企业

2015 年年底，河南省公有制和非公有制规模以上文化企业单位数分别为 376 个和 2342 个，从业人数分别为 7.64 万人和 38.22 万人，创造利润总额为 28.40 亿元和 224.26 亿元。

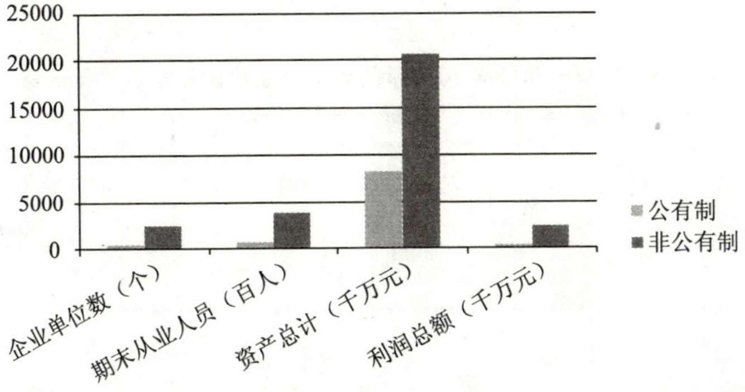

图 3-4　2015 年文化及相关产业规模以上企业公有制与非公有制发展现状

（五）河南文化及相关产业专利授权情况

截至2015年年底，河南文化及相关产业专利授权共计2874项，占全国文化及相关产业专利授权总数的3%。其中，发明专利114项，使用新型专利1007项，外观设计专利1753项。

无论是文化及相关产业专利授权总数还是发明专利、使用新型专利和外观设计专利数量，均高于中部省份文化产业实力雄厚的湖北省和湖南省。

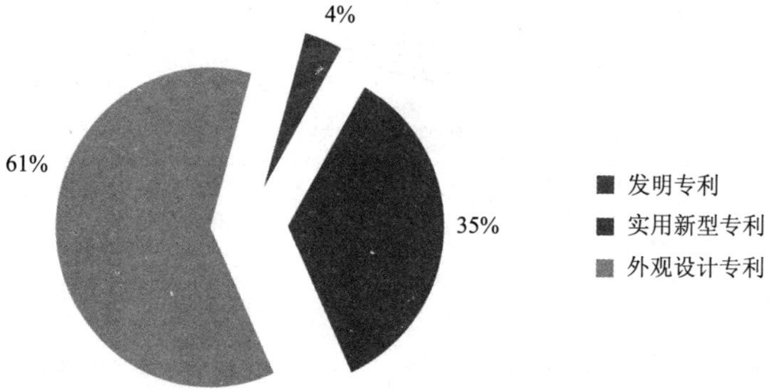

图3-5　2015年河南文化及相关产业专利授权情况

二、河南文化产业行业发展现状

（一）新闻出版产业

表3-1　2011—2015年河南新闻出版产业机构和从业人员数量

年份	2011年	2012年	2013年	2014年	2015年
机构数（万个）	1.56	1.61	1.75	1.35	1.46
从业人员（万人）	16.24	15.44	16.78	13.00	14.05

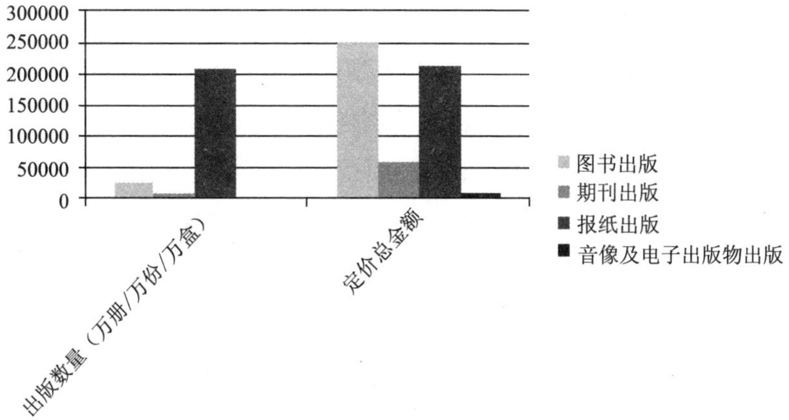

图 3-6　2015 年河南省新闻出版分类情况

截至 2012 年，河南新闻出版机构共有 16090 个，比 2011 年增加了 453 个，从业人员一共 154411 人，和去年相比减少了 8000 多人。与 2011 年相比，图书种数、图书总印刷数、图书总印张和图书定价总额都有所增长，其增长比率分别为 6.4%、4%、4.2%和 4.8%。[①] 其中，图书种类的增幅最高。期刊的总数这两年间没有变化，期刊总印刷数、期刊总印张和期刊定价总金额都有所增加。报纸在这两年期间减少了 1 个种数，并且报纸的总印刷数、报纸总印张、报纸定价总额和报纸的总印张数都有所下降，究其原因是由于数字媒体的兴起和发展，传统的纸质媒体受到了冲击。由于报纸携带不方便，人们更倾向于观看数字报纸。影像出版种数减少了 9.6%，而音像出版数量增加了 38%。电子出版物出版种数由 2011 年的 91 种减少到了 65 种。电子出版物出版数量有轻微的减少，影像发行数量和音像发行金额增长了将近 3 倍。从 2011—2012 年，出版物购进数量急剧下降，下降了大约 60%，出版物购进的金额也呈下降的趋势，出版物的销售数量和销售金额也呈下降趋势。

2010 年，中原出版传媒集团曾荣获第二届全国“文化企业 30 强”，2016 年 5 月再次入围。作为河南省重要的文化产业集团，中原出版传媒集团自成立以来，坚持市场化运作、集约化经营、产业化发展和科学化管

① 数据来源：河南统计年鉴（2013）

理，逐步形成了以图书、报纸、期刊、音像、电子出版物的出版、印刷、发行、版权贸易为主业，编印发一条龙、产供销一体化、多媒体并举、多元化发展的现代出版传媒产业体系，规模实力与核心竞争力不断提升。目前，下属有中原大地传媒股份有限公司 1 家上市公司、河南人民出版社等 10 家出版社、《销售与市场》等 18 种报刊、129 家省市县新华书店和新华印刷集团、新华物资集团等单位。多年来，中原出版传媒集团以出版结构调整、完成整体上市、全产业链数字化转型、打造发行市场主体为抓手，加快改革创新、产业重组、资本运作和多元发展，产业规模不断扩大，品牌形象不断提升。2015 年，集团资产总额达到 136. 89 亿元，实现营业收入 126. 22 亿元，实现利润 6. 49 亿元。集团连续两年进入全国出版方阵前十名，成为河南省唯一入选全国服务业企业 500 强的文化企业。集团所属河南美术出版社经济总量跃居全国美术类出版单位第 9 位；海燕出版社上升至第 7 位；中州古籍出版社上升至第 9 位；河南省新华书店发行集团上升至第 8 位。[①]

（二）文化演出服务

近年来，河南省演出市场经营主体、经营情况发展势头良好。艺术表演团体按剧种分为话剧、儿童剧、滑稽剧团，歌舞、音乐类，京剧、昆曲类，地方戏曲类，杂技、魔术、马戏类，曲艺类以及综合类。2015 年，河南省共有演业团体 824 个，演出 35619 场次，演出市场总收入近 12 亿元，演出票房收入 6 亿多，较 2014 年增长 3. 24%。2015 年，河南演出经记机构 67 个，演出市场要务公司相继崭露头角，一些演艺场所尝试建立网上订票选座服务。[②] 河南的艺术表演团大多数为国家所有，虽然取得了一定的成绩，但是和文化发展比较活跃的城市相比仍然需要发展，政府应当放宽市场的准入。2012 年文化事业的艺术表演团体共有四万三千次，其中 84% 是在农村举行，在一定程度上促进了农村精神文明的建设。相对于文化企

① 数据来源：河南一企业两次入选文化企业 30 强，郑州时报，2016-5-4（A01）.

② 数据来源：李茜 . 2015 年河南省演艺市场行业发展情况调研报告 . 科技导刊 . 2016-8.

业艺术表演团体，文化企业艺术表演团体更倾向于在城市的表演。文化事业性质的艺术表演团，艺术表演的收入约占总收入的 15%，而文化企业性质的艺术表演团约占总收入的 94%。

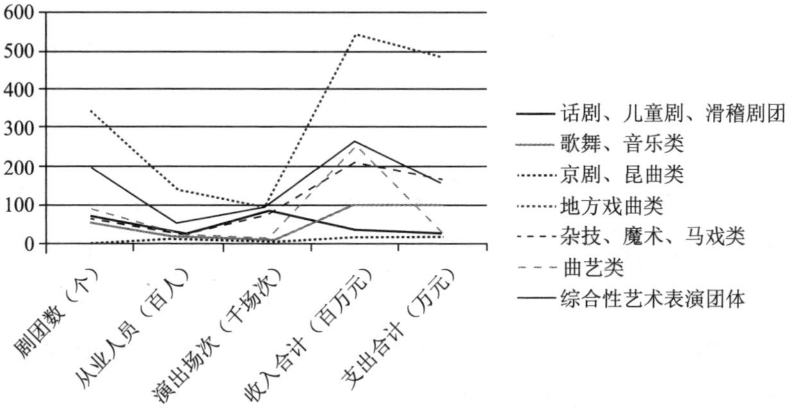

图 3-7　2015 年河南艺术表演团体情况

数据来源：河南统计年鉴（2016）

自 2012 年河南启动“郑汴洛文艺精品工程”以来，舞蹈演艺界掀起了原创文化产品热潮，舞剧《风中少林》、情景交响乐《木兰诗篇》、舞蹈诗《河洛风》、歌舞剧《清明上河图》飘红中州大地。河南戏剧、舞台演出持续活跃，到 2010 年实现了全国文华大奖“四连冠 ”，取得国家舞台艺术精品工程“十大精品”“五连冠”的成绩。特别是《风中少林》荣获各种奖项，如第五届中国舞蹈“荷花奖金奖”、入选 2006 年度国家舞台艺术精品工程“十大精品剧目”、获中宣部第十届精神文明建设“五个一”工程优秀作品奖等；几年来连续在几十个国家、地区和城市举行商业演出，创造了几千万元的商业价值。河南广播电视、新闻出版在全国处于领先水平。河南电视台的品牌栏目《梨园春》《武林风》《华豫之门》依托河南丰厚的戏剧、武术、文物文化资源而创办，赢得了巨大的经济效益，获得各种殊荣。

（三）文化创意和设计服务

文化创意和设计服务具有高知识性、高增值性和低消耗、低污染等特征。依靠创新，推进文化创意和设计服务等新型、高端服务业发展，促进与相关产业深度融合，是调整经济结构的重要内容，有利于改善产品和服务品质、满足群众多样化需求，也可以催生新业态、带动就业、推动产业转型升级。

文化创意和设计服务规模不断壮大。2013 年全省有文化创意和设计服务法人单位 6000 余家，从业人员 8 万余人，主营业务收入近 180 亿元。①

创意设计平台不断拓展。截至 2014 年年底，全省高新技术企业超过 1100 家，有国家级企业技术中心 74 家、国家级工程实验室（工程研究中心）32 家、国家工程技术研究中心 10 家、省级以上创新型（试点）企业 424 家。国家动漫产业发展基地（河南基地）、中原广告产业园、开封宋都古城文化产业园、洛阳国家级文化和科技融合示范基地等一批国家级园区不断发展壮大，产业影响力日益提升。

融合创新成果不断涌现。文化创意和设计服务与制造业融合程度不断提升，装备制造领域新技术、新工艺研发设计及应用能力进一步增强，消费品工业领域产品外观和功能设计水平进一步提升。文化创意和设计服务与农业融合领域逐步扩展，生态农业、休闲农业、观光农业、体验农业、设施农业、循环农业等新业态加快发展，打造全国休闲农业与乡村旅游示范县 6 个、示范点 13 个。

1. 文化软件服务

根据经济合作和发展组织（OECD）的统计和预测，从全球范围看，最近几年除了个人电脑游戏市场规模会略有下降外，手机游戏、网络游戏、家用游戏及都将得到快速的发展，还带动了通信、计算机硬件、网络设备、传媒、出版等的快速发展，对经济有很强的拉动作用。根据互动休闲软件产业发展的实际情况，并参考国际游戏产业的通用分类，互动休闲软件主要分为电视游戏、单机游戏、网络游戏、手机游戏及街机游戏五个

① 数据来源：河南省文化创意和设计服务与相关产业融合发展规划（2015—2020 年）豫政〔2015〕53 号

产业。

针对河南省的软件游戏等该科技信息产业，2014 年 2 月，河南省社科院发布的《河南工业蓝皮书（2014）》指出，2014 年河南生产性服务业会有三大亮点，其中一大亮点是软件信息产业成新将会成为“造富工厂”。随着中国社会科技的发展，生产性服务业已经发展经济的重要行业，同时也是河南经济发展的重要推动力，生产性服务产业的发展不仅可以提高河南各地区的经济实力，还可以促进工业经济结构的转型和经济的和谐生态可持续发展。河南的文化产业发展中，软件信息产业日渐被政府及企业重视，将会成为河南新的“造富工厂”。蓝皮书指出，根据目前河南省工信厅统计，河南省被相关部门认定的软件企业共有 553 家，有效企业 390 家，其中 22 家企业年收入超过亿元，30 家企业年收入在 0. 5 亿~1 亿元，55 家企业年收入在 1000 万~5000 万元。从这种程度上看，在河南，每年至少创造 85 个千万元富豪、22 个亿元富豪由软件业创造。河南作为工业和农业大省，在工业软件方面相对发展较快，产业规模约有 30 亿元，目前，已形成了河南省软件园、河南科技市场软件园、中部软件园等多个软件产业园。文化产业外围层和相关层的发展，很大程度上促进了河南省经济的发展，从而可以进一步提高就业率，转变经济增长方式。

在动漫产业方面，河南省成立省扶持动漫产业发展厅际联席会议，下发了《河南省人民政府办公厅关于促进动漫产业发展的意见》，设立年 1000 万元省级动漫产业发展专项资金，开展了“中原杯”河南省原创动漫画大赛，促成郑州动漫产业基地、国家动漫产业基地（河南基地）、郑州华强文化科技产业基地等一批重大项目完工。

在“一带一路”倡议下，河南以及河南文化如何走出去，一直备受关注。动漫产品是传播文化的载体，河南动漫产业正在用国际化的思维和表述方式讲好中国故事、河南故事，向世界传递充满中国符号与价值观的文化。《我是发明家》是由河南约克动漫公司奉行“中国元素国际视野”而打造的精品力作，共 520 集，讲述了一个关于发明的故事，能够引导孩子开动脑子思考，启发联想。其中，剧本和人物等前期创意，由迪士尼的专业人员设计；而《纠结小冤家》则是约克动漫与巴西联合制作的项目，为河南动漫打开南美市场提供了契机。

2017年五一期间，河南小樱桃动漫集团、河南约克动漫公司等十多家郑州骨干动漫企业组团亮相“杭州第十三届中国国际动漫节”，重点推介《小樱桃》《盘古开天》《警醒》《九鼎传奇》《漫画晓说》五部独具中华文化特色的动漫新品，与国内外百余家电视台达成了播出协议。同时，作为中美动漫界高度合作的产物，由郑州漫高娱乐股份有限公司运营的《星球大战》中文版漫画刊物在动漫节上举行了宣传海报全国首发。

2. 广告产业

早在2012年，河南省人民政府办公厅发布了《河南省人民政府办公厅关于促进全省广告产业发展的意见》。2017年年初，河南省工商行政管理局制定印发《河南省广告产业“十三五”发展规划》，进一步阐明规划期内全省广告产业的发展环境、战略意图和工作重点。

“十二五”期间，河南省广告产业保持了连年快速增长，产业规模逐年扩大。全省广告经营单位、从业人员、经营额逐年增加。截至2015年年底，全省广告经营单位（含媒体）总数达1.24万户，广告从业人员共7.84万人，均为2010年的1.5倍。2015年，全省广告经营额达140.85亿元，全国排名第10位，比2010年翻了两番多，纳税额达9.5亿元。

河南省广告企业的创意、设计、制作水平不断提高，专业化程度稳步提升，发展质量和效益显著提高。“十二五”期间，累计10家单位获得“长城杯”“黄河杯”等中国国际广告节奖励。截至2015年年底，全省共有6家企业获得中国广告协会证明商标使用权，其中，中国一级广告企业1家，中国二级广告企业5家，主营或兼营广告企业上市公司3家。一些网络集团、文化影视集团、融媒集团、传媒集团已初具规模，正成为引领河南省广告业发展的龙头。①

河南省广告产业结构不断优化，广告资源优化配置和企业集约化经营

① 数据来源：河南省广告产业“十三五”发展规划

水平不断提高，形成了以河南大象融媒体集团、中原出版传媒集团、河南文化影视集团等为代表的综合型创意企业。国家级的中原广告产业园落户河南，园区集聚效应、辐射带动效应和示范效应逐步显现，大河网、凤凰网、360 搜索等 340 余家企业相继入驻，广告产业直接或关联企业经营额 20 亿元。广告产业的散、小、弱情况逐步得到改善。

“十二五”期间，广告在促进我省企业培育商标品牌，树立河南企业形象，实现由产品大省向商标品牌大省转变中发挥了重要作用，拉动作用日益凸显。“宇通”“瑞贝卡”“双汇”“三全”“思念”“好想你”“新飞”“宛西制药”“娅丽达”等一大批企业利用广告营销策略，取得了显著的经济效益和社会效益。全省电子、机械、食品、药品、酒类、房地产、服装服饰、旅游等产业对广告的投放量持续增长。截至 2015 年年底，全省共培育驰名商标数量达 204 个，地理标志商标数量达 49 个，著名商标数量达 3066 个。

“十二五”期间，河南省广告市场环境不断改善。全省工商系统稳步推进省、市、县三级广告监测体系建设，实时对全省 150 余家媒体进行全天候、全覆盖监测，对虚假违法广告始终保持高压态势。建立完善了虚假违法广告整治联席会议制度、行政约谈制度、定期公告制度、责任追究制度等长效监管机制，虚假违法广告数量明显减少，广告市场秩序持续好转。2015 年全省立案查处广告案件 2152 起，罚没金额 1241.64 万元。国家工商总局对市级以上媒体广告监测数据显示，2015 年 12 月，全省广告条次违法率大幅下降到了 0.07%，广告发布秩序明显好转。

（四）会展节庆服务业①

2016 年，河南举办的展览项目近 900 个，展览面积达 700 多万平方米。郑州市共举办展会 236 个，展览面积 235.25 万平方米；洛阳市共举办展会 57 个，展览面积 156 万平方米；信阳市共举办展会 50 个，展览面积 88 万平方米；三门峡市共举办展会 33 个，展览面积 13.19 万平方米；漯

① 数据来源：河南会展业发展势头良好，河南商报，2017-1-14

河市共举办展会 29 个，展览面积 20 万平方米。截至 2016 年年底，我省已拥有 15 个大中型专业展馆，河南会展数量已跻身全国前列，目前还有郑州、驻马店、商丘、周口、开封、平顶山、南阳 7 个新会展中心正在建设中。依托优越的区位优势和雄厚的产业基础，起步早、发展快，已成为全国会展活动比较集中的省份，会展规模也在逐年扩大。尤其是 2005 年以来，随着郑州国际会展中心投入使用，河南会展业进入快速发展阶段，展会数量和展出面积呈逐年上升态势。2014 年中国会展业发展报告显示，早在 2013 年，全国共举办各类展览 7319 场，展览面积 9391 万平方米；河南举办展览 252 个，展出面积 253 万平方米。河南省展览项目数量已位居全国第十。目前，全省会展业在规模、质量、国际化程度、展馆建设、展会成效等方面都有显著提升，已开始进入良性的发展轨道。

会展业是一个高关联度的产业，会展业每举办一次大型活动，都会带动这个地方的交通、物流、广告、酒店业、银行业，包括商场、旅游业等相关产业的发展。国际展览业有个 1∶9 公式，即展览场馆的收入如果是 1，餐饮、旅游、运输、商贸、文化等众多相关产业收入为 9。2016 年，河南会展活动拉动经济增长超过 860 亿元，已成为拉动河南经济发展的一个增长点。

2014 年，为促进河南省会展业健康发展，加快推进河南高成长服务业大省建设，河南省商务厅印发《河南省促进会展业发展暂行办法》。2016 年 8 月底，郑州市人民政府出台了《关于加快国家区域性会展中心城市建设意见》，郑州以此为标志，将开启国家区域性会展中心城市的打造。《意见》提到，2020 年郑州市可供展览面积将达到 50 万平方米以上，年规模以上展览数量 350 次。将黄帝故里拜祖大典、中国郑州国际少林武术节、中国郑开国际马拉松赛等区域活动向市场化、专业化、国际化发展，同时鼓励各县（市、区）、开发区结合自身特色和产业优势，按照“一区一节会”和精品化原则，举办各类特色品牌节庆活动，打造节庆之都。作为省内展会的龙头城市，郑州市目前的经贸类展会和深圳并列全国第四，仅次于北京、上海、广州三地。河南会展业持续发展，对郑州枢纽城市建设以及河南融入“一带一路”建设都有很大作用。

同时，河南成功举办了许多大型高端文化论坛，以 2015 年为例，第四届嵩山论坛、首届中国（安阳）国际汉字大会、第二届中国嵩山国际孝贤文化节、第三届许慎文化国际研讨会、2015 海峡两岸周易学术论坛、第一届中国（洛阳）董仲舒思想文化研讨会、第二十六届周易与现代化国际讨论会、第三届中部六省炎黄文化论坛等文化交流活动，提升了河南的文化品位，提升了河南的文化影响力。

表 3-2 河南省各地市节庆汇总

郑州	新密伏羲山杏花节
	新郑黄帝故里拜祖大典
	郑州月季花展
	中国郑州樱桃节
	中华枣乡风情游暨好想你红枣红枣文化节
	中国郑州国际少林武术节
洛阳	中国洛阳牡丹文化节
	汝阳杜鹃花节及炎黄文化节
	中国黄河小浪底观瀑节
	中国河洛文化旅游节
	伏牛山滑雪节
开封	开封清明文化节
	中国开封菊花文化节
南阳	中国南阳玉雕节暨玉文化博览会
	诸葛亮文化旅游节
新乡	封丘万亩油菜花生态旅游节
安阳	安阳航空运动文化旅游节
	安阳殷商文化节
许昌	三国文化旅游周
	中原花木交易博览会
	禹州钧瓷文化节
信阳	信阳茶文化节暨信阳茶叶博览会

续表

焦作	云台山国际旅游节
济源	中国王屋山国际旅游登山节
周口	鹿邑老子文化节
	淮阳荷花节
商丘	中国商丘国际华商节
三门峡	三门峡黄河旅游文化节
驻马店	嵖岈山山地运动暨西游文化节
平顶山	汝州杏花旅游文化节

（五）艺术品交易产业

河南省商丘市民权县王公庄全村1366人，其中，800多人从事绘画和相关产业，拥有中国美协会员2人，省级美协会员48人，市、县级美协会员200多人，绘画经纪人56人。同时，成立了民权县王公庄画虎村文化传播有限公司，注册有“民权虎”“王公庄”“王公庄画虎村”等商标。绘画作品突出以虎为题材的工笔画，兼画山水仕女虫鱼等，绘画作品丰富，小到三尺虎首，大到丈二的五福图，甚至几十米的百虎、千虎长卷。近年来，围绕打造“河南省特色文化村”和打造“民权虎”“中原虎”“华夏虎”等知名文化品牌，王公庄村依托现有的文化产业优势，以市场化运作为手段，积极实施“精品拓市场，规范促发展”工程，先后投入6000多万元，修建了“画师楼”和仿古画院；与阿里巴巴合作建立销售平台，建立健全了网上销售渠道，使更多的绘画作品通过网络销往海内外。

该村画家们还携虎画作品先后亮相第十二届深圳文博会、首届厦门文博会、中原文博会等各类会展，受到了与会各界人士的高度称赞，提升了民权县乃至商丘市的知名度和美誉度。王公庄绘画作品不但叫响了国内，还多次在国外参展，风靡欧洲和日、韩等国家。该村90%以上的绘画作品以销定产，40%的作品出口到日本、孟加拉国、中国香港、中国澳门等国家和地区。2015年全年，王公庄景区共接待游客40余万人（次），销售绘画作品 9 万幅，总收入达 9800 万元。[①]

2010 年，周口书画交易全省第一。目前，周口已经发展成为继浙江义乌、广东顺德、山东临沂等地之后的又一处书画收藏品集散地，跻身全国前四名，被全国文化界誉为“周口文化现象”。一是书画名家多，在我市文艺界 50 多名国家级会员中，书画界就占了 30 多名，如张文平已是全国书协创作委员会委员，并荣获了全国书法最高奖——兰亭奖：画家陈书文的作品与全国名家齐白石、李可梁等大师的作品一起被中南海收藏，收录于《中南海藏画集》，并作为国家礼品赠送国际友人。二是有广泛的群众性，从事书画学习和书画创作的队伍非常庞大，太康、郸城、鹿邑、淮阳、沈丘每办一次书画展都有上千人参加。三是书画收藏及书画市场形成较早、规模较大、范围较广。目前，周口挂牌经营书画的门店有 200 多家，仅市直及川汇区就有 100 多家，无门店的私下交易则更多。四是交易量大、收藏品位高，如任伯年、郑效胥、吴昌硕、张大千、康有为的作品周口都有收藏。随着十多年的产业发展，周口也形成了大批依靠经营书画为生的艺术品商人。每年周口除举行春秋两季大型书画拍卖活动外，还要举行十多次小型拍卖会，每年更是有上百位书画名家和收藏家纷纷来周口献艺、交流、寻宝。据不完全统计，周口市书画产业年交易额约有 1 亿元。河南拍卖市场并没有很强的地域局限性，反而是处于一种兼容并蓄的状态。从京津画派到岭南画派，再到长安画派等，都能在河南拍卖市场上找到，于是来自全国各地的书法家、画家都找到自己的市场，也吸引了来自全国各地的藏家来淘自己关注的藏品。在中原这个地域艺术品市场既没有地域性而且中原地理位置的便利，也延伸到艺术品市场，使区位优势得到了突出的体现。

截至 2013 年年底，河南省拍卖公司 329 家，从事和即将从事文物艺术品拍卖的公司约为 33 家，有文物拍卖资质的公司是 13 家。河南省拍卖行业协会根据本省文物艺术品拍卖现状，于 2012 年成立河南省拍协文化艺术

---

① 数据来源：民权画虎村做大“虎”经济，商丘日报，2016-2-24

品专业委员会，由从事艺术品拍卖的专业人员、专家组成的委员会成功引导了河南省文物艺术品拍卖的市场走向。

在市场经济条件下成长起来的一批收藏家队伍，据河南省收藏协会统计的专业收藏家近9000人，他们构成了整个艺术品交易市场基础不可或缺的部分。由于大中原的包容性，河南收藏家不拘地域，只要是有一定成就的艺术家，不论来自天南海北一概欢迎。

（六）文化休闲娱乐服务

文化休闲娱乐服务业是一个关联度很强的经济产业，其发展不仅与众多国民经济相关产业密切，而且也对其他相关产业具有明显的关联带动作用。根据世界旅游组织预测，21世纪世界旅游经济然将以高于21世纪经济增长的速度持续发展，并始终保持在世界经济中最大的产业地位。

2012年，河南省各地市的旅游观光业创收61141万美元，其中，郑州、洛阳、焦作旅游收入居于前三位。河南一直以来都在努力推进旅游产业转型升级，大力培育形成多元化、多层次旅游产品体系。旅游产业转型升级的一个重要标志是旅游产品由单一观光产品向复合转变，呈现观光旅游+休闲度假游+专项旅游交叉叠加的状态，出现乡村旅游、都市旅游与城郊休闲竞相发展的局面。河南正着力构建的融古、绿、红以及农业观光和都市旅游为一体的复合旅游产品体系，复合从以观光产品为主向休闲度假型产品为主转变的时代趋势。在致力于把传统观光产品如少林寺、洛阳龙门石窟，“四大古都”（郑州、洛阳、开封、安阳）等提升成国际知名品牌的同时，进一步丰富服务内容，提供人性化，精细化服务，尤其是加强购物、娱乐环节，增强参与性，体验性，娱乐性。观光游的出游方式也在与时俱进，散客旅游的比例越来越高，自助旅游的旅游方式受到欢迎，如背包族、“俱乐部”旅游、自驾游、换房旅游等新业态备受追捧。休闲度假产品正向深度化发展，出现高尔夫旅游，保健旅游、野外拓展训练，农业体验等新业态。旅游方式与旅游产品的复合，都在彰显当前旅游产品走向复合化的特点，如农业观光与度假相结合，生态观光与度假相结合，户外运动与度假相结合，以自驾车形式，进行的农村旅游，房车露营旅游，自驾车旅游+红色旅游+乡村旅游+遗产旅游等复合型旅游产品。这些复合型旅游产品迎合了游客多元化，多层次的消费需求，满足了旅游者发展型、享受型的消费需求。

三、河南文化产业发展的区域现状

（一）各地文化及相关产业增加值总体上差距较大

表 3-3　河南省 2014 年、2015 年文化及相关产业增加值排名前五位城市

（亿元）

地名＼年份	2014 年	2015 年
郑州市	257.52	283.68
许昌市	108.67	123.24
南阳市	73.52	92.43
洛阳市	77.44	90.48
开封市	84.46	90.34

数据来源：依据河南统计年鉴（2016）相关数据整理

由于各市经济发展水平高低以及地理位置、文化资源、投资环境、资源配置的差异等多种因素的影响，各市新兴文化产业发展存在较大差异。其中，郑州、开封、洛阳、焦作、新乡、许昌等地区，由于地域文化资源或政策优势发展新兴文化产业较快，新兴文化企业从数量和资金上都占有绝对优势，而其他城市发展相对滞后一些。

2010 年，实现文化产业增加值在 20 亿元以上的省辖市 5 个，占全省增加值的 69.9%，分别是：郑州市 95.04 亿元、许昌市 57.79 亿元、开封市 41.91 亿元、南阳市 35.14 亿元、焦作市 26.70 亿元。[①] 从 2010—2015 年，郑州和许昌文化及相关产业增加值实现了数量和增速的较大提升。截至 2015 年，文化产业增加值前五名的省辖市均超过 90 亿元。

① 数据来源：河南文化产业成经济增长新亮点，国家统计局网站

从文化及相关产业占生产总值比重来看，2014 年和 2015 年，许昌市和开封市文化及相关产业占生产总值比重均超过 5%，2015 年比重分别达到 5. 7%和 5. 6%。另外，2015 年，濮阳市、郑州市、焦作市、南阳市均超过 3%，分别为 4. 0%、3. 9%、3. 5%和 3. 2%。

（二）地域特色凸显

河南省各地凸显区域特色文化，实施错位发展。省域中心城市立足地域文化资源优势，以市场为导向，实施错位发展，力争人无我有，避免“雷同化”；强化主导产业，加强相关产业的配套发展，形成产业集聚效应。积极推进文化创意产业与古都古城保护、旧城区改造的有机融合，尽可能地保护各种文化遗存的完整性，维护同一空间环境中多元异质文化的永久共生，树立以人为本、建设宜居城市的理念，激活历史街区的文化生命力。保护和延续历史文化名城的文脉，为城市增添历史与未来、传统与现代、时尚与经典交融的人文景观，以文化创意产业的快速发展带动城市经济的快速持续发展。

例如，安阳以殷墟大遗址公园和中国文字博物馆为依托，整合羑里城、曹操高陵等资源，打造以殷商文化为代表的区域特色文化产业。洛阳大力弘扬河洛文化，以牡丹花会、河洛文化节为载体，积极发展旅游、节会、影视、演艺、会展等文化产业。南阳深入挖掘开发楚汉文化、玉文化、医药文化、佛教文化、衙署文化等特色文化，努力打造镇平玉雕、张仲景医药和工艺美术三大文化产业集群。

第三节　河南文化产业发展的主要成就

近年来，随着河南文化产业政策体系不断地完善，文化资源转化成果增加，丰富厚重的历史文化对外地文化企业的吸引力增加，重点文化企业和项目对河南文化产业发展的贡献显著，集聚效应增强等，取得了一系列的发展成就。

一、文化产业政策体系完善

（一）政策支撑体系逐渐完善

2004年年底，省委、省政府正式提出文化强省建设的目标任务。从2005年起，每两年召开一次高规格会议，对文化体制改革和建设文化强省工作进行安排部署。2006年，省八次党代会明确提出“加快文化资源大省向文化强省跨越”的战略决策。制定出台了《河南省建设文化强省规划纲要》《关于大力发展文化产业的意见》《关于加快文化资源大省向文化强省跨越的若干意见》《关于进一步深化文化体制改革加快文化产业发展的若干意见》等一系列指导性文件，为文化强省建设提供了有力的政策保障。

河南省和有关省辖市、县（市区）设立了扶持文化产业发展专项资金、服务业专项引导资金、扶持动漫产业发展专项资金等财政专项资金，对文化企业和项目进行补助、贴息和奖励。组建了省扶持动漫产业发展厅际联席会议和动漫企业认定领导小组，支持动漫产业发展。财政、税收、投资、金融、出口、土地、市场准入、工商管理、知识产权等一系列产业政策初步完善。

2015年河南省文化厅联合工业和信息化委、财政厅、人民银行郑州中心支行下发了《大力推进文化金融合作，促进小微文化企业特色文化产业发展的若干意见》，此举为2014年设立文化产业发展扶持资金之后又一重要政策支持。《意见》共分四个部分，从营造发展环境、健全金融服务、完善财政证词、优化公共服务等方面明确支持小微企业参与公共文化服务、建立融资风险补偿机制，扶持力度在全国处于前列。

充分发挥政府在资金引导、政策扶持、环境营造等方面的重要作用，推动文化产业转型升级，实现文化产业向规模化、集约化、专业化方向发展。每年设立的省级文化产业发展专项资金，通过贴息、补助、奖励等形式扶持重点文化产业项目。积极推动符合条件的文化企业上市融资，早在2011年，中原出版传媒集团成功实现借壳上市。搭建金融机构和文化产业项目对接平台，加大文化产业招商引资力度，编制《河南省文化产业项目投资指南》。2016 年，对省内 43 个重点项目给予 5000 万元扶持，郑州天人文化旅游有限责任公司等 9 家文化企业、尉氏县豫剧团等 26 家院团获得 2016 年度中央文化产业发展专项资金 3580 万元的扶持；支持 5 家动漫企业取得进口动漫开发生产用品税收优惠资格；委托第三方对 2014 年、2015 年度专项资金扶持项目进行绩效评价。

（二）文化活动惠民利民

河南省公共文化服务体系建设在做好基础设施等硬件建设的同时，工作重心也开始转移到服务管理等软件建设方面，公共文化服务体系示范区创建卓有成效，公共文化活动丰富多彩，层次不断提高，文艺赛事精彩纷呈，文化交流领域扩大层次提高。

1. 公共文化服务设施建设趋于完善

据《河南文化发展报告（2016）蓝皮书》数据显示，2014 年，全省财政文化体育与传媒一般公共预算支出达到 91.16 亿元，有力地推动了河南公共文化事业的发展。全省共有博物馆 246 个，公共图书馆 157 个，公共文化馆 205 个，公共美术馆 6 个，乡镇文化站（含街道文化中心）2322 个。省辖市级图书馆、群众艺术馆新建、改扩建项目 11 个，新建、改扩建县级图书馆、文化馆 24 个。初步完成了省图书馆的数字资源建设，实现了省、市图书馆的互联互通，并向社会公众开放。河南省把加快构建现代公共文化服务体系的重点始终放在基层，坚持重心下移、资源下移、服务下移，初步形成了省、市、县（区）、乡、村五级公共文化服务设施网络，全省文化信息资源共享工程实现了村级全覆盖。一些新型博物馆建成并投入使用，如少林古兵器展览馆、中国红色收藏博物馆、宋元钧瓷标本博物馆、太极拳文化展示馆等。

2. 公共文化服务体系示范区创建卓有成效

2015 年，济源市成功获得创建第三批国家公共文化服务体系示范区资格。至此，河南省已有郑州市、洛阳市、济源市 3 个城市获得创建国家公共文化服务体系示范区资格。2014 年，河南省政府命名第一、二批河南省公共文化服务体系示范区 12 个、示范项目 12 个。这些城市在创建公共文化服务体系示范区工作中全力以赴，各自依托地缘优势，走出一条具有地方特色的创建之路。以洛阳市为例，2014 年，洛阳市以市政府名义下发了《洛阳市创建国家公共文化服务体系示范区规划》和《关于分解落实洛阳市创建国家公共文化服务体系示范区规划任务的工作部署》，制定创建国家公共文化服务体系示范区的总体目标：2015 年，市、县（市、区）、乡（街道）、村（社区）四级公共文化服务网络建立健全，产品和服务供给更加丰富，服务手段更加多样，服务运行机制更加完善，努力打造一批公共文化服务品牌，推动形成既具有历史文化基因，又具有现代城市特质的洛阳公共文化服务特色，全面达到创建标准，在中部地区形成示范。为了实现这一目标，洛阳市人民齐心合力，努力把梦想变为现实。第一，建章立制，严格例会制度，建立信息报送和宣传考评制度。第二，充分利用现代媒体手段，借助《洛阳日报》《洛阳晚报》、洛阳广播电视台、洛阳市政府网站等媒体进行宣传发动。第三，做好基础设施建设，市财政每年列支 5000 万元，各县（市、区）财政列支不低于 200 万元作为公共文化建设专项资金。市图书馆、文化馆、博物馆均被评为国家一级馆。13 个县（市、区）级公共文化设施新建或改扩建工程大部分已主体完工，全市乡镇（街道）文化服务中心达标数量由 122 个上升为 177 个，达标率达到 97%。村级文化活动中心达标数量由 1498 个上升为 2982 个，达标率达到 95%。行政村共享工程基层服务点 2997 个，设置率 100%。农家书屋 2997 个，覆盖率 100%。广播电视覆盖率达到 97%。吸引社会资金，整合民间资源，打造博物馆之都。目前，共有 34 家民办博物馆通过了河南省文物主管部门的审批，占全省民办博物馆总数的一半以上，数量位居全省第一。第四，抓好基层队伍建设。通过落实编制、政府购买服务、文化志愿者服务等途径解决公共文化服务单位工作人员不足的难题，加大培训力度，提高各级公共文化单位工作人员的业务素质。第五，开展面向基层、面向农村的文化服务。探索建立图书馆总分馆服务的“洛阳模式”，即以洛阳市图书馆为地区中心馆，各县（市、区）图书馆为总馆，在乡镇文化站和街道文化中心设立分馆，把农村和社区的图书室作为基层服务点并纳入图书馆管理体系，以流动图书服务车为补充，建立城乡一体、功能完善、管理规范的新型公共图书馆服务网络。市、县（市、区）两级公共图书馆通过搭建统一的业务管理平台，实现资源共享、协同采编、统一检索、通借通还、覆盖城乡的全市公共图书馆总分馆服务体系。①

3. 政府采购文化活动惠民利民

2015 年，政府采购的艺术表演公益活动共 1.81 万场，共使得 2057 万观众受益于政府采购文化活动政策。当年，财政对艺术表演场馆的财政拨款合计 4875 万元，其中，针对剧场的财政拨款为 834 万元、影剧院 1046 万元、综合性表演艺术场馆 2995 万元。②

“舞台艺术送农民”“高雅艺术进校园”“欢乐中原”“百场电影送农民工”“艺术名家下基层”和“中原文化大舞台”等演出活动持续开展，全民阅读活动红红火火。此外，还有专门为少年儿童举办的“2015 河南省少年儿童阅读年”系列活动。首届杜甫国际诗歌音乐诗会、濮阳的清明诗会、待月嵩山 2015 中秋诗会、唐宋诗词朗诵会、纪念爱国诗人诞辰 890 年陆游经典诗词朗诵会等文化活动为中原大地增添了翰墨清香。

（三）文化体制改革继续深化

党的十八大以来，河南省文化体制改革不断深入推进，党的十八届三中全会将文化体制改革与经济体制改革、政治体制改革、社会体制改革和生态文明进行五位一体的全面深化改革。深化文化体制改革是全方位改革事业的重要组成部分，是推进文明河南建设的必然要求，是河南激发文化创造活力的重要途径。

河南省坚持试点先行、以点带面。早在全省文化体制改革之初，选择河南日报报业集团等 13 个单位，郑州市、开封市、洛阳市、安阳市、商丘

① 数据来源：洛阳市文化产业助推中原经济区副中心发展，洛阳市政府网站，2015-12-29

② 数据来源：河南统计年鉴（2016）

市5个省辖市作为改革试点单位和地区，先行先试，积累经验，逐步推开。2008年年底，在全国率先设立10个文化改革发展试验区，为全省文化改革发展探索新路子、创造新模式。同时，组建了6个国有文化集团公司。河南日报报业集团、中原出版传媒集团、河南影视制作集团、河南文化影视集团、河南有线电视网络集团、河南歌舞演艺集团。河南涌现出一批文化体制改革取得良好效果的文化单位。

2014年8月，中央全面深化改革领导小组第四次会议审议通过《关于推动传统媒体和新兴媒体融合发展的指导意见》。2015年6月，河南省出台了《关于推动我省传统媒体和新兴媒体融合发展的实施意见》。南阳日报社积极响应国家和省里的政策，不断深化新闻媒体改革，于2015年8月正式改革成立南阳报业传媒集团。改革后成立的南阳报业传媒集团新媒体中心实行公司化运行，由集团出资成立南阳日新融媒体有限公司，充分挖掘南阳报业传媒集团内部资源，策划制作视频节目，实现同一条内容通过报纸、微博、微信、户外大屏幕等渠道同步发布，从而推进媒体深度融合，扩大新媒体的社会影响力。

根据中央及河南省、郑州市有关非时政类报刊出版单位体制改革的文件精神，自收自支、独立核算事业编制的百花园杂志社改制成为郑州小小说文化传媒有限公司，于2012年11月在郑州市工商局注册设立公司。小小说传媒旗下的《小小说选刊》与《百花园》是中国小小说文体的核心期刊。截至2016年8月底，《小小说选刊》已出版640期，《百花园》已出版565期，累计发行逾亿册，影响了两代人的阅读时尚。

2014年5月，国务院办公厅下发了《文化体制改革中经营性文化事业单位转制为企业的规定》。郑州报业集团响应中央号召，经报上级主管部门批准，中原网于2015年启动了改企转制工作，注销中原网原有事业单位身份，建立权、责、利明晰的现代企业制度，确立自主经营、自负盈亏、自我约束、自我发展的运营机制，实施年薪制等有效的绩效激励机制，充分调动人的积极性。目前，中原网已经完成了人员规整、事业单位注销、增资扩股、财务梳理、资产评估等几项重大的工作。2016年3月底，郑州中原网络传媒有限公司在郑州产权交易市场挂牌交易。

2012年6月，河南省委办公厅印发了《关于推进全省国有文艺院团体制改革的实施办法》。各级党委、政府将国有文艺院团体制改革摆上重要工作日程。驻马店市11家县级国有文艺院团有8家进行了转企改制，走在了全省国有文艺院团改革的前列。驻马店驿城区杂技团和豫剧团改制成为驻马店天驿晟景演艺有限公司，编排的大型冰上杂技《冰上天姿》取得了良好的市场效果。）柘城县魔幻文化艺术有限公司的前身是成立于1975年的柘城县杂技团，是商丘市唯一一家国有杂技团队。2011年，商丘市委提出建设文化体制改革与文化发展先行区的要求，柘城县杂技团被列为全市改制重点先行试点。2011年7月，柘城县杂技团正式注册为柘城县魔幻文化艺术有限公司，成为商丘市文化体制改革的“排头兵”。该团创作的大型魔术《无遮掩大锯活人》及《美女变老虎》等，在国内各大演出市场一炮打响，得到了广大观众的喜爱和认可。2012年起，团里每年新排节目明显增加，每年演出的场次都在400场以上。演职人员由最初的21名发展到现在的46名，演员工资大幅度提高。演出市场不断拓宽，由原来县内市场拓展到全国省市30多个，2015年实现收入300多万元，固定资产达160多万元。

二、对外地企业的吸引力增加

丰富的传统文化是河南文化产业发展的资源优势。近年来，除了传统汴秀、泥咕咕、钧瓷、汝瓷等文化产品制作的发展，传统文化符号开发和授权产业的发展也卓有成效。

传统文化符号在河南文化创意设计中被赋予了新的生命力。以河南华冠文化科技有限公司为例，公司于2010年在郑州登记成立，自主创意投资的三维电视动画片系列片《龙归之龙行天下》于2012年10月在央视及各电视媒体播出。同年，该片被国家广电总局评为“2012年度推荐播出的优秀国产电视动画片”；2013年11月，华冠公司又一力作动画系列片《小猪飞飞》登陆央视，被中央电视台新科动漫频道评为“2013年度十佳动画作品”。先后被认定为“郑州市文化产业示范基地”“国家级动漫企业”。

2015 年 1 月，以中原传统泥塑的福猴作品为基础原型，从传统文化中汲取的创作灵感，华冠文化推出自主原创卡通形象“嘻多猴”，融合创意、设计、生产、宣传、推广、营销等全渠道资源，并独创“嘻多猴 1+2+3”动漫形象跨界运营商业模式，既做创意产品开发、卡通形象 IP 跨界授权，又做文化内容创意开发解决方案提供，成立嘻多猴特色文化内容创意开发平台。

洛阳得雅夏布文化传播有限公司看中洛阳市孟津县平乐镇悠久的传统文化，由画家在苎麻手工编织出的夏布上创作中国传统绘画艺术作品。利用夏布天然形成的色彩差异，以及夏布在自然织造过程中自然形成的特殊肌理。中国夏布艺术画的出现将传统的中国绘画与中国古老的夏布织造工艺融为一体，促进了中国夏布这一非物质文化遗产的传承与光大。嘻多猴和得雅夏布的发起人并非河南籍，但是河南深厚的文化为他们提供了滋养和良好的发展条件。

三、重点项目支撑和带动作用显著

（一）重大文化产业项目

文化产业项目是文化产业发展的载体，培育一大批具有自主知识产权和核心竞争力的大型文化企业和企业集团是发展文化产业的重点；一批市场前景好、投资规模大、影响范围广的优秀文化产业项目能够对地区文化产业产生巨大的带动作用。

2010 年，河南开展了文化产业项目年活动，实施重大文化产业项目带动战略，加快经济发展方式转变。根据省委宣传部、省文化强省建设办公室会同省发改委、省商务厅联合下发的《关于开展文化产业项目年活动的实施方案》，2010 年河南省重点抓好文化产业“910111 工程”：以传媒出版、文化旅游、演艺娱乐、艺术品与工艺美术、文化创意、文化会展、影视制作、武术体育、动漫游戏九大产业为重点，培育壮大十大文化企业集团，抓好一批重大项目。建立“河南省文化产业项目库”，形成自下而上的全省文化产业项目网络，实现文化产业项目的动态跟踪和常态化管理。

2013 年，河南省文化厅公布了全省文化企业 50 强和 60 个文化产业重点项目名单，60 个文化产业重点项目包括《禅宗少林·音乐大典》大型山地实景演出（郑州市天人文化旅游有限责任公司）、索易动漫体验馆——索易欢乐城堡（一期）（河南索易城堡企业管理有限公司）、二兔儿童动漫教育项目（河南麦草动漫科技有限公司）、锦绣中原全景画（河南广电发射塔管理有限公司）、少林建业国际足球学校（登封市嵩山少林寺武僧团培训基地）、文化艺术创作及产业发展基地（河南石佛艺术公社有限责任公司）、郑州华强文化科技产业基地（一期）（郑州华强文化科技有限公司）等。省文化厅在贷款融资、项目对接、资金申报、宣传推介、跟踪服务等方面优先给予。

（二）重点文化企业

规模以上文化产业企业的快速增长推动了文化产业的快速发展。从 2015 年全省规模以上文化及相关产业企业主要指标来看，企业总数为 2718 家，同比增长 24.9%，数量居于全国第 7 位、中部六省第 1 位。这些规模以上文化产业企业实现营业收入 3179.69 亿元，比上年增长 16%，增速超过全国 2 个百分点。这些企业实现增加值为 737.62 亿元，比上年增长 12.9%，占全部文化产业增加值的 66.3%。①

早在 2013 年，河南省就制定了《河南省文化产业“双十”工程实施方案》。“双十”工程的目标是从全省选出 10 个重点文化产业园区和 10 个重点文化企业进行培育和扶持。2014 年省政府下发文件，公布了河南省首批“河南省重点文化产业园区”和“河南省重点文化企业”。2016 年，河南省文化体制改革和发展工作领导小组办公室对外公布了命名的 6 个重点文化产业园、10 个重点文化企业名单。10 个重点文化企业分别是：郑州华强文化科技有限公司、开封清明上河园股份有限公司、洛阳日报报业集团、河南省杂技集团有限公司、项城市汝阳刘笔业有限公司、西平县棠溪

① 数据来源：我国文化产业增加值首破千亿元，河南时报，2016-9-27，04 版

剑业有限公司、河南日报报业集团有限公司、中原出版传媒投资控股集团有限公司、河南有线电视网络集团有限公司、河南文化影视集团有限公司。在 10 个重点文化企业中，河南广电有两家企业为连续入围，分别是：河南有线电视网络集团有限公司、河南文化影视集团有限公司。

四、集聚效应进一步增强

据河南省文化厅发布的《“十二五”全省文化工作总结》，河南省在“十二五”期间共建成国家级文化产业示范园区 1 个、文化产业基地 12 个，省级文化产业示范园区 9 个、文化产业基地 87 个，从业人员达 35 万人，总资产 320 多亿元，营业收入近 280 亿元。

表 3-4　河南省国家级文化产业示范园区与文化产业基地

类别	批次	名称	时间
国家级文化产业示范园区			
国家级文化产业示范基地	第二批	河南省文化集团	2006 年
	第三批	焦作云台山旅游发展有限公司	2008 年
		郑州市天人文化旅游有限责任公司	
		郑州中远演艺娱乐有限公司	
	第四批	开封清明上河园股份有限公司	2010 年
		镇平石佛寺珠宝玉雕有限公司	
		项城市汝阳刘笔业有限公司	
	第五批	禹州市神后镇孔家钧窑有限公司	2012 年
		河南安绣文化产业有限公司	
	第六批	河南省荣昌钧瓷坊有限责任公司	2014 年
		洛阳牡丹瓷股份有限公司	
		郑州枫华实业有限公司	

金水文化创意园区是我省第一个文化创意产业集聚区，被命名为“中国创意产业最佳园区”和“河南省文化产业示范基地”。截至 2013 年，该园区已入驻了 66 家与文化相关的企业，年总产值 8 亿元左右。园区的品牌

形象在国内的影响力不断提升，还开展了很多国际间的合作，比如与清华大学创新技术研究所建立了合作关系，与省内多家高校共建“实践就业基地”，与北京“798”工业艺术区、上海创意产业中心等建立了战略合作关系。园区还多次举办内容丰富的文化创意产业公益推广活动，推出了一批河南本土的精品文化产品和知名设计师。

2016 年，河南省文化体制改革和发展工作领导小组办公室对外公布的 10 个重点文化企业名单包括郑州国际文化创意产业园、开封宋都古城文化产业园区、许昌钧瓷文化创意产业园、漯河市源汇区开源文化产业园区、镇平县（石佛寺镇）玉文化产业园区、汝州市汝瓷电子商务产业园。

河南省的文化产业园区（基地）涵盖了文化创意、艺术设计、影视制作、实景演出、文化旅游、工艺品生产与销售等领域，总体发展势头良好。此外，国家动漫产业发展基地（河南基地）和郑州动漫产业基地，已经成为中部省份动漫制作重镇，目前已经入驻的动漫企业超过 80 家，占郑州市动漫企业总数的 90%以上，集聚效应开始显现。2014 年，开封宋都古城文化产业园区被命名为第三批国家级文化产业示范园区。开封举办了以《大宋·东京梦华》等为代表的大型文艺演出秀，在省内外产生了巨大影响。许昌已经形成钧瓷产业、生态文化产业、发制品产业和传媒创意四大文化产业集群，钧瓷产业蓬勃发展。2017 年，南阳镇平文化产业示范园区被国家文化部提名入选国家文化产业示范园区，2017 年获得提名的全国有 8 家，镇平文化产业示范园区是河南省唯一获得提名的文化产业园区。镇平县强力实施“玉+互联网”“玉+旅游”“玉+文化”“玉+健康养生”等，不断拉长产业链条，先后建设了中华玉文化博物馆、中国玉雕大师创意园、粤港文化创意园、电商产业园、真玉天地电商孵化基地等文化项目。在现代服务业领域，镇平县突出抓好中国玉网、中国（镇平）玉大数据中心、玉交所、玉产业发展基金、玉文化产业园等 18 个服务业项目，积极推进文化与旅游、体育等相关产业融合发展，培育创意、网络、传媒、演艺等新兴文化业态，切实增强了文化产业的软实力和竞争力。

此外，2011 年 10 月，国家知识产权创意产业试点园区获得国家知识产权局的批准，并正式落户郑州市金水区。园区以中原经济区、中西部地区产业发展为依托，以知识产权管理、运用保护和服务为手段，引进与培育相结合，服务于工业设计等产业，为推动河南省经济转型升级和发展方式转变、产业集聚区的建设提供了支撑。

文化产业是现代服务业的核心产业，其中，产品和服务是最具创造性的生产要素，与国民经济各个部门具有广泛的关联带动作用。目前，文化产业与信息、旅游、体育、教育等国民经济产业部门正在发生普遍的渗透和融合，形成了以文化内容为纽带、关联度日益密切的庞大产业链和产业集群。文化产业高端领域的创意设计、电子商务，以及会展、广告等生产性服务业，与工业、农业日益融合发展，不断提升传统产业的内在价值、品排、信息化和集约化水平，在推动经济发展、优化经济结构中发挥着越来越大的作用。

五、逐步探索文化金融融合

河南是文化大省、文物大省，未来在文化产业的发展中如何站位，怎样抢占文化产业发展的制高点，如何盘活河南的文化资源，促进文化金融融合发展是文化企业需要面对的新课题。

2015 年，河南省首只省级文化产业投资基金——“河南中原文化股权投资基金”在郑州成立。该基金采用有限合伙制模式，由河南日报报业集团、河南省文化产业投资有限责任公司、河南农开产业基金、郑州科创、河南华隆共同出资成立，基金总规模 10 亿元，首期规模达 3 亿元。

洛阳文化投资管理有限公司参与投资了由华谊兄弟出品发行、鬼才导演徐克执导、华谊兄弟总制作的古装悬疑巨制《狄仁杰之神都龙王》热播，收获了近 6 亿元票房。洛阳文投的参与不仅获得了经济收益，更重要的是洛阳的城市知名度和美誉度进一步提高，反映了洛阳千年帝都的深厚文化底蕴和历史地位。

2015 年 12 月，河南日报报业集团联合河南省文化产业投资公司与上海文化产权交易所三方签署战略合作协议，未来三方立足河南丰富的历史文化资源，共同在河南搭建一个专业交易平台，为我省文化艺术品的资产化、证券化和金融化进行有益探索。上海文化产权交易所是中宣部等九部委指定的国家级文化产权交易和投融资综合服务平台，是以文化物权、债权、股权、知识产权等各类文化产权为交易对象的专业化市场平台。三方在战略层面的深度合作，有助于河南引入上海文化产权交易所先进的理念与运营管理经验，大胆探索“艺术品+互联网+金融”的运营模式，积极推进“文化+资本”“文化+金融 ”的体系建设，创新文化金融交易模式与文化金融交易产品，充分发挥文化艺术交易平台的杠杆作用，为河南省文化产业的快速发展发挥应有的作用。

2017 年 5 月，中原证券股份有限公司与河南日报报业集团战略合作，双方探索“媒体+金融”融合发展模式，联袂打造中原地区兼具影响力、传播力、公信力的财经金融综合服务平台。中原证券与河南日报报业集团在品牌宣传、用户共享、理财服务、金融素养教育、普惠金融、投融数据库、服务实体经济等方面展开广泛合作，并在共同构建新的财经传媒投资平台“大河财立方”的基础上，深度探索“财媒+”和“融媒体+互联网金融”等方向的新产品或新路径。

第四章　河南文化产业发展存在的主要问题

当前，河南文化产业总体发展正处于上升期，其在市场资源配置、产业和企业规模、文化市场消费、文化体制改革、文化与相关产业融合、金融与科技支撑体系、产业结构优化等各方面仍然与发达地区存在差距。提出和分析河南文化产业发展中的问题对河南省文化产业的进一步腾飞具有重要的意义。

第一节　文化资源的优与势错位

从夏商周到宋元，河南一直是我国政治、经济和文化中心，先后有200多位帝王建都或迁都河南。在中华5000年的文明史中，河南作为全国政治、经济、文化中心的时间就长达3000年。随着历史长河奔流向前，河南积累了深厚的根亲文化、古都文化、功夫文化和黄帝文化等中原优秀文化。由于发展阶段、市场基础、发展理念等制约，河南文化产业发展的“势”并未凸显。

一、中原文化优质资源丰富

（一）古都文化

河南大学教授程遂营认为：“在原始农业出现以后直到7世纪中期以前的3000多年时间里，中原地区农业生产水平往往代表着全国的最高水平。”早在五六十万年前，南召猿人已经在河南境内繁衍生息，其属于旧石器时代早期人类。距今8000年前，河南进入新石器时代，裴李岗文化、仰韶文化是其中的典型代表。到了距今5000年左右，河南进入了父系氏族时代，大量发现的龙山文化遗址是这一时期的历史见证，而传说中的“三皇五帝”就活动在这个时代，这也是河南古都文化的萌芽时期。

先后有20多个朝代在河南省各城市建都或迁都。例如，郑州、安阳是商代都城，洛阳为“九朝古都”，开封是“七朝京都”，新郑先后是战国时郑国和韩国的都城，濮阳是战国卫的都城，沁阳是卫国末年都城，禹州也是韩国的都城，淮阳是楚国的都城，汤阴是赵都中牟所在地，淇县是项羽所封殷王的都城，南阳是两汉之际董欣都，商丘睢阳是汉帝刘永的都城，许昌是东汉末年的都城，邓州是隋唐之际楚帝朱粲都。2004年11月5日，中国古都学会会长朱士光先生宣布，郑州与西安、北京、洛阳、开封、南京、杭州、安阳七大古都一起并称为中国八大古都，至此形成了八大古都说。河南省的洛阳、开封、安阳、郑州占据中华古都半壁江山。中原文化在中国封建王朝大多时间段里拥有强势话语权，始终处于核心地位。

中国古都学会现任会长朱士光先生把古都文化称为“中国传统文化之极品”。他认为，历史上历代列国往往都是以自己的都城作为中心区域，创造出代表一个时代或一个国家的最高水平的文化。这些文化不仅在当时是支撑各王朝与政权得以存在的内在精神支柱，还是构成国都，乃至全国繁华兴盛气象的重要因素；同时古都文化还会对古都所在地区当今的社会生活产生深远的影响。由此可见，广义的古都文化内容十分丰富。

古都文化主要包括“物质文化”和“精神文化”两大方面。物质文化包括古都的墙垣、宫殿、宅第、寺观、园林、道路、渠梁等建筑与陶瓷、木石、金属器皿以及服饰、食物、舟车等用品，是可触知的具有物质实体的事物；精神文化则包括了典章制度、思想观念、语言文字、文学艺术、民俗风俗等，是一种无形的文化，具有鲜明的时代特色和地域色彩。物质文化属于古都文化的表层，而精神文化处于古都文化的深层，二者相互依存，互为表里。

（二）功夫文化

“天下功夫出少林”之说，形象地表明了少林武术在中国武术文化中的重要地位。中原武术技冠天下，德播神州。

登封少林寺是少林武学和禅宗的发源地，孕育了少林禅宗文化、少林武术文化、少林医学文化、少林艺术文化、少林历史文化和相关的民俗文化等。少林寺坐落于风景优美的河南嵩山，寺院里碑刻林立，建筑体现出浓郁的传统特色，加之独特的文化环境，给观光者以无比的精神享受。寺内存有的殿常、碑刻、壁画等文物，有极高的观赏和考古的价值。少林寺作为一个历时 1500 年的皇家寺院，长久以来一直为参禅拜佛的圣地，每年朝拜之人络绎不绝。少林寺的武术成为许多到少林寺的游客所关心的重点，少林功夫学校、武术器材、武术表演、武术健身培训等都成为少林功夫开发的重点项目。

河南是少林拳、陈氏太极拳、苌家拳、形意拳四大拳派的发源地。全国 129 个武术拳种中，河南流行的就有 40 余种。河南焦作温县陈家沟太极拳是中国武术文化的重要流派，以刚柔并济为特征，以强身健体、修身养性为主旨，已推广到五大洲，成为人们生活中的重要组成部分。

（三）根亲文化

根亲文化是以根为缘而发生和发展的一种追索族源、血脉相继的文化现象，核心是以儒、道、释相结合的追求仁爱、统一、和谐为主的文化，包含姓氏文化、始祖文化、政治文化和民俗文化等丰富内容，有着地缘特征、情感特征、开放特征与和谐特征等显著特点。这种文化是一种血浓于水的亲情文化，是叶落归根思想在另一种方式上的体现，也与中国人一向重视家庭的伦理观念相符合。河南根亲文化厚重，使得河南根亲文化具有得天独厚的发展条件。1981 年，厦门大学教授黄典诚来到河南固始考察闽南方言渊源，并在《河南日报》发表文章《寻根母语到中原》，首次明确提出“台湾同胞寻根的起点是闽南，终点无疑是河南”，从而揭开了河南根亲文化发展的序幕。

中华民族的十大始祖——伏羲、女娲、炎帝、黄帝、颛顼、帝喾、少昊、尧、舜、禹，他们的出生地、建都地以及活动空间，很大一部分都在中原。在河南可以找到很多人文始祖的遗存遗迹。如淮阳的太昊陵，巩义的浮戏山；新郑的黄帝故里、始祖山，新密的黄帝宫，灵宝的铸鼎原；泌阳的神农山，柘城的朱襄陵；内黄的颛顼、帝喾二帝陵；登封的阳城遗址、启母石等，都是始祖们曾经活动过的地方。

《中华姓氏大典》记载的4820个汉族姓氏中，起源于河南的1834个，所包含的人口占汉族总人口的85%。中华五大姓氏李、王、张、刘、陈均起源于河南。2007年公安部公布的中国当代百家大姓，有80个姓氏起源于河南或其中一支起源于河南。夏商周三代，河南是古代封国的重要封地。商都在郑州、安阳等地，与商相关的姓氏有67个；郑国都城在新郑，与郑相关的姓氏有145个；卫国都城在淇县、濮阳等，与卫相关的姓氏有163个；宋国都城在商丘，与宋相关的姓氏有227个。

河南是中国的缩影，中原历史文化的本质特点是根文化，而构造河南寻根文化的金字塔，就要抓住这个本质，深入研究和挖掘中原历史文化资源。

（四）黄帝文化

黄帝文化代表了中华文化的源头，是华夏儿女公认的人文始祖。新郑黄帝故里，不仅有较多的文献依据、相关的考古发现，而且在开发的早期便得到了中国古都学会、中华炎黄文化研究会的权威论证，具有扎实的学术基础。

黄帝占领中原之后，以新郑为国都，建立有熊国。有熊国是我国最早的初具规模的国家。由于已经具备了国家的规模，黄帝时期与上古时代相比已经发生了根本性的变化。《周易·系辞下》记载：黄帝时期，“刳木为舟，剡木为楫，舟楫之利，以济不通，致远以利天下，盖取诸《涣》。服牛乘马，引重致远，以利天下，盖取诸《随》。重门击柝，以待暴客，盖取诸《豫》。断木为杵，掘地为臼。臼杵之利，万民以济，盖取诸《小过》。弦木为弧，剡木为矢，弧矢之利，以威天下，盖取诸《睽》。上古穴居而野处，后世圣人易之以宫室，上栋下宇，以待风雨，盖取诸《大壮》”。黄帝文化的精髓为土根性、内蕴仁义性、娱民性、朝气蓬勃和永不懈怠的进取特性。

（五）其他有代表性文化资源

著名学者丁文江曾对《二十四史》中列有纪传的5700多位历史名人的籍贯进行考证和统计。其中，西汉时河南籍名人39人，占同期总数的19%，名列第二；东汉时河南籍名人170人，占37%，名列第一；唐代河南籍名人219人，占17%，名列第三；北宋时河南籍名人324人，占22%，名列第一；南宋时河南籍名人372人，占6%，名列第四；明代河南籍名人123人，占7%，名列第四。汉唐宋明河南籍名人912人，占总数的15.8%，名列第一。汉字是中原文化对汉语言的巨大贡献。秦代统一文字的李斯是河南人，《说文解字》的作者许慎是河南人，宋体字成型于北宋开封，安阳甲骨文更是对于记载并传承中华文明不可或缺。另外，河南古代名人有酒圣杜康、谋圣张良、医圣张仲景、科圣张衡、画圣吴道子、诗圣杜甫等。春秋战国，百家争鸣，儒道法墨以及杂家、阴阳家、纵横家等叱咤风云。老子、庄子、墨子、列子、韩非、张仪、苏秦、吕不韦等都是河南人，孔子祖籍在河南，重要活动也多在河南。最终，儒道法墨脱颖而出，奠定了中华哲学的基石。

河南戏曲艺术特色鲜明，豫剧、曲剧、越调及其他剧种竞相争艳，《花木兰》《穆桂英挂帅》《朝阳沟》等剧目享誉全国。河南是书法绘画艺术大省，书法气势雄浑，绘画凝重厚实。中原画派主要代表人物的作品曾轰动全国。宋代文化是中国古代文化的新高峰。宋词以姹紫嫣红的神韵与唐诗、元曲争奇斗艳。北宋书画水平空前：苏轼、黄庭坚、米芾、蔡襄的书法人称“宋四家”；张择端的《清明上河图》是我国美术史上的神品，尽展宋都开封富丽辉煌甲天下的盛世风情。

河南地区具有爱国主义精神的深厚土壤。注重群体与和谐是中国传统文化的重要价值观，仁义诚信、家国一体等儒家伦理观凝聚了自强不息的民族精神，促进了爱国主义的发展。包公刚直不阿，岳飞精忠报国，杨家将满门忠烈。长久的文化积淀，给我们民族心理打上深刻的烙印。新县将军县激励后人，焦裕禄精神、红旗渠精神等感动中国。

截至2015年年底，河南省入选国家级非物质文化遗产名录113个。镇平玉雕、濮阳杂技、禹州钧瓷、开封汴秀、浚县泥咕咕等为代表的非物质文化遗产构成了地方特色文化产业发展的主要内容资源。截至2015年年底，河南省文化遗产保护与文化遗产整理取得可喜成绩。在可移动文物保护上，完成了河南省图书馆31242片古籍雕版除尘清理、上架入柜、统计工作，省文史馆的17000张拓片的登录工作已完成过半；采集登录自然类藏品标本2万余件。已完成郑州等15个省辖市118个文物收藏单位的13757件套文物的鉴定定级复核工作，已集中保管零散石刻碑刻1万余件。文物资料的整理也取得重大进展，10月，南阳市汉画馆编纂的十卷本的《中国南阳汉画像石大全》由大象出版社正式出版。在非物质文化遗产保护上，评选出第四批河南省非物质文化遗产代表性项目73个、扩展项目41个。我国首座国家级非物质文化遗产太极拳文化展示馆在焦作太极体育中心建成开馆，并对外开放。由河南省文化艺术研究院负责编纂的第一批“河南省稀有剧种工程抢救系列丛书”正式出版。

二、中原文化强势品牌偏弱

（一）非物质文化遗产保护与开发尚未形成良性循环

河南省非物质文化遗产具有种类齐全、内容丰富、历史底蕴浓厚、地域特色鲜明、价值高、影响较大等特点。如新郑黄帝拜祖祭典、马街书会、浚县民间社火、太昊伏羲祭典、洛阳牡丹花会等传统节会在全国都具有较大影响。太极拳、少林功夫、豫剧、河南坠子、钧瓷、汝瓷、唐三彩烧制技艺、朱仙镇、滑县木版年画等已经成为国内外文化交流的重点项目，享誉海内外。河南省非物质文化资源十分丰富，这一方面为河南文化产业的兴旺提供了得天独厚的条件，而另一方面也使我们完善保护这些资源面临一个极大的挑战。

在当前政府财政投入十分有限的情况下，如果能较好地开发利用这些资源，扩大创收，并利用这些创收反过来加大对河南省为数众多的文化遗产的保护，使资源开发与遗产保护互相促进，相辅相成，这对河南省由文化资源大省向文化强省的顺利跨越自然也有其不可觑视的推动作用。由于政府财力有限，来自文化资源自身的创收又不多，如此在文化遗产保护方面资金短缺、入不敷出的局面自然也就在所难免了。目前，河南省不少民间绝技后继无人，很多民间艺术也面临着逐步消亡的危险，许多名胜古迹风化严重。

目前，很多完全非物质文化遗产在申报成功以后，经济价值得到提升，完全交给市场运作，为了追求较高的经济效益而改变了非物质文化遗产的创作方式、精神内核。例如，一些地方木版年画的模具传统是木板手工雕刻，但为了印刷的速度和降低成本，开始进行平板机器印刷。

（二）河南文化产品创意开发不足

有的文化资源虽然进行了开发利用，但也是只有产品而不成产业，无法把资源优势转化为市场优势。然而十分遗憾，面对如此丰厚的文化资源，目前我们的利用却主要仍是以静态观览为主，进行动态开发、延伸开发、深层开发的势头并不突出。像《大宋·东京梦华》《禅宗少林·音乐大典》等这些结合河南本土（开封和登封）文化资源进行开发的成功案例并不多。

从总体上看，文化资源挖掘深度不够，文化创意水平不高，现代转化率不够，开发利用效果不明显，文化资源优势仍然仅仅停留在书面上或口头上，没有真正转化为文化产品优势和产业优势，因而难以形成规模效益。优势文化资源如何开发利用，如何进行产业化，需要深入研究，认真解决。

以开封市汴秀产业为例，首先，没有统一的技术标准和显著的品牌标志，大量外地绣品以次充好、“冒名顶替”，价格水平持续下降，生产规模逐步萎缩，促销力度不够。其次，目前市场上的绣品大多雷同，多局限于传统的一些品种，创新少，有特色的汴绣精品还需要进一步开发。一些生产汴绣的工厂或家庭作坊唯利是图，减少色次，增大线径，一幅本需要两个月才能完成的绣品，两三天就能赶制出来，这样的绣品“丧失了汴绣的特色，失去了风格和品位”。再次，行业内部合作不够。据了解，真正生产汴绣的厂商都是独家经营，缺乏沟通，吝于合作，没有有效地处理好竞争与协作的关系。开封汴绣厂、开封市工艺美术研究所、开封市工艺美术工业公司和开封市艺苑宋绣工艺厂自始至终是开封市汴绣行业的骨干企业，但一般都是“各念各的经，各赚各的钱”，无法形成合力。

文化产品和服务缺少创意，原创作品和知名文化品牌比较少，难以形成市场竞争优势。推动文化大发展、大繁荣的根本就是要推进文化内容建设和内容创新，生产出一大批原创的、在国内外有影响力的文化作品。与浙江、广东等省份比较，河南省拥有自主知识产权的文化产品明显不足。

河南本土文化企业大多纠结于务实与生存之间，尚缺乏创新的基础，这个基础包括资本和创新意识，在许多企业中，文化创意板块的发展需要以其他产业板块的业务营收提供资金支持。

一些文化业态科技创新能力不足，对最新科技成果的运用缺少主动性，导致整个业态科技含量偏低，难以形成市场竞争优势。相比较而言，湖南文化产业企业利用科技做大做强值得借鉴，以湖南三辰卡通为例，它自主研发了计算机动画制作集成软件和集成系统、3D 和 2D 第三方插件、RenderFarm 3D 集群渲染应用系统等，从而实现了整个动画制作流程的计算机化、网络化和无纸化，使得动画生产整体效率比传统工艺提高了 16 倍，制作成本降低了 50%左右。

2016 年 3 月，国务院印发《关于进一步加强文物工作的指导意见》，鼓励大力发展文博创意产业。5 月中旬，国务院办公厅转发了文化部、国家发展改革委、财政部、国家文物局四部门《关于推动文化文物单位文化创意产品开发的若干意见》，对文化文物单位文化创意产品开发工作做出部署。国家文物局迅速研究，拟定了《贯彻落实国办转发<关于文化文物单位文化创意产品开发的若干意见>实施方案》。《意见》针对部分地方财政对文化创意产品开发收入实行收支两条线的问题，明确文化文物事业单位文化创意产品开发取得的事业收入、经营收入等按规定纳入本单位预算统一管理，可用于加强公益服务、藏品征集、继续投入开发、人员绩效奖励等；《意见》提出按照试点先行、逐步推进的原则，在国家级、部分省级和副省级博物馆、美术馆、图书馆中开展试点，允许试点单位通过知识产权作价入股等方式投资设立企业，从事文化创意产品开发经营。《意见》明确了鼓励具备条件的文化文物单位采取合作、授权、独立开发等方式开展文化创意产品开发，对相关单位从事开发活动起到了“正名”和“保障”的双重作用。但是目前，仍然有绝大多数博物馆尚未探索出能够良性循环的创意产品开发路径，没有取得良好的经济效益和社会效益。

（三）缺乏河南本土自主品牌

为了落实河南大旅游战略，推动河南旅游商品市场的产业升级，郑州越尚工业设计有限公司充分发挥旅游产业的关联带动效应，联手河南省旅游局、国家知识产权创意产业试点园区共同打造了一个独具河南旅游特色元素的“老家礼物”旅游文化创意产品品牌。越尚设计是浙江大学河南工程分中心的重要组成部分，主营业务是文化创意旅游产品设计、工程设计、工程实现、产业转化等，现公司已拥有30多项工业设计产品专利，部分产品荣获2014年度国际知名创意设计大奖——德国“红点奖”。公司于2014年开始筹备“老家礼物”旅游纪念品品牌，少林寺旗舰店是“老家礼物”品牌的第一家旗舰店，其后二号店也正式进驻绿博园中心湖区枫湖北岸。进一步拉长河南旅游文化产品“设计—制造—展示—销售”的产业链条。

河南文化资源向文化生产力转化取得了阶段性成果，并且带动了经济、社会、文化、生态等领域的发展。例如，随着《少林寺》一片的播映，以少林为题材的电影不断播映，使许多人深深迷恋上了少林功夫，并希望能够在具有传奇色彩的少林寺中一睹“禅武归一”的少林功夫。少林功夫近年来在国内外不断升温，借此河南省已成功举办了历届“郑州国际少林功夫节”，在活动期间吸引了大量的国内外客商参观旅游、进行贸易合作。“据统计，仅第二至第五届武术节，登封市的经贸活动总成交额就达64亿元人民币，合同协议引进国内外资金49亿元人民币”。

但是与全国文化产业发展处于前列的省份相比，河南整体上缺乏本土自主品牌。以广播电视文化产业为例，2016年河南广播影视产业在类型化探索上基本上处于原地踏步的状态，题材多以传统内容为主。截至2016年年底，河南省没有拍出来一部全国著名或者票房过亿的电影。河南影视集团拍摄的“中原乡村喜剧三部曲”，多以草根为主接地气，但是缺乏市场，很难做出去，并且缺乏商业化的操作模式，没有自己的核心品牌。以湖南的芒果卫视为例，芒果卫视有着自己优良的制作团队，产销一体化，商业化运作，因此，在全国范围内有着自己标新立异的品牌和口碑，回望河南的影视产业几乎没有可以走出去、走向全国的品牌。虽然河南也有自己的影视城“大河影视城”，但是不论是会建设还是后期宣传上，都没做到完善，基本上很少人知道有这个地方。就内地明星而言，除了小香玉等在国内比较有名之外，河南近几年来没有在全国范围内著名的明星或者主持人，影视专业人才缺乏。河南没有形成自己独有风格品牌，没有自己的大品牌娱乐节目，虽然有《武林风》《汉字英雄》和《梨园春》等具有河南特色的节目，但是和全国知名节目《非诚勿扰》《跑男》和《快乐大本营》相比是远远不够的。因此，河南应当培育出色的、具有影响力的自主品牌，把河南的优势推广出去。河南广播影视产业融资渠道单一。大部分的资金都是企业或者相关单位出钱，很少有合作的伙伴。

特色文化品牌市场价值尚待发掘。特色文化品牌是文化发展繁荣的重要标志，是区域文化软实力、竞争力的具体表现，具有极大的辐射力、吸引力和提升力，对文化产业发展起着至关重要的作用。得天独厚的历史文化条件和地理优势，使河南具有非常深厚的文化底蕴，拥有非常丰富的文化资源，但文化资源内涵还远没有挖掘出来，许多文化品牌的市场价值还有待发掘，许多文化产品还没有走向全国市场。整体来说，河南的文化品牌价值与发达地区相比还有相当大的差距。

部分特色文化企业缺乏危机意识，文化产品开发与品牌保护意识落后，没有把自主创新、品牌运营作为企业发展的支柱和主导。没能形成整体的文化品牌经营战略，短期行为较多，文化产品开发存在着极大的盲目性和重复性，导致品牌差异性不大，缺乏文化产品的市场定位区分及品牌所特有的文化内涵，打造出的真正文化品牌寥寥无几。还有不少文化企业认为文化品牌效益优势不明显，创建工作难，从而忽视了品牌形象塑造和优势培育。另外，品牌保护意识薄弱，在建立品牌过程中不注意注册、维护自己的产品商标。由于没有及时采取保护措施，类似“花木兰”“愚公”“牡丹之都”等象征河南文化形象的文化品牌流失，给文化品牌的开发和利用带来了极大不便。

（四）文化创意人才稀缺

文化产业，创意为王。创意对于文化产业来说，是灵魂，也是根本。从创意的生成来看，文化产业对人才有着突出的要求，人才的集聚会使各种思维碰撞从而产生有价值的创意。创意人才集聚后会产生创意企业，继而会产生竞争力强大的文化企业集团。文化创意需要既熟悉文艺创作，又了解文化市场行情，了解大众的文化心理与文化需求，懂经营管理的复合型人才。对于具体文化产品的生产创作而言，行家里手和高技术人才则是不可或缺的。

2010 年 8 月，文化部制订并颁布实施了《全国文化系统人才发展规划（2010—2020 年）》，这是文化系统的第一个人才发展规划。《规划》提出到 2020 年，文化从业人员总量从现在的 195.6 万增加到 280 万，增长 43%。因历史和体制的原因，河南的文化创意产业人才匮乏也是产业发展迫切需要解决的问题。目前，河南文化创意产业面临的困境是：一方面，企业苦苦寻觅高端创意人才而不得。河南省地处中原腹地，缺乏吸引优秀文化产业人才的区位优势。省内缺乏熟悉现代文化产业经营与资本运营、具有较强把握市场能力的管理人才，也缺乏真正具有创新意识、创造才华的文化产业专业技术人才；另一方面，大量的低端从业人员找不到合适的就业岗位。尽管省内不少院校也在进行创意教育，陆续培养了一些专业人才，但高端人才的匮乏仍是亟待解决的难题。也就是说，文化产业一般性人才并不缺乏，甚至还有些过剩，真正缺乏的是高层次文化人才、复合型人才和文化名人与艺术大师。文化产业高层次人才总量不足和人才结构性失衡的矛盾比较突出，这对河南省文化产业的发展形成很大制约。

例如，汴绣专业人才的培训不到位，具有高超技艺的绣工逐年减少，人才流失严重，招工又难，不能及时为企业输送新鲜血液。在文化金融方面，目前河南省文化金融领域的高素质人才培养机制尚未健全，落后于文化产业的发展，河南省高校已出现一批研究文化产业发展的专家学者，但并未开设与文化金融相关的学习课程以及创新文化创意人才培养模式和方案，文化产业缺乏系统的人才培养体系，专业人才匮乏已成为制约文化产业规模化、层次化发展的重要因素。

“大众创业、万众创新”为河南文化创意产业人才培养提供了机遇。与其他社会企业和事业单位相比，河南大学生和高校教师的文化创意实践仍处于初期尝试的阶段。大学生的创意领域主要在于产品设计，善于将文化符号融入到产品中。整体上，还存在产品设计效果图不够精美，产品设计思路尚需体系化、没有大批量生产投入市场，缺乏对市场的了解等问题。在河南财经政法大学孵化器中，出售产品大多是原有产业中的产品，融入文化、创意的产品创新和品牌建设不足。

我国文化产业之所以集中在北京、上海、深圳和广州等大都市，就是得益于这些国际化城市涌现的“创意阶层”。人才是文化创意及其产业发展的核心要素，人才缺乏是文化创意企业和集聚区发展最为重要的问题。一项关于北京市文化创意产业人才的调查显示，70%以上的集聚区均反映高端创意人才和市场化人才缺乏，在一些新兴行业人才尤其缺乏，75%的文化艺术企业、68.1%的设计咨询企业、68.7%的媒体服务类企业都认为应当加强创意人才的培养和引进工作。

理查德·弗罗里达在《创意阶层的崛起中》一书中提出，以往主流的区域经济理论强调城市吸引企业的重要性。企业在某地投资会创造就业机会，寻找工作的人们跟着搬进来，地区才会蓬蓬勃勃发展起来。弗罗里达则强调“以人为本”。在“创意经济”时代，城市需要致力于吸引和保留大量“创意阶层”，这些人才点子颇多，他们自然会想方设法兴办企业，带动就业和经济增长。创意阶层更看重新鲜惬意的城市体验。他们宁愿为这种生活支付高额代价，也不愿意搬到廉价而乏味的地区。因此，弗罗里达建议城市管理部门开发市内的自然和人文景观，以丰富城市的外在魅力；修筑自行车道和小型球场，而非大型体育场馆，因为创意阶层更喜欢参与式的体育运动；他还建议兴建咖啡馆和小型剧院等文化设施，这助有于生活在半匿名社区的创意阶层“社会资本”。总之，他认为宽容吸引人才，人才创造科技。当前，河南省具有发展文化产业资源禀赋的城市，包括郑州、洛阳、开封等地都需要加强城市文化的包容性、基础设施建设的提升。

三、文化资源的产业化转化能力不强

河南文化产业结构偏重于传统特色文化产业，新兴文化产业类型发展较慢。除传统的出版、广电企业实力较强以外，绝大多数文化企业仍然面临小、散、弱的困境。

(1) 文化产业对经济发展的贡献率有待提升。相比较而言，河南是名副其实的文化大省，其历史文化资源占有独特的优势。但 2009 年、2010 年和 2011 年河南文化产业增加值及其占该省 GDP 的比重分别为 623 亿元 (3.2%)、780 亿元 (3.4%) 和 865 亿元 (3.2%)；而同期全国平均水平分别为 8400 亿元 (2.5%)、11052 亿元 (2.75%) 和 13479 亿元 (2.85%)。可以看出，尽管河南省的文化产业发展很快，但文化产业增加值占 GDP 的比重只有 3.2%左右，仅比全国平均水平稍高，与北京、上海、广东、湖南和云南这些先进省（市）相比，差距是比较大的，文化产业对经济的拉动作用很弱，与文化大省的地位很不相称，要想赶上文化强省（市）还有很长的路要走。当然，河南省是文化资源大省，具备成为文化强省的潜质和基础，只要政策措施到位，文化产业完全可以成为河南省的支柱型产业。为准确衡量文化产业对经济的影响，国内一般采用“贡献率”指标计算方法，即以计算文化产业增加值对经济增长的贡献率来衡量。2011年，上海市文化产业对该地区经济增长的贡献率为15%，北京为10%，湖南为7.8%。河南的文化产业增加值与文化强省（市）相比，占GDP中的比重偏小，对经济增长的贡献不大，尚未成为支柱型产业。

（2）文化产业结构有待完善。截至2012年年底，全省歌舞娱乐场所1818家，游艺娱乐场所1100家，娱乐行业实现营业收入超过60亿元，网吧市场规模超过40亿元，演出市场超过7亿元，艺术品市场达到22亿元。郑汴洛文化旅游线路成为全国文化旅游的精品线路，少林寺、龙门石窟等成为享誉海内外的知名文化旅游景点。钧瓷、唐三彩等陶瓷制品，汴绣、安绣、剪纸等手工艺品，玉雕、漆雕、泥塑雕刻工艺品等传统工艺品运用新技术、新工艺、新材料、新设备，积极开发附加值高、市场占有率高的原创性产品。

从河南省文化产业产业结构看，产业结构不合理，缺少统筹规划，既影响了文化产业发展的质量和效益，又制约了文化产业发展的后劲。集中表现为传统文化产业比重过大，新兴文化产业比重偏小，基本上以传统文化经营为主，以信息化、数字化为核心的新兴产业如软件业、影视业、会展业、音像业等发展缓慢。现有的传统文化企业规模小，布局分散，大型、集中的规模效应、集聚效应和知名效应还没有形成，一些文化企业的功能定位和规划有待进一步明确。文化产业还没形成完整的产业链和健康发展的良性循环机制，发展的重点不够突出，缺少优势明显、特色突出、带动经济发展作用大的龙头企业和主导产业。

河南省文化产品和设备制造业、文化产品批发零售业、文化服务业增加值的比例为56.5∶8.7∶34.8，文化产品和设备制造业比重过大，以新闻出版、广播影视、文艺娱乐业等为主体的文化服务业发展相对滞后，在全省GDP所占比重仅为1%，文化服务业发展滞后突出表现在文化创意和内容生产能力不足。面对当前文化需求多样性、多层次、个性化的趋势，高质量、高品位、切合文化市场需要的内容产品和服务仍有待发展。动漫、网络、数字化等新型高科技文化产业比重明显偏小，产业结构亟待调整。

（3）文化企业有待做大做强。截至2014年年底，从全省规模以上文化及相关产业企业主要指标来看：企业个数、盈利能力居于中部六省第1位。营业收入、吸纳就业能力居于中部六省第2位。文化制造业企业1006家，文化批零业企业640家，文化服务业企业1072家，分别居于中部六省的第2位、第1位、第1位。河南在中部六省中部分指标位居第二，主要是湖南省规模以上文化制造业企业个数多出河南400余家，所以拉开了距离。

文化产业的集群化程度仍然较低，大多数文化企业都还是各自为政，谋求资源整合、合作发展的意识还较模糊。小、散、弱现象普遍存在，低水平、小规模、粗放式经营仍在河南省占主导地位，集约化、规模化程度明显不够。

中国各地目前仍然缺乏有强势竞争力的文化领军企业。据亚太总裁协会2012年9月发布的国际文化产业领军企业30强名单显示，纽约有15家文化企业，涉及文化产业领域中的唱片、娱乐、报业、传媒、教育类图书出版、互联网服务、印刷出版、投资管理、杂志、工业书刊出版等。巴黎有两家文化企业位居前30强，涉及广告传媒和财经新闻与分析。伦敦有两家文化企业入围，涉及医学与其他科学文献出版、娱乐等。东京有3家文化企业进入30强，设计综合出版、文学书刊出版、综合性图书出版，体现了日本的“出版立国”战略的效果。中国没有文化企业进入前30强，在50强中仅有中国出版集团排名第40位，中国电影集团排名第44位，中国凤凰出版传媒集团排名第47位。

第二节　文化产业集群发展程度不高

文化产业集群和集群内部产业链条的有效运作是衡量地区文化产业发展状况的重要指标。目前，河南省文化产业集群虽然取得了一些成绩，但是也存在全国文化产业集群和产业链发展的普遍性问题。

一、产业集聚效应不够明显

文化产业集聚发展，重要的是产业要素集聚、产业形态集聚和服务平台集聚，而不是简单的“拢摊”，不是一股脑把所有的文化企业聚合在一起，任其自由发展。产业集群效应的核心是建立完整的产业链。

河南省各类文化产业园区（基地）已有几十家，但产业集聚效应比较好的却不是很多，第一次省级重点文化产业园区评选仅评选出 3 家。一些地方领导对设立文化产业园区的重要意义认识不到位，对文化产业集聚发展的规律认识不到位，对如何推动文化产业园区实现集聚发展缺少清晰的思路。政府应在尊重市场机制的基础上，为文化产业特别是主导文化产业的发展提供政策支持和方向引导，把符合园区发展要求和符合产业发展方向的产业要素、文化业态、市场主体集聚起来，形成上下游产业联动的发展模式，实现文化产业规模化、集约化、专业化发展，最大限度地提高集聚效益。以产业园的方式推动文化产业的集群化发展，一定要树立正确的观念，走出那种以为文化产业集聚发展就是建园区、盖高楼的认识误区。

河南现有的国家级和省级文化产业示范园区（基地），有一些比较注重生产要素的集聚和产业形态集聚，依托园区的人才、资本和技术优势，使园区成为文化企业孵化地和文化创意孵化器，培育了新兴文化业态，催生了新型文化产品，锻造出知名文化品牌，扩大了河南文化产业园区的影响，在国内享有较高的知名度。但也有一些文化产业园区（基地）仅仅是完成了形式上的空间集聚，除了办公楼和一些厂房外，偌大一个园区见不到几家企业，更不要说实现人才、资本和技术等生产要素和文化业态的集聚了。个别文化园区（基地）打的是文化牌，实际却是进行地产或商业开发，园区的地圈起来了，楼盖起来了，商家招来了，但以文化产业为主的河南省文化产业集聚区除了国家级和省级产业集聚区外，多数产业集群年收入在一亿元以下，表明产业集群实力不强。特别是河南省特色文化村镇产业集聚区多为中小企业，利用特色文化资源生产文化产品和提供文化服务，经济效益明显，但大多分散经营，没有进行资源的优化组合，影响了资源利用效率和经营规模的进一步发展。不少地区的文化创意产业园，并不具有产业集聚的实质作用，而是以销售低端文化产品为主的商业街区的“改头换面”。由于缺乏具有带动作用的龙头企业和文化品牌，不少文化园区建成后，不能充分发挥地方文化品牌的影响力。集群整体“竞合”意识淡薄，“聚而不群”现象普遍存在。在产业集聚内部，企业往往只看到竞争而忽视合作，因此在产品开发、原料采购、产品加工和市场营销等环节往往各自为政，缺乏协同意识。文化产业集群中存在开发设计能力弱、质量提高缓慢、创新能力弱、产品雷同与企业同质化、同业无序竞争、缺乏品牌意识、管理水平落后等问题。河南文化创意产业目前多集中在传媒出版、动漫游戏、艺术创作等行业，已经形成了中原出版传媒集团、河南出版产业园、国家动漫基地等产业园区。产业内部的集聚作用初露端倪，但尚未打通行业间的关联性。

以中原广告产业园为例，园区在运营过程中虽然对产业链的构建极为重视，但就入驻企业的现状来看是存在一定的问题的。目前，中原广告产业园的入驻企业一半以上都是网络传媒公司，网络传媒公司是近些年炙手可热的企业，由于起点低，成本低，再加上产业园的优惠政策，吸引了大量的网络传媒公司进驻园区，这类企业占据的比重过大。而其他类的企业入驻不足，一方面不能构成完整的产业链，让投入到产出到销售顺利地进；另一方面，大量同类企业的聚集，不仅不能形成良好的知识溢出氛围，反而有可能形成恶性竞争，这是产业园不愿意看到的。

同时，园区内企业之间的沟通和协作其实并不频繁，甚至很少。建造广告产业园不仅仅只是为了让这些企业聚集在一起，更重要的是要这些企业之间能够在聚集的过程中产生知识溢出效应，企业之间虽然存在一定的竞争，但是更多的应该是资源共享和合作的关系。导致出现这种情况的原因笔者认为有两点，其一就是园区没有制定一些措施或者建立某种模式来促进企业之间的沟通和协作；其二是没有一个组织来把整合产业园自己的资源，更何况其他的广告资源。

二、文化产业链专业化程度偏低

波特于20世纪80年代提出价值链的概念，被后来的经济地理学者引入产业全球组织的研究中。文化产业的价值链，同其他产业一样，是由产业链的各个部分的增值环节所构成的整体。在全球化视角下，地方的产业升级一般是指自地方企业在全球产业链中自低附加值环节向高附加值环节攀升的过程。

在当今市场竞争越来越激烈的情况下，文化产业也直接面临着来自各个方面的竞争压力。如果产业链完整，则能够从整体上增强竞争实力。产业链上下游具有分工专业化的企业是衡量地区文化产业竞争力的重要维度。以深圳市布吉镇大芬油画村为例，大芬村油画复制产业的主要收益方式一是承接油画、画框生产订单、批发交易；二是油画、画框等日常的零售。在市场订货、画家制作、画商收购、国外销售的产业链环节上，企业间形成了协作良好的上下游产业链关系，链条上的相关企业在这里均可找到。不同类型的产业链按其驱动模式可分为生产者驱动型与消费者驱动型两种。如果把艺术水准较高的油画产业链视作生产者驱动型的话，行画则可视作消费者驱动型产业链的典型。

目前，河南文化产业在产业链的构建上仍然存在诸多问题，导致文化产业链效应得不到有效发挥。一方面，单一文化产业之间的横向联系虽然具备了一定规模，例如朱仙镇木版年画企业的集聚，但在纵向上看仍然主要停留在产业链的某一个环节，并且产业之间以及企业之间的联合协同效应没有在实质上得到深化。大多数文化企业产品数量单一，缺乏后续衍生产品，还没有形成上下联动、左右衔接，一次性投入多次产出的成熟的产业链。另一方面，在产业集聚区的规划和建设中多以单一产业的企业集中为发展方向，缺乏对产业链上下游环节的发展引导，导致配套功能产业发展缓慢，无法增强文化产业的整体实力。

河南省艺术品交易产业市场规范缺失，导致艺术品交易产业链条乱象频出，未能充分发挥画廊作为艺术品市场主体性和基础性作用，画廊没有建立经纪制为主体的经营模式，拓展艺术品授权、艺术品限量复制等新兴业务领域。画廊、拍卖行一、二级市场，本末倒置，艺术品收藏、投资、投机者从艺术家手中购买或去拍卖行拍得艺术品，绕过画廊，这显然不利于艺术品市场的发展，因为拍卖会上的艺术品不一定保真，拍品的真假难辨给买家带来了巨大的风险；而买家直接向艺术家购买作品也存在一个问题，即艺术家往往对自己的作品开价很高，买方难以承受，但为了保真不得不花更多的钱以图心里踏实。这种绕过一级市场直接向艺术家要作品的方式不符合艺术品市场的运行规律，艺术家自己定价出售导致畸高的价位，也与中国目前的消费水平不一致。

从文化物流来看，虽然河南省处于全国交通枢纽位置，但目前缺乏全国和区域性的大型现代流通组织。文化产品的流通与一般物流行业没有区分开，大多在原有的物流通道上流通，缺乏与文化产品相对应的流通保护措施。应鼓励具有竞争优势的文化流通企业通过参股、控股、兼并、收购和特许经营等方式，实现规模扩张。重点培育主业突出、具有著名品牌、辐射力强的大型国有或国有控股文化流通企业和企业集团，使之成为文化流通领域的主导力量。鼓励资产质量好、经营规范、成长型强的文化流通企业上市。

三、文化产业金融发展不够充分

在文化与金融融合领域，河南文化产业突出存在投资主体较为单一、融资渠道不够多元和缺乏无形资产评估专业机构等问题。

（1）投资主体较为单一。当前河南文化产业投资主体是政府，由于过于依赖政府投资，使得全省的文化产业投融资结构单一。一些基础性、非营利性文化产业的发展，民营企业不愿投资，而一些营利性强的文化产业，出于价值观和舆论等因素的影响，民间资本投资则受到一些限制，民间的参与度不够。民营企业的文化投资由于受到投资回报、投资风险的制约，积极性不高。因此，出台相应的文化产业投资政策，在多种所有制之下文化产业竞争发展，实现文化产业资本的多元化发展，是改变当今河南文化产业发展活力不足的根本措施。河南省各级政府在这个过程中，应在一些领域有计划地退出“运动员”行列，专心做好“裁判员”工作，为文化产业的发展制定好政策、规则，为文化产业的发展提供良好的社会环境和公平的竞争环境。

社会资本进入文化投资领域渠道不畅通。虽然政府出台了相关措施，鼓励非公有资本进入文化产业领域，但是由于这些措施不够细化，导致社会资本进入河南省文化产业投资领域渠道不畅通。现行的文化投资和融资体制滞后，多元化、市场化、社会化的投融资渠道不畅。目前，由于投融资体制不够完善，吸引鼓励民间资本投入文化产业的机制不健全，民营文化企业对文化产业投资的信心不足，造成众多民营文化企业处于观望阶段，投入少、规模小，难以形成文化产业发展合力。

（2）投融资渠道单一。投融资渠道是否多元化，是衡量一个地区投融资体制机制科学水平高低的一个重要标志。近年来，虽然河南省在融通文化和资本结合方面做了大量工作，但是总体来看，文化产业的投融资渠道还相对单一，缺乏创新能力。这主要表现在以下两方面。

一是银行信贷难。文化产业是一个大投入、大产出的行业，同时也是一个高风险的行业。尤其是在整个行业已经进入规模化和集约化经营的阶段之后，一个大的文化项目动辄需要上千万元，甚至数十亿元的投入。这种大投入必然伴随着大风险，再加上没有完善的信用担保机制，文化企业银行信贷可谓困难重重。

二是资本市场融资难。通过金融资本市场融资上市，对于文化企业来说，无疑是一个最理想的融资方式。这种方式不仅可以有效地提升文化企业自身的科学管理水平，同时，可以以最直接的方式获得最大额度的发展资金。但是，由于我国资本市场体系不健全，企业上市认证条件高，再加上河南省大多数文化企业市场化程度不高，且公司有效治理结构不完善，上市融资困难重重。

（3）缺乏无形资产评估专业机构。文化产业资产多表现为知识产权、专利技术、品牌价值等无形资产，有形资产较少，文化产业由于产品和服务“轻资产”的特点，文化资产难以评估，且厂房、设备、土地等被银行认可的传统抵押物不足，缺乏金融机构对文化产业的信任，严重影响了金融机构对文化产业的授信额度，因此，融资成为制约文化企业做大做强的瓶颈。文化企业难以提供覆盖融资风险的抵押资产，是目前文化企业获取金融机构支持的最大障碍。

在学术界，对文化金融的研究起步较晚，且在文化资产评估方面存在诸多争议，还未形成一套完全合理且令人信服的无形资产评估方法，无论在文化产业市场实践还是在学术研究领域，文化产业无形资产的评估仍是一道难以完美破解的难题。文化资产难以评估仍是制约文化产业与金融有效对接的关键环节。无形资产的评估方法直接关系到评估结果。现行的文化产业无形资产评估方法主要分为三类，分别是市场价值法、成本法和收益法。市场价值法适用于商标、专利、版权等无形资产的评估，根据市场交易来确定文化资产的价值。但文化资产一般与其他资产打包交易，难以完全分离出无形资产的价值；收益法是依据通过计算未来现金流量的现值计算商标、文化产品等无形资产的价值，但难以确定适当的无形资产折现率和文化资产资本转化率。且在文化产业开发初期，部分文化资产的经济价值尚未显现，因此，难以使用收益法来进行价值预算；成本法是通过估算无形资产的投入所带来的原材料消耗减少、成本减低，从而置换出无形资产的价值，但该种方法受文化资产替代能力的影响，在应用上受到很大限制。

第三节　文化消费能力尚未激活

文化产业是典型的消费拉动型产业，文化产业的发展离不开国民的文化需求与文化消费。只有人民在满足一定物质消费条件下，才会满足更高层次文化等需求。河南是全国第一人口大省，这为河南省的文化消费提供了得天独厚的条件，但是由于河南文化产业发展与经济发展不协调，居民文化消费水平不仅普遍偏低，而且消费结构发展也十分滞后。

一、人均文化娱乐消费支出总量较少

不少经济专家指出，根据长期的理论探索与经济实践，一定的 GDP 发展水平与一定的恩格尔系数，以及一定的文化消费支出水平有着极为密切的关系。当人均 GDP 达到 1000 美元时，恩格尔系数应为 44%，文化消费应在个人消费中占 18%。当人均 GDP 达到 1600 美元，恩格尔系数应为 33%，文化消费在个人消费中应占 20%。在美国和西欧一些国家，文化消费（包括旅游）已占家庭消费的 30%左右，对其他行业和整个经济有着显著的拉动作用。

河南省 GDP 总量很大，位居全国第五，但人均不高。根据 2016 年的统计数据，2015 年全国居民人均消费支出总额为 15712 元，人均文化娱乐消费支出为 760 元。同年，河南居民人均消费支出为 11835 元，人均文化娱乐消费支出为 573 元，两个数据都只有全国水平的 75%。

根据中国人民大学创意产业技术研究院发布“中国文化消费发展指数（2016）”，北京、天津、上海、广东、江苏、浙江、山东的文化消费综合指数连续四年位居全国前十，且这 7 个省市均位于东部地区。此外，西部地区的四川和内蒙古首次进入全国前十。一级指标方面，文化消费环境、意愿、能力、水平指数的全国前十名省份中，东部地区均占了一半以上。相比中西部地区，东部地区居民收入、消费水平相对较高，更加注重生活质量和精神享受，对文化产品种类、质量等各方面需求也较大。河南地区文化消费整体情况低于这些省份。从 2006—2009 年，河南省人均生产总值分别为 13172 元、16012 元、19181 元、20597 元，而城镇居民恩格尔系数却分别为 38. 4%、34. 6%、34. 8%、34. 2%，不仅数值缺少变化，而且比值明显偏高。2010 年在人均生产总值高达 24446 元的情况下，恩格尔系数也仍为 33%，城镇居民人均娱乐教育文化服务支出也仍然仅占人均消费支出的 10. 49%。这样的消费水平显然是很不乐观的。

河南省会郑州和北京、上海、广州相比，文化设施总量很少。例如，在公共图书馆数量方面，北京和上海相差无几，但是广州公共图书馆仅有

15 家，郑州市内的公共图书馆更是难以满足规模庞大的居民文化需求。

二、文化消费结构不平衡

根据 2012 年年底的一项调查结果显示，从河南省家庭文化消费结构分布上看，“媒体消费”占比最高，为 28.99%；第二是“工艺美术品消费”，为 25.30%；第三是“文化用品消费”（17.14%）、“文化艺术消费（16.84%）和“文化休闲娱乐消费”（10.04%），均不足 20%；“健身运动消费”最少，仅为 1.69%。[①] 由此可见，媒体消费是普通家庭文化消费的主体，文化艺术消费和文化休闲娱乐消费被边缘化。

普通家庭文化消费重“实物”轻“服务”。从具体消费项目细项上进行分析，“购买工艺美术品”支出金额最高，城镇家庭为 619.90 元，农村家庭为 214.13 元；其次是购买“液晶、等离子等平板电视”费用，城镇家庭为 359.59 元，农村家庭为 135.08 元；然后为“在家宽带上网”费用，城镇家庭为 336.05 元，农村家庭为 100.68 元。这表明，公众在文化消费中更愿意消费“实物”，而对付费享受“服务”能力还需要进一步培养。

图书、报纸、杂志等传统文化产品消费市场萎缩严重。调查结果显示，接近 5 成的城镇家庭过去一年从未购买过图书、报纸、杂志等，农村家庭这一比例则更高，达到 73.90%。城镇家庭“报纸”购买率最高，为 30.35%；其次是“图书”，为 29.60%；农村家庭“图书”购买率最高，为 11.41%，其他均不足 10%。这表明，图书、报纸、杂志等传统文化产品消费市场萎缩严重，有被边缘化的趋势，人文阅读时代与现代社会渐行渐远。

三、文化供给与文化需求有待对接

由于文化产品市场发育不充分，公共文化基础设施薄弱，文化产品和社会文化娱乐与人们实际文化消费需求相脱节，急需实行文化产业的供给

① 参考文献⑤.

侧改革。文化消费市场的供给者需要认真研判文化消费者的审美和需求，并将其与文化元素有效对接，打造具有趣味性、实用性和观赏性的特色文化消费品。

河南省的文化产业起步较晚，在发展过程中，中小企业数量较多，缺乏具备品牌效益和国际知名度的大型文化企业，且文化企业尚未形成成熟的经营管理模式，造成了文化企业经营风险较高，缺乏市场竞争力。例如在实地调研中发现，被国家文化部誉为“宝丰现象”的宝丰县魔术文化在平顶山市宝丰县境内有97%的受访者较为了解，而在平顶山市区的调研中了解宝丰魔术文化的受访者仅有67%。一些发展较好的特色文化产业主要面对旅游者进行演出，脱离了当地群众的文化需求。

第四节　文化产业管理仍需完善

近年来，河南文化产业相关政策逐步完善，但是在政策制定和实施过程中，文化与金融融合、文化与科技融合等领域仍然存在一些问题，条块分隔问题仍未得到解决。

一、政府管理不到位现象仍然存在

以艺术品交易产业为例，河南省艺术品造假严重，诚信缺失，造假手段多样，真假难辨，中原地区成为全国艺术品造假重灾区，拥有庞大的文物造假体系，从制作到销售，这条产业链已经发展成熟，造假手段层出不穷，甚至连专家和科学鉴定手段都难以检测出来，售假渠道更是令人惊讶，甚至连备受热捧的海外回流赝品也是中原制造。艺术品拍卖市场秩序混乱、假货泛滥、天价炒作，拍卖行的诚信危机成为制约艺术品市场发展的瓶颈，严重制约了河南艺术品市场的发展。管理不规范，缺乏统一有效的管理模式，市场体制不顺，文物、文化、商务、版权、工商、公安、海关等部门根据各自权限对市场进行管理，群龙治水，缺乏沟通、协调，管理标准和方式不统一，使得市场监管部门权责不明。

二、文化产业技术、金融等政策有待提升

（一）文化产业技术政策滞后

科技在推动文化产业快速发展过程中的作用日益重要。新技术给传统媒体、文化艺术、文化产业带来的变革体现在传播、产业、社会和政治等层面。数字化、信息化、网络化高速发展的背景下，目前河南省乃至全国缺乏具有战略性、全局性和整体性的文化产业技术发展的中长期规划。

世界主要发达国家的平均科技成果转化率高达 80%，中国仅为 25%，其中，中国文化产业技术成果转化率要更低。河南文化产业科技受让方大多是文化事业单位，或者由文化事业单位转制而来，或者依靠资源垄断坐收经营利润，这些单位明显缺少技术创新的动力和压力。另外，文化产业本身的特殊性决定着河南文化产业技术研发的主体大多是文化运营单位，社会力量难以进入较为封闭的文化系统。文化产业技术研发项目的立项单位主要是政府，在经费投入上十分有限，更不可能投入巨额经费推广技术研发成果。由于文化主体单位大多是事业单位性质，在技术成果转化过程中社会风险投资很难进入，经费投入不足使得文化产业技术成果转化难上加难。

（二）文化产业金融政策需要建设执行性强的政策体系

河南省文化产业政策都是借鉴中央政策，缺乏创新。例如在 2010 年中央九部委联合颁布《关于金融支持文化产业振兴和发展繁荣的指导意见》之后，河南省在中央文件的领导下，相继出台了一系列促进文化产业发展的指导意见和实现“文化强省”目标的政策，但政策缺乏创新，没有形成符合时代发展特点和文化产业特征的专业化金融政策体系。

文化产业政策并未解决文化产业发展的“瓶颈”问题，即没有形成适合文化产业发展壮大的金融投融资体系，中小文化企业的融资难问题依然没有得到明显缓解，从而制约了河南省文化资源的优势转化，文化产业市场竞争力有待提高。

（三）文化产业政策需要对民营企业和国企一视同仁

河南省不断加大文化改革力度，鼓励和引导民营资本投资文化产业。目前，河南文化产业多个领域民营资本逐步占据主导地位。民营文化企业广泛分布在文化及与文化相关产业所涉及的120个行业小类中，其中，民营文化服务业占全部民营文化企业的61.8%，所占比重较大。

以动漫业为例，郑州市在2009年出台了动漫扶持政策，不仅每年有5000万元的动漫发展专项资金，而且播后还有较高的奖励资金，促使大量民营资本涌入动漫领域，带动郑州动漫产产业迅速发展，目前已形成三个较大的动漫基地。如承建国家动漫产业发展堆地（河南基地）的民营企业小樱桃公司，就集合了70多家民资公司来投资；在特色文化产业领域，民营资本更加活跃，如许昌瑞贝卡发艺制品公司、孔家钧窑、宝丰赵庄魔术演艺集团、汝阳刘笔业有限公司以及特色文化村镇中的众多工艺品公司，都是民营企业。而镇平玉雕、禹州钧瓷、浚县石雕以及《禅宗少林·音乐大典》《大宋·东京梦华》等众多的河南文化品牌，也是由民营文化企业创办。

2016年11月8日，河南省工商联在郑州发布2016年河南民营企业100强榜单。2015年，河南省民营企业100强营业收入总额为5243.83亿元，较2014年减少142.72亿元。2015年，河南省民营企业100强企业净利润总额达到265.95亿元，户均2.66亿元，同比增长7.49%。民营企业100强聚集于金属冶炼、房地产、医药、食品等行业，鲜有文化产业类企业。①

20世纪90年代初，河南小皇后豫剧团从文化体制改革中脱颖而出，成为完全实现自主经营、自负盈亏的民营剧团。从苦苦挣扎到良性发展，尽管被认为走出了一条艺术表演团体体制改革的成功之路，但仍旧是在“夹缝中求生存”。

比如，同样是下乡演出，政府对国有院团的补贴上不封顶，演一场就补贴1.5万元，一年能演好几百场，而民营院团要么无补贴，要么补贴得微乎其微，要不断争取才能分到一小杯羹。由于政策规定，一些文化企业

---

① 数据来源：我国民企百强转型发展趋势明显，河南时报，2016-11-9，02版

在借壳上市之前，会让民营企业先全部退出，“玻璃门”和“弹簧门”仍让众多中小民营文化企业“望市兴叹”。

三、政府管理缺乏跨区域协同创新体制机制

在发展机制上，需要建立和完善区域文化产业发展协调联动机制，加快创新跨区域协同创新体制机制等。河南的特色文化资源散布全省各地，并且具有多元化的特点。这样的特点使各地在特色文化资源的开发利用过程中，出现了以行政区划代替文化区划的现象，不少地市对自身的利益考虑过多，对文化一体化考虑较少，在文化资源的整合、利用、共享等方面尚处在无序状态。例如，安阳申报殷墟，如果能和郑州、商丘等地实行“捆绑式申报”，将会产生更大的效益。但因为过于强调地方因素和技术因素，错过了整体申报的良机。出现这样的结果是因为，行政区划使资源管理者变成了资源拥有者，造成特色文化资源的开发与规划严重脱节。每个地区都力图在各自的区域内从各方面开发各地的特色文化资源，却忽视了不同地区拥有的比较优势带来的整体溢出效应。同时，由于各地同一项目的低水平重复建设，资源共享程度不高，造成了严重的资源浪费，各地特色文化资源难以实现最有效率的配置。

近年来，河南省各地政府部门都先后制定、出台了一系列鼓励文化产业发展的政策措施，然而在实践过程中，许多地方缺乏可操作的发展特色文化产业的政策措施，在具体实施时也遇到了一些比较突出的问题。首先是政策的普遍供给和文化产业个性化的需求之间缺乏有效沟通。各级政府发展文化产业的热情很高，但政策的受众各方因存在个性化的困难而等待观望导致了政策实施和资源利用的低效率。其次，政策实施存在“棚架”问题，即文化产业政策不能得到有效地贯彻落实。表现为政府投入力度偏小，文化经济政策执行不力；部分文化产业政策制定脱离实际；部分部门制定一些文化产业政策出现互相抵触的现象；文化产业政策贯彻实施过程中出现“上有政策、下有对策”的现象等。最后，文化产业相关的辅助政策不够完善，例如，特色文化产业人才培养政策和特色文化产业经济政策等。

第五章　国外文化产业成功经验对河南的启示

梳理河南省文化产业发展的现状及存在的问题，目的是为政府相关部门提供科学合理的政策建议。而在拿出具体的策略方案之前，很有必要以全球化的视野，借鉴国外或省外文化产业发展的成功经验。众所周知，文化产业——经济的文化化和文化的经济化，越来越成为强大的经济实体，成为经济发展的引擎，并成为一国综合实力的最直观和最具体的反映，更成为综合国力竞争的重要方面。文化产业的发展态势和产业布局已上升到诸多国家发展的战略思考层面。目前，全球文化产业的基本格局是：美国处于强势地位，英、法、德、澳、日、韩等国家有着自己的产业优势和竞争实力，其他国家的文化产业多处在探索和发展阶段，未能形成世界性的影响。而美国的电影业和传媒业，英国的音乐产业，日本的动漫产业，韩国的网络游戏业等，更是成为国际文化产业的标志性品牌。今天，在聚集创新发展河南的文化产业时，从创意引领、政策法规及产业深度发展等方面，借鉴国内外，尤其是国外具有较强优势的文化产业发展经验，具有重要的参考价值和现实意义。

第一节　创意引领，创新发展

文化创新是实现文化产业良性发展的核心，以创意、创造为根本手段的文化创新，借助于现代高新科技，依靠创意工作者的智慧，对文化资源进行再创造，进而产出高附加值的产品为依托所形成的文化创意产业，是美、英、日、韩等发达国家的文化产业遥遥领先的关键所在。这些发达国家的文化产业用创意引领文化创新，从产业生态发展理路上，呈现出上游化与高端化日益明显、品牌化与集约化日渐增强以及高度智慧化与技术化的特点。

一、上游化与高端化

从产业发展的生态链条上看，国外文化产业发展“上游化”趋势日益明显，高端化态势日趋鲜明。处在产业链上游、原创力十足的高端化发展的文化产业，目前成为发达国家和地区发展势头最强劲的产业，被认为是21世纪全球最有前途的产业之一。如今，在英国、美国、澳大利亚、韩国、日本、丹麦、荷兰、新加坡等发达国家和地区，高端文化产业已成为发达国家引领国家产业结构调整和创新发展的重要力量。

（一）上游化日趋明显

文化产业的“上游”涉及的是产业链条问题，“所谓产业链是指在最终产品加工过程中，从最初原材料或矿产资源至消费者获得最终产品所经历的所有环节组成的纵向链条”①。顾名思义，产业链是由多个产业相互链接而组成的完整链条，产业链上每个产业承担着各自不同的价值职能。纵观整条产业链，则是通过资源和价值从上游向下游的不断转移，最终将各个相关产业紧密地联系在一起。处在顶端的上游产业往往是向下游输送产品或服务，处在产业链下端的下游产业则向上游产业反馈信息等。同样，文化产业链也有上游、中游、下游等相关环节，具体包括内容产业、设计制作产业和营销服务产业等，这一点可以从著名的“微笑曲线”中看得出来。其中的“上游内容产业”主要包含已经创意出来的故事、剧本、方案、创意想法等，由此上游产业可衍生出更多的中下游产业，各环节之间内部存在一定关系，且都能增值并带来利润。可见，作为极具创意思维和顶层属性、并输送文化服务等内容的文化产业，则明显是处于产业链的上游。在这一点上，基于创意或版权为内容的国外文化产业，其上游化趋势日益明显，成为所在国极具活力的新的经济增长点。

① 郁义鸿．产业链类型与产业链效率基准［J］．经济与管理研究，2005（11）．

“上游”的核心在于“内容”，在于理念思想的创意。那些由“上游”衍生出来的影视制作、编辑出版印刷、工艺品设计、美术设计、工业设计、戏剧曲艺编导、艺术作品设计、网络、动漫、游戏、装潢设计、广告设计、文化休闲场所设计、主题公园设计等系列现代制作业，形成链条性带动发展，这一点在国外文化产业发展中尤其明显。美国对文化产业的定位是指以版权为核心，文化产业往往又被称为“版权产业”，意即通过工业化和商品化方式进行的文化产品和文化服务的生产、交换及传播的产业，更是以版权产业为核心的提供精神产品的生产和服务的产业。而与版权产业密切相关的产业很多，核心产业如图书出版业、新闻业、广播影视业、广告业、计算机软件业、信息及数据服务业等，进而涉及文化艺术业如表演艺术、艺术博物馆、艺术创作、演出娱乐音乐唱片等，也包括非营利性产业如历史古迹和公园、图书馆、博物馆，以及其他体育业、旅游文化业等。这些狭义或广义的版权产业核心要素在于“知识产权”，是典型的“上游内容产业”，随之带来的是下游各种衍生产业的繁荣发展，对全球文化市场的影响也最大。例如有数据统计显示，美国的视听产品已在全球范围内取得了绝对的垄断地位，好莱坞影片已在全世界 150 多个国家和地区放映，占欧洲票房收入的 70%。美国电视节目在世界 125 个国家播出，在欧洲电视节目播放的电影中，美国电影通常占 70%以上。尽管美国影片只占全球电影产量的 6.7%，却占据着全球总放映时间的一半以上。再比如音像制品，美国约有 1000 余家唱片发行公司，所生产的音乐唱片占到全球音乐唱片消费总量的 60%。①

另外，英国、日本、韩国文化产业的“上游化”趋势也很突出。在英国，文化产业被称作“创意产业”，1998 年《英国创意产业路径文件》报告这样定义创意产业：“源于个体创造力、技能和才华的活动，而通过知识产权的生成和取用，这些活动，可以发挥创造财富和就业的潜力。”可见，英国的创意产业也强调知识产权的核心地位，突出产业的创意与创

① 张胜冰，徐向昱，马树华．世界文化产业导论［M］．北京：北京大学出版社，2014：39.

新。这种典型的“上游化”发展，充分带动了“下游”的软件游戏、在线出版、音乐和视觉、表演艺术等产业的快速增长，而音乐产业更成为英国文化产业的支柱之一，在世界上的地位仅次于美国。据统计，英国文化产业创造的年平均产值接近600亿美元，约占国民生产总值的11%，超过了任何一种传统制造业所创造的产值；在日本，文化产业被称为“内容产业”，即将通过一定介质将信息化内容作为产品提供的产业，包括电脑、网络、多媒体系统建构、数字影像处理、音乐录制、书籍杂志、新闻等产业门类，特别是以音乐、动漫、美食、绘画、娱乐、时装、广告、设计为代表的日本“酷文化”更是风靡全球，已成为新的经济增长点。动漫产业是日本最成功、最具代表性的产业，作为“上游”的动漫产业极具创意性和想象性，大大地推动了包括影视、出版、网络、游戏、音乐、玩具、服装、广告、教育、旅游等行业的发展；在韩国，娱乐文化更具“上游化”特征，韩国的文化产业大都与流行的娱乐文化紧密相关，如影视、音乐、游戏、动漫和卡通形象等近年来在亚洲地区都风靡一时，并由此带动了旅游、出版、服装、饮食、玩具、化妆品和日用消费品等行业的发展，从而掀起一阵强劲的“韩流”。其中“游戏”则是韩国重点发展的战略性产业。游戏与其他产业及相关衍生产业的互动效应，更大程度地促进了韩国文化产业的迅猛发展。

（二）高端化态势日趋鲜明

在产业链条上，文化产业“上游”是“下游”发展的源头，并驱动下游营销服务业或设计制作业等联动发展。这其中有一个重要的元素动力，就是现代科技的融入。在科技的支撑作用下，文化产业以创意为核心，以文化为灵魂，以网络为基础，以知识产权和自主品牌的开发运用为主体，具有跨领域、综合性发展、创新型等特征的文化业态，即文化产业呈现“高端化”发展趋势。以美国、英国、日本、韩国等为代表的发达国家中，高端文化产业特色鲜明，并在推动本国的经济增长中占据较高权重。

高端文化产业离不开现代技术的支持，其最显著的技术特征就是数字技术、互联网、移动通信技术和社交媒体的广泛覆盖与强力渗透，呈现出高知识性、高附加值和强融合性等属性，突出表现在数字出版、视听新媒体、网络游戏和移动游戏等三大领域。同时，还包括创意设计、数字电视电影、移动电视、网络信息内容服务、网络游戏服务、动漫、流动多媒体、影音、网络出版以及手机媒体等。文化产品可分为在地产品、在场产品、在线的产品等三类，高端文化产业就属于在线的产品，这种不以土地资源为核心要素的产业发展业态，是以基于知识产权价值的转移，能够产生文化附加值。高端文化产业目前成为发达国家和地区发展势头最强劲的产业，被认为是21世纪全球最有前途的产业之一。文化产业具有高附加值和高科技含量等新经济特征，已成为当今知识经济的重要组成部分，成为发达国家重要的支柱性产业，在经济增长中发挥着极其重要的作用。目前，高端文化产业呈现出全面爆发的态势，其中，创意产业占全球GDP的7%，并且每年以10%的速度增长，尤其是在欧美发达国家经济中，高端文化产业所占比重已达到8%~12%。在英国、美国、澳大利亚、韩国、日本、丹麦、荷兰、新加坡等国家和地区，高端文化产业已形成各自特色，并产生巨大的经济效益。

国外文化产业高端化发展，与其自身具有超强的科技实力密切相关，而IT技术是科技的核心，是文化产业高端化和创新性发展的基础。韩国从20世纪90年代后期开始，借助IT产业的雄厚基础，迅速推进电脑网络游戏和手机游戏产业，成为世纪之交新的世界游戏产业中心。多年来，韩国在IT基础设施的建设和IT技术的普及应用方面都一直保持世界先进水平，在1998—2005年间，韩国共投资201.7亿美元打造全球领先的IT基础设施，作为网络游戏技术领先国，韩国创造了众多神话般的游戏产品。日本内容产业的代表是动漫产业，随着录像技术的发展、电脑的普及，以及互联网的出现，日本动画有了更加多样化的传播方式，市场规模也不断扩大。英国的建筑、音乐与视觉表演艺术、软件游戏与电子出版发展最快，软件、电子游戏和电子出版业务所占份额最大，并且，音乐产业也成为英国文化产业的支柱之一，在世界上的地位仅次于美国，其出口利润甚至大于钢铁的出口。

二、品牌化与集约化

“上游化”和“高端化”发展趋势日益明显的国外文化产业，随着竞争力的提升和社会需求的扩大，以及自身发展力量的强大，越来越形成自身的品牌，并形成集约化规模发展模式，最终成为所在国的支柱性产业。

（一）品牌化战略发展

文化产业是生产精神领域的产品，因此，培育品牌成为培养忠实用户和跨领域开发产品的重要方式。目前，国际的文化产业企业都通过建立品牌、树立符号意识。

品牌是市场经济的入场券，文化产业是一个创意产业，培育品牌是发展文化产业的最高境界，也是文化产业快速崛起的重要推动力。在发达国家，文化产业之所以成为支柱产业，与其文化品牌发挥的作用密不可分。美国文化产业的附加值绝大部分是由“迪士尼”“好莱坞”等具有品牌优势的公司所创造的。无论是几十年来一直盛演不衰的《米老鼠》《超人》，还是当今的《金刚》《哈利·波特》等，都已成长为重要的品牌，因此，重视品牌的力量是发展文化产业的必然要求。“好莱坞”在某种意义上已经成为美国文化产业的代名词，它是英文 Hollywood 的音译，原本只是一个位于美国洛杉矶郊外不为世人所熟知的小村庄，自从建成世界最大规模的电影产业基地之后，好莱坞从此闻名于世，成为美国电影工业的象征。“好莱坞”被称为现代化的“梦工厂”，它早已超越了电影本身的意义，成为现代文化产业的一个重要符号，成为美国文化产业独霸世界，影响全球政治、经济和文化的重要组成部分。“好莱坞”的出现，不仅对于美国文化产业来说是一个奇迹，对于世界文化产业来说也具有独特的意义。从今天来看，“好莱坞”不仅是一种经济现象，也是一种文化现象。“好莱坞”作为以高科技、规模化、大投入为背景出现的文化产业，典型地体现了现代文化产业的特点和发展趋势，它对世界电影业的意义正在于它独特的现代文化工业的生产方式和商业化的运作模式，为现代影视产业的发展提供了一个成功的案例。好莱坞产业化的特点是高投入、大制作、大产出、高票房。很多好莱坞大片的制作费用都在上亿美元，平均投入都在8000万美元以上。巨大的投入、精良的制作、强烈的视听效果、具有吸引力的故事情节，加之成功的商业营销，为好莱坞带来了巨额的票房收入，制造了所谓的好莱坞电影神话。好莱坞作品注重观众的兴趣，以制片人为中心，走类型化创作路线，最终形成具有高度影响力及垄断性的品牌优势。

韩国的支柱型文化产业是游戏，但韩国大多文化产业注重形象树立和品牌包装。设计出富有个性的人物或形象并进行商业开发，在韩国把这样的产业称为“形象产业”（Character），这个产业的主要内容包括形象设计、形象商品开发、生产和流通。韩国的形象产业有着巨大的衍生品市场消费，种类繁多，市场规模巨大，其中，占据市场份额最大的是娃娃和玩具类，其次还有食品和饮料、文具图片以及幼儿用品等。2006年，韩国“形象产业”的出口总额为18945亿美元，比2005年增长了15.8%，出口最多的区域，分别为北美、中国、欧洲、东南亚和日本。另外，近年来韩国也通过电视剧《大长今》整合韩国的美食、医药等文化元素，展示了韩国首尔以及周边地区的自然风光和历史人文而风靡国外，可见，电视剧对韩国整体形象的宣传发挥着重要作用，而随着电视剧的热播，韩国的旅游业也获得爆发式增长，各国纷纷开辟了专门前往韩国的旅游线路。《大长今》等影视作品的成功，促使韩国更加注重对本国文化的包装和培育，并把培育代表韩国的品牌作为增强本国文化产业对外形象宣传的重要手段。2007年2月，韩国文化观光部发布的“韩国发展综合计划”（2007—2011）中提出代表韩国形象的6大品牌类型，即韩语、韩食、韩服、韩屋、韩纸和韩国音乐，在这样的品牌化和国际化路径下，韩国文化产业获得更为广阔的发展空间。

可见，美国的“好莱坞”电影业，韩国的游戏和电视业、日本的动漫业、英国的音乐表演业都成为该国的产业品牌，具有强劲的品牌竞争力。而品牌源于创意，创意带来活力，与此同时，创意产业也催生了自身的品牌建设，这样一种良性循环式的战略方针为该国的文化产业输送源源不断的发展动力。

（二）集约化发展模式

文化产业需要整合力量，集约化发展。许多大型的文化产业企业成为这一领域的国际巨人，跨国文化产业集团成为影响国际文化版图构成的重要力量。当下文化产业的发展出现了两种密切相关的新趋势：一是产业整合的趋势，文化产业在产业内部及其他产业之间的结盟或重组如火如荼；二是空间上的聚合趋势，文化产业在特定的城市空间形成高度的集聚倾向。总体上看，美国、英国、日本文化产业集约化发展极具代表性。

美国文化产业形成一种多元化的发展格局，但在多元化中又形成几种主流模式，主要有影视业中的好莱坞模式、娱乐休闲业中的迪士尼模式，以及艺术演出业中的百老汇模式，等等。这几大主流模式代表了美国文化产业的鲜明特色，也对世界文化产业发展产生了重要影响。很多国家的文化产业都自觉或不自觉地在模仿、借鉴，甚至照搬美国文化产业的模式来发展本国的文化产业。美国对电影业的主要贡献在于使电影由传统艺术门类发展成一门具有巨大商业价值的文化产业，这主要归功于美国的好莱坞，它为电影成为文化产业提供了一种成熟的商业模式，由此形成了庞大的现代电影产业体系。现如今，美国影视业基本上被围绕在好莱坞周围的迪士尼、索尼、米高梅、派拉蒙、20世纪福克斯、环球、华纳兄弟、联美和哥伦比亚等电影行业的跨国巨头垄断和控制，好莱坞是电影产业集聚的完美体现。同时，它还云集了大批世界各地顶级的导演、编剧、制片人、明星、特技人员、后期制作人员和电影营销人员。好莱坞成功探索出了一条符合电影产业规律的生产方式和商业化的运作模式，形成了世界上非常完善的电影生产体系和发行体系。

另外，英国和日本文化产业集约化发展也很有代表性。英国的文化创意产业基本形成了三个聚集地区，分别位于伦敦、格拉斯哥和曼彻斯顿。伦敦是英国文化创意产业的中心，是世界创意之都，位于伦敦东区的霍克斯顿邻近剑桥大学，它聚集了500多家创意企业和大量优秀的创意人才，是世界著名的创意产业园区。格拉斯哥地区有英国重要的电子工业园区，并集中了英国大量软件企业，这里的创意产业具有以软件和电子产品结合的特点。曼彻斯特是英国的老工业区，该地区规划通过文化创意产业的引进来改造老工业，带动产业结构升级，目前已经取得了初步的效果。在日本，通过动漫衍生品的开发，形成了一个规模和收益巨大的产业链。动漫市场本身只是一个载体，一个运作平台，它强大的集聚与扩张功能在于依靠动漫明星的无限魅力，辐射、渗透到生活的各个环节，使动漫形象无处不在。

三、智慧化与技术化

文化产业发展无论是品牌化战略程度如何，还是集约化影响力如何大，其核心竞争力是在现代科技的支撑下，高度智慧化的创意。智慧化和技术化，让国外的文化产业始终充满活力，并领先于世界，这一点，英国、美国和日本很有代表性。

（一）高度智慧化的创意

奥美公司董事长奥格威曾言，一个伟大的创意是美丽而且高度智慧与疯狂的结合，一个伟大的创意能改变我们的语言，使默默无闻的品牌一夜之间闻名全球。诚然，创意这种凝练着人类高度智慧的创造性思维活动，推动着英国和日本文化产业的进程。

在英国，文化产业被称作“创意产业”，英国是第一个由政府机构系统提出“文化产业（创意产业）”概念的国家，并以此为理念进行文化产业发展战略规划的国家。1986年，著名经济学家罗默撰文指出，新创意会催生出无数的新产品、创造广阔的新市场，提供大量获取财富的新机会，所以新创意是推动一国经济发展的巨大原动力。1990年，英国政府委托文化部门进行英国文化发展战略的起草工作。1992年完成国家文化艺术发展战略讨论稿，并于1993年以“创意性的未来”为题公开发布，1997年，英国政府推动成立了“创意产业特别工作小组”。1998年，该小组发布了《英国创意产业路径文件》报告，提出了创意产业的定义：“源于个体创造力、技能和才华的活动，而通过知识产权的生成和取用，这些活动，可以发挥创造财富和就业的潜力。”这是迄今为止对于创意产业最权威的定义，以后被许多国家和地区所认同。在英国文化产业结构中新兴的核心创意行业和新型的文化服务型行业也呈现出不断增加的态势。在核心创意行业中，互动休闲软件的发展使英国成为欧洲最重要的游戏生产地，国内游戏公司的规模在不断扩大，其创造的产值、年增长率、解决就业人口、出口等指标在所有核心层行业中都名列前茅。英国文化创意产业的主要种类有表演艺术产业、音乐产业、文化艺术品市场、电影业、出版业、互动休闲软件业。总体而言，创意性强，增长速度快，创新性密集和关注消费者需求是英国创意产业各行业的共同特点，而这其中的创意设计集中体现了英国文化产业发展的智慧化程度。英国是世界上最大的设计出口国，在设计行业的各个领域都处于领先位置，同时，英国拥有的时尚设计师数量在世界上排名第四，其中，60%就职于出口型公司，因此，随着设计师活动范围的不断扩展，这个领域在英国本土也有潜在的发展空间。

动漫作为日本最具代表性的文化产业，其产品创意新颖，制作精良。日本动漫产品强大的生命力源于其独一无二的原创性，正是在此基础上才形成了其巨大的娱乐力量和高附加值的品牌效应。多年来，日本动漫作品在主题、题材、情节、技巧、风格等各个方面都在不断地求新求变，与时俱进。为了达到创新的目的，创作者们经常殚精竭虑，备尝艰辛。动漫大师宫崎骏分别耗时4年和3年才完成其代表作《幽灵公主》和《千与千寻》。实际上，日本众多栩栩如生而又各具特色的动漫形象，都离不开创作者们天才而富于灵感的创意和想象，凝聚着他们大量的心血和智慧。从内容上看，日本动漫作品不但表现了当代日本生活的各个层面，而且还从亚洲邻国乃至欧洲各国的历史文化中挖掘宝藏；从形式上看，日本动漫作品的工艺水平也堪称世界一流，从背景制作、人物造型、画面处理、声音配置、音乐录制等各个环节都尽量做到精益求精，正式这种高标准、严要求的精品意识，使其获得了艺术与事业的双丰收。

（二）现代科技的支撑

文化创意产业是一种复合型的新兴产业，它不仅需要依靠创意人的知识和智慧，而且需要依托现代化的科学技术。以信息化和数字化技术为代表的现代科技创新，是创意经济时代文化及文化产业领域内最为重大的革新，目前，美国和日本无论是文化产品的形态，还是其生产方式、传播形式和消费方式，都完成了文化科技化的创新和变革。

美国的文化产业依托十分强大的科技实力，提高文化产品的科技含量和应用水平，注重通过高科技成果培育新兴文化业态，为文化产业的发展提供强大的技术支撑，从而提高文化产品在国际上的竞争力。在大众传播媒介领域，印刷复制、录音录像、电子排版、网络传输、数字化、地球通信卫星等高新技术的广泛应用，使美国文化产业具备了向全世界扩展的“桥梁”和“利器”。

要使文化产业的科技含量高，把文化产业做大、做强，关键在于要加大对文化产业的科技投入，从资金、技术、信息到研发，向有市场竞争力的新兴文化产业转化；同时运用现代科技手段改造传统的文化产业，提升文化产业的科技水平。例如，以美国影视业为例，几乎所有的好莱坞大片都体现了高科技技术的运用，给人带来强烈的视听享受。好莱坞电影在技术运用上达到了从未有过的高度，为世界电影业在科技上的发展提供了一种标杆，如科幻题材的影片《阿凡达》《盗梦空间》《2012》《第九区》《钢铁侠》《变形金刚》《蜘蛛侠》《黑客帝国》《冰川时代》等，无论是3D 技术的运用，还是在虚拟现实方面，都为观众提供了视觉上的强烈的震撼性效果。其中大量的特技手法的运用，都是由高科技成果带来的，使电影的视听效果更为突出。好莱坞影片中有 75%是通过虚拟现实的技术来拍摄的，只有 25%的影片采用实景拍摄。虚拟现实的技术更能突破现实的制约，给人以强烈的视觉震撼。高科技手法的运用，最终成为美国好莱坞大片的一种艺术风格和制作模式。而这些科技含量高的高科技技术需要花费巨额的资金，美国的影视产业正是以这种巨大的资金投入来增加其产品的科技含量和制作水平，以吸引更多的观众，从而取得极佳的票房收入。

以好莱坞为代表的美国文化产业积极加大科技投入、产品科技含量高、注重刺激市场消费、国际竞争力强，最终形成强大辐射力的品牌。这一点与日本的动漫产业发展是一致的。为了达到最佳表现效果，日本动漫作品采用了许多特殊的制作技术。日本动漫创作者还能用最传统的四色方法创作出远比推崇高新技术及天文数字制作投入的欧美动画优美、隽永得多的"日本动漫"，正是依靠如此精湛的技艺才使日本动漫多年来立于不败之地。

以上，从产业生态的理念上可以发现，美国、英国、日本、韩国等发达国家和地区的文化产业均呈现出上游化与高端化态势日趋鲜明，品牌化和集约化高度发展，智慧和技术强强联合的鲜明特色，这无疑都是强调创意引领，创新发展所取得的丰硕成果。但从目前的世界趋势看，有一种现象值得关注，即西方发达国家产品设计、创意设计在国内，生产、制造在国外；高附加值产业链在国内，低附加值产业链在国外；资本密集型、技术密集型在国内，劳动密集型外国外；文化产品服务在国内，消费产品在国外，等等。这对如何以全球化视野进行文化产业布局，以获取最大的利润，有很大的启发意义。当然，文化产业的繁荣离不开创意和创新，但由政府主导的文化产业政策的实施对于文化产业的发展也至关重要。

第二节　政府主导，驱动发展

政府主导型文化产业政策是对文化产业的显性调节，即一开始就以国家的角度，将社会资源投向政府引导的行业与领域，集中全国的力量去完成既定的目标。政府在文化创意产业发展过程中，有着相当重要的引导功能，政府在创意产业定位的准确程度关系到该产业持续发展的程度。根据世界文化产业发展现状及学术界的研究及其总结，可以借鉴的文化产业发展模式主要有三种：一是政策驱动型，这主要存在于亚洲国家，这是政府在文化产业发展中的作用更加明显，甚至起到主导性的作用，在文化产业的规划和推动过程中起关键性的作用。二是资源驱动型，这主要存在于欧洲发达国家。文化产业一般都具有明显的一般资源产业的特征，其不仅可以满足人民的文化需求，更能够实现一定的机制，并且文化产业是一种新型的可再生性资源，还能够促进其他相关产业的发展。三是市场驱动型，这种类型发展较为成熟的类型就是美国。现今美国文化产业已经为国家带来了巨大的经济利益，其文化产业发展以市场为基础，以自由主义为理念，注重文化产品生产以及销售的高度市场化，减少政府干预，政府所做的就是为文化产业发展提供公平的市场竞争环境。

一、政府规划与政策驱动

文化产业已经成为衡量一个国家或地区经济发展的重要指标，从历史上来看，文化产业发展较快的地方一般也是市场经济产生和发展较早的地方。[①] 文化产业作为文化与经济相结合的新兴朝阳产业，在发展过程中创造了巨大的经济效益，世界各国都在积极制定完善的产业政策来促进文化产业的发展。

（一）政府顶层规划设计

“不谋万世者，不足谋一时；不谋全局者，不足谋一域”，政府统筹考虑各个要素，统筹规划全局，站在最高层次上寻求问题解决之道，美国、英国、韩国、日本等发达国家的文化产业之所以一路高歌猛进，无不和政府的顶层规划设计息息相关。

美国联邦政府在文化产业的管理方面倡导市场自由主义，实行自由企业制度，即不对文化企业的内部事务进行干预，而是为文化生产主体的正常生产经营创造外部条件，这种条件主要是通过法律来实现的。美国文化

① 崔雪茹．关于全面提升我国文化产业国际竞争力的若干思考［N］．保定学院学报，2012（3）．

产业的发展以法律为基础，政府致力于营造整体适合文化产业发展的大环境。

在政府顶层规划设计方面，英国政府对于文化产业的管理主要不是依靠行政手段，而是通过政策引导和经济调控达到管理目标。英国实行从中央到地方的三级管理体制。政府秉承“一臂间隔”的距离原则，坚持适当分权和“专”“宽”兼备。英国中央政府在进行文化管理的时间过程中，一方面只管表演、展览等“小文化”，逐步过渡到统管所有涉及创意的“大文化”；另一方面却始终坚持通过制定和监督文化政策的方式对文化事业的发展发挥领导和调控作用，而不对艺术团体和文化机构进行直接的行政干预。这样，既保持了政府文化主管部门的精干和高效，也有利于文化艺术事业的繁荣发展。

韩国的文化产业自 1997 年的金融风暴促使韩国政府开始改革，也开启了文化新契机。在政府顶层规划设计方面，韩国政府一方面大刀阔斧地整顿企业、金融界，另一方面把文化当成最重要的产业，不再只是为了休闲娱乐，而使之成为 21 世纪最重要的产业之一，由政府主导并全力支持。韩国文化产业的发展带有明显的政府主导性质，且政策制定强烈地受到政治体制影响。此外，资本也通过各种形式试图控制和影响文化产业的发展，市民力量对政策制定的影响力度也在逐步加强。

日本的文化产业在 20 世纪 90 年代后逐渐发展起来，21 世纪初，日本政府提出了知识产权立国的战略，强调文化产业发展对提高本国综合国力的作用，也可以促进日本文化产品提高文化含量和附加值，从而带动经济发展。日本的文化产业之所以如此发达，与日本政府的顶层规划设计所推行的文化产业战略以及制定实施的一系列行之有效的政策密切相关。

（二）政策驱动与规划实施

要充分发挥文化产业的在经济发展中的引领作用，除了需要政府的顶层规划设计，还需要政府制定一系列行之有效的政策和方针，以确保规划能够顺利实施，这方面，美国、英国、韩国、日本也为我们提供了可供借鉴的蓝本。

美国政府在政策驱动与规划实施方面，具体所实施的建设主要有以下几个方面：一是创意园区建设，推动文化产业孵化。美国通过提供一系列新创企业发展所需的管理支持和资源网络，帮助初创阶段或相对弱小的新创企业，使其能够独立运作并健康成长。二是政府保驾护航，推动文化产业出口。在美国的全球战略中，文化产业一直都是举足轻重的棋子，因为文化产品的输出不仅能获取商业利润，同时也可以通过文化产品来传承美国的生活方式和价值观念。"文化即商品，商品即文化"，正是因为文化产品具有这样的一种特殊意义，美国政府一直通过制定各种政策，为文化产品的出口保驾护航，以实现其文化产业的全球化扩张目的。

在核心创意行业中，互动休闲软件的发展使英国成为欧洲最重要的游戏生产地，国内游戏公司的规模在不断扩大，其创造的产值、年增长率、解决就业人口、出口等指标在所有核心层行业中都名列前茅。2001 年英国创意产业的附加值总额 GVA（Gross Value Added，GVA），占英国 GVA 的 8.2%，超过英国主导产业——金融业（约占英国 GVA 的 5%）。就产出和就业而言，创意产业对英国经济的重要性已超过金融业，成为英国增长最快的名副其实的支柱产业。① 创意产业所取得的傲人成绩，与英国较早地由政府系统阐述创意产业理念，并以此为理论基础进行产业发展战略规划密不可分。

在政策驱动与规划实施方面，韩国采取了以下政策和措施：一是政府主导下的文化产业发展道路。韩国文化产业目前正处于从"文化产业化推进阶段"向"追求文化产业经济效益与文化福利的均衡分配兼顾"转变的阶段，韩国政府对于文化产业管理方式的变化，呈现出从微观管制向宏观管理转变的特点。现阶段韩国政府在文化领域的管理作用，主要通过立法手段和资金援助的方式实现，而韩国旅游业便是典型的政府主导型发展模式，政府通过金融支持等手段在加快旅游业国际化发展中发挥了主要作

① 王东明．英国文化创意产业的发展［J］．企业改革与管理，2009（8）．

用。① 二是资本对韩国文化产业的控制和影响。资本对韩国媒介产业乃至整个文化产业的发展具有重要的影响力，主要表现为大集团与媒介产业和文化产业之间的联系。韩国的大集团在财阀的基础上形成、发展，由十余家甚至更多的公司组成，这些公司往往由某个知名家族所有，或与某个知名家族有密切的关系，他们凭借雄厚的资金实力成为韩国权力结构的重要组成部分，也对文化施加着影响。三是文化产业政策对经济效益与非经济效益并重。韩国文化产业政策的再调整主要表现为两方面：一方面是政府内部要求检测文化产业振兴政策相关预算的性质和效率；另一方面是以市民为代表的政府外部力量，对以经济性为主的文化政策和文化产业政策提出异议，认为应以市民社会作为文化政策的中心。韩国政府必须在充分考虑两种意见的基础上，做出文化产业相关决策。在实现文化产业经济效益的基础上，政策会更多地关注文化产业在维系社会共同体方面的特殊作用。

日本在政策驱动与规划实施方面的措施有以下几点：一是制定文化产业发展战略。日本主要通过市场化运作的方式来发展文化产业，但这并不意味着政府对文化产业的发展无所作为，相反，日本政府不仅制定了明确的文化产业发展战略，而且还根据实际情况不断修正，以指导文化产业的发展。二是加强文化产业组织管理。日本政府具体负责文化产业管理的部门是经济产业省和文部科学省，前者是从经济的角度管理文化产业（其商务信息政策局专设文化产业政策关联课，负责政策制定和研究工作），后者以前只负责公益文化管理，从 2000 年之后确立了文化产业的年度统计制度，开始介入文化产业的管理。三是建立健全文化产业法律法规体系。日本有关文化产业的法律法规相当完备，而且有着很强的可操作性，一些法律法规，如放送法、专利法、著作权法等，已经多次修订完善。四是推动文化产业的对外出口。由于文化产品出口在日本对外贸易中所占据的举足轻重的地位，因而日本极为重视拓展海外文化市场。进入 21 世纪后，日本

① 王继庆．试析韩国旅游业的政府主导型发展模式［J］．东北亚论坛，2005（5）．

打造的“酷文化”征服了全球，世界范围内的“哈日风”极大地推动了日本文化产品的出口。五是通过财政投入、基金扶持、税收减免等手段推动文化产业发展。除此之外，日本还通过政府出资与民间捐款相结合的方式设立“艺术文化振兴基金”，对各领域的文化艺术活动进行资金援助，并分阶段推行不同的内容产业促进项目与活动。

二、产业扶持与资源驱动

文化产业的发展不仅受到政府规划和政策驱动的影响，从资源驱动力层面来看，还是要看政府是否为文化产业发展提供多方面扶持，并集中力量，发展重点产业。

（一）扶持重点产业

倾政府之力，扶持重点产业的发展，促使美国的大众娱乐文化、法国的“精英文化”等迅速发展，受众广泛，风靡全球。

美国的文化产业在很大程度上是一种娱乐性文化产业，它极其重视对大众的影响，所以美国很多大的传媒集团和公司都把经营与传媒相联系的娱乐产业作为文化产业的重点行业，并加大对其的投资和跨国经营，通过开发这些产业来获得最大的经济利益。而且，美国文化从一开始就走上了产业化的路子，也就是说，美国文化是从产业化开始的。

法国的文化产业一向由国家扶持发展，强调“精英文化”或“先锋文化”的传统。我们知道，作为一个有着悠久历史文化传统的国家，法国文化遗产极为丰富，名胜古迹数不胜数，它不但有闻名世界的古典艺术，还有久负盛名的凡尔赛宫、卢浮宫、巴黎圣母院、凯旋门等文化遗产。由于法国拥有种类繁多的艺术门类和闻名遐迩的世界文化遗产，法国政府非常重视对它们的保护和开发，因此，包括电影、图书出版、艺术表演、艺术品交易、文化旅游等在内的文化产业获得政府的扶持后发展迅猛。此外，法国政府还大力开展艺术活动，并采取有力措施，促进艺术创作的繁荣，诸如流行音乐、民间舞蹈、杂技、马戏等大众喜闻乐见的艺术形式也得到政府的支持和鼓励，比如政府积极创办“文化之家”等大众文化活动场所，组织举办各种民间艺术节，以丰富人民的文化生活，向全世界推介法国文化。

（二）资源投入与驱动

扶持重点产业是加快一国文化产业规模化和走出去的举措之一，加大对文化产业的资源投入也是必不可少的战略，美国、法国、韩国、日本等国家政府也纷纷提出不同的政策与方针。

美国新政府所提出的“巧实力”（SmartPower）国家战略，其实质就是要通过包括外交、经济、军事、文化等各种手段，综合应用硬实力与软实力，恢复美国在全球的领导力。其实文化实力就是这样一种典型的“巧实力”。在全球化的背景下，国家的文化实力不仅仅是一种软实力，也是一种硬实力。强大的文化产业，不仅可以增强国家的文化影响力，同时也可以带来巨大的贸易收益。目前，文化产业的发展受到了世界各国的高度关注，但在政府如何扶持文化产业发展方面却有很大的差异。在美国，国家财政对文化的投入很少，在文化产业领域基本采取“无为而治”的政策，美国的文化产业与其他国家不同的是它的市场化程度非常高，发展也非常完善，这是由美国社会的特点决定的。实用主义哲学反映出对现实需要的一种积极态度，对市场经济条件下利益原则的一种把握和追求，很能体现美国社会发展的特点和需要，因而这一哲学深受美国社会的欢迎，被奉为美国人的行为准则，塑造了美国式的价值观和生活理想。市场经济的发展为美国社会注入了活力，也使得美国取代了欧洲而成为世界经济的中心，吸引了来自世界各地的优秀人才去那里实现自己的理想。美国社会在实用主义精神的熏陶下，逐渐成为不同民族汇聚的大熔炉，例如纽约就是一座典型的由不同移民构成的城市，人口来自世界120多个国家和地区，230多个民族。美国的吸引力就在于这里有完善的市场经济体制，有适合市场经济发展需要的生活方式和价值观念。美国的文化产业正是在这种市场经济的环境中不断发展起来的，完善的市场经济为文化产业的发展提供了良好的外部条件和制度保障，使美国文化从一开始就走上了产业化的路子。究其原因，除了美国发达的市场经济外，还与美国文化的历史有关。美国文化的历史较短暂，它主要是继承和延续了欧洲文化的传统，自身并没有很深厚悠久的文化传统。所以，这为实用主义思潮的出现提供了现实土壤。由于没有悠久的历史文化传统，也就自然没有像欧洲国家那样根深蒂固的文化习俗和观念，因而比较容易接受新生事物，这种短暂的文化历史加上与资本主义市侩精神的结合，也就很容易使美国文化较早地走上了产业化的发展道路，为文化产业的发展奠定了社会基础。

法国对文化产业的管理政策主要以政府扶持和保护为主，重点采取国家财政拨款方式，辅之以立法和行政手段。其文化产业政策，强调政府对本国文化产业发展的理性规划，而这些文化政策的目的，在于“保护和发展人类遗产的各个层面，鼓励艺术创造，支持艺术教育和艺术活动”。法国文化政策从不局限于“内容”“形式”等，其注重的是鼓励创造、保护遗产、发展产业、增加参与、支持差异，[①] 发展以维护民族文化为目的的内容产业。法国对文化产业的定义是“一系列结合了概念、创作与制造，并在大型文化产品制造业和商业化中带有更多产业化功能的经济活动”，这决定了法国政府在文化发展方面不太信赖市场的作用，而更相信国家的扶持和庇护，这一方面源于法国对其历史传统的骄傲，另一方面也在于其面对强势文化而采取的一种保护性措施。法国政府比较有特色的文化政策包括设立文化产业信贷，将一些文化产业如电影业等列为重要的产业门类，除增加政府贷款和拨款资助外，还运用文化产业信贷方式，鼓励银行和财政机构投资；建立文化合同制，除对地方重点文物机构进行经常性的财务支援外，还通过协议或合同形式，对地方重要文化建设项目予以投资。为了落实“文化民主化”的原则，法国政府把文化普及工作当作一项重要的社会工程来完成，不遗余力地为公民创造各种有利条件，使他们能够平等地参加文化活动，享受文化权利。此外，法国政府充分地认识到文

① 丁洁华，沈静，马绝鹏译. 法国文化政策：兼收并蓄［N］. 文学报，2003. 12. 11.

化遗产保护工作的重要性，投入大量资金，维护和修复古建筑遗址、城堡等，同时加强博物馆、档案馆建设，提高国民的文物保护意识，这些措施有力地促进了法国的文化旅游产业的发展。由于法国政府把文化投资作为解决就业、拉动经济增长的重要手段，因此，多年来，法国的文化经费得到了充足的保障。总的来说，法国文化政策具有强烈的政府主导、国家干预的特色，这也使其文化产业的发展与美国那种高度市场化的自由主义模式形成了鲜明对比。

韩国原为制造业强国，1998 年的亚洲金融危机使韩国政府认识到产业单一所造成经济脆弱的局面，于是根据市场及时调整，走向多元化的产业发展道路，并确定文化产业为一大支柱产业。金大中任总统后，韩国政府正式提出“文化立国”的战略，将低消耗、无污染、利润核心在于创意的文化产业作为 21 世纪发展国家经济的战略性支柱产业予以大力推进。早在 20 世纪末，韩国政府就制定“文化产业振兴基本法”，设立韩国放送（广播电视）影像产业振兴院、电影发展基金等机构，制定切实可行的产业发展政策并有效地指导和支援韩国影视产业的健康成长和发展。[①] 随着战略的确定，在政策、法规、组织、资金上即刻全盘启动。在韩国政府的扶持下，韩国文化产业得到了飞速的发展，2004 年韩国文化产品已经在世界市场上占到 3.5%，成为世界第五大文化产业强国。2005 年文化产业的市场规模达 50 万亿韩元。

日本建立起了一个成熟完善的动漫市场营销体系。1997 年以后，日本动漫市场开始采用一种“实力主义”“成果主义”的一切以市场为导向的新型营销方式。这种由动漫游戏软件界首创的营销方式将创作与销售一体化，以最终的销售成果作为衡量工作优劣的标准，以此决定是否给予奖励，这样就打破了职务、资历、身份、学历等种种限制，大大调动了员工的积极性，创造出高额的经济收益，当然由此也拉开了员工收入的档次，有的员工因工作成绩突出年奖金额接近 1 亿日元，甚至超过了社长的收入。

---

① 李大武．“韩流”的成因及其发展趋势——兼谈韩国影视文化产业［J］．影视之窗，2007（4）．

对于振兴地区和地方文化，日本政府明确规定：政府应支持地区文化活动，包括重新挖掘、振兴具有地方特色的文化遗产、民间艺术、传统工艺和祭祀活动等；制定长期规划，对具有地方特色的文化艺术提供全面支持；中央政府与地方政府联手举办全国规模的文化节。① 在日本，与灵活高效的营销方式相配套的还有一系列周到完备的中介服务机构。这主要包括版权服务、广告代理服务和海外市场开拓服务等。日本的各个动漫制作公司和工作室都有专门的“版权窗口”，处理所属版权转让事宜，而全国则有“动漫产权市场化实行委员会”，负责版权事务的全面管理。这些部门和中介服务机构有效地促进了动漫作品版权交易的规范化，从而使动漫市场保持长期的繁荣和稳定。日本发达的广告中介服务也是动漫市场营销体系极为重要的一环。广告公司不但从事动漫产品的商业包装、市场宣传和版权中介等业务，更为重要的是为动漫产品制作单位提供了必要的前期生产资金，是动漫产业能够维持正常运转的基本条件之一。据统计，日本动漫作品全年的制作费约为 1000 亿日元，而其广告代理费就有 2000 多亿日元，足以在资金上保障动漫产业的顺利发展。在海外市场开发方面，除了一些大的动漫企业有自己专门的部门负责这项业务之外，日本还有很多为中小型动漫制作公司服务的中介公司，这些专业化程度很高的中介公司对于日本动漫产业的海外市场开拓起到了非常重要的作用。此外，一些以展销动漫产品为主旨的专业化市场的出现也促进了动漫市场的繁荣，这些专业化市场主要有大型展销会、表情专卖店和动漫产品的国际交流平台等。例如，东京每年都有两次动漫产品展销会，展销会期间，每天都有 70 万到 80 万人参与活动，如果以每人每天消费 1 万元计算，1 天下来就有 70 万到 80 万的收入。东京著名的“手冢治虫的世界”动漫专卖店，将手冢治虫的作品及衍生品共 10 大种类、690 种商品集中展销，极大满足了消费者的需求。

① 张养志．发达国家文化创意产业发展模式研究［J］．国外社会科学，2009（5）．

三、完善法规与市场驱动

政府作用的合理、合法发挥，需要配合法律法规建设才能有效实施，在此基础上还要发挥市场调节的作用，使之顺应市场经济发展的规律。没有市场也就没有产业，离开市场，文化产业成为无稽之谈；避开市场，文化产业就是无根之木，可见，市场是产业的摇篮。发展文化产业，必须树立市场意识，坚持以市场为导向，完善法律体系，规范市场秩序，为文化产业发展提供强有力的保障。目前，法国、英国、韩国、日本、美国等文化产业强国无不从法律法规的完善做起，强调市场驱动的作用，推动本国的文化产业做大做强。

（一）完善法律法规

完善文化管理政策，是加快文化产业发展的前提。法国、英国、韩国、日本、美国等国家在文化产业方面所制定的法律法规以及取得的成绩，都为我国的文化产业做出有益示范。

立法使法国文化产业的发展从制度上得到了充分的保证。议会在文化发展上的作用是显著的。法律草案源自文化部，议会对草案进行修改，但在政府目标和能及的范围内进行修改。法国在文化方面先后出台了《保护和修复历史遗迹法》（1962 年、1967 年）、《古迹保护法》（1967 年）、《遗产捐赠与继承抵偿法》（1968 年）、《建筑法》（1977 年）、（图书单一价格法）（1981 年）、《著作权法》（1986 年）、《电台电视台法》（1974 年、1982 年、1986 年）等。为了保护法语，抵制英语语言帝国主义，1994 年 8 月 4 日法国议会通过了文化部部长杜蓬提出的《关于法语使用的法案》，简称《杜蓬法》，其规定禁止在公告、广告中，在电台、电视台播送节目中（外语节目除外）使用外语，要求在法境域内出版的出版物必须有法语的概述，在法国境内举行的各种研讨会，法国人必须使用本国语言作大会发言……对违反《杜蓬法》的将处以 5000~2. 5 万法郎的罚款，违反多少次罚多少次。此外，法国政府还针对文化产业出台了一系列保护法规，主要包括：一是设立文化工业信贷，将文化工业特别是本国电影产业等列为重要的工业部类，除增加政府贷款和拨款资助外，还运用文化产业信贷方式，鼓励银行和财政机构投资；二是分散文化权力，调动地方文化机构及文化组织的积极性，对其予以经济资助，指导帮助其建立文化活动中心、文化发展中心等核心工程；三是建立文化合同制，除对地方重点文物机构给予经常性的财力支援外，还通过协议（合同）形式，对地方重要文化建设项目予以投资；四是提供固定的经济补贴，对一些国家文化机构、团体以及与国家有合同关系的文化团体，每年给予固定补贴，金额逐年增长。同时设立文化部专项预算，如“资助剧作家项目”等来促进文化艺术发展；五是成立专门的基金会，对属于重要的文化遗产又在文化市场中难以生存的文化团体，成立相应的专门基金会来挽救和扶持；六是对重点文化工作进行重点投资保护，如对卢浮宫、印象派艺术博物馆等中央直属重点工程，不惜耗巨资予以修缮或扩建。法国文化部设立了一个文化遗产司，1996 年的预算就高达 20 多亿法郎，用于保护整修 1.3 万个历史建筑和维修 2.4 万个有历史价值的建筑。2009 年，法国文化部以 270 万欧元的资金继续支持各地保护文化遗产的创新；七是鼓励更多法国人参加文化活动，让所有法国人和在法国的外国人都有机会免费参观法国的历史文化名胜，甚至包括各种通常不向公众开放或者公众很少涉足的场所，诸如总统府、总理府、议会两院所在地；八是采取政策，保护国内市场，捍卫民族文化。以“文化例外”的概念拒绝美国文化商品输入，保护法国影视业；九是积极向外推广法国文化，变消极防御为积极防御。在世界各地设立法国文化协会，并为各国的法语教师提供赴法进修的奖学金，并组织法语国家首脑会议、开通法语卫星电视等。

英国也像法国一样，制定了许多保护本国文化产业的法律条文。英国是世界上较早由政府系统阐述创意产业理念，并以此为理论基础进行产业发展战略规划的国家。实际上，英国政府对创意产业的定义本身就包含了对知识产权的高度重视，除了继承严格执行以前各届政府所制定的专利法、著作权法、设计和专利法、贸易商标法之外，2000 年 6 月，英国专利局指导委员会与英国特创意特别工作小组所属的知识产权小组，还共同提议设立了一个独立的知识产权网站，既为使用者和创作者提供了版权、商标、专利和设计等方面的信息，也为知识产权保护，搭建了一个有益的平台。2004 年，文化、媒体和体育部专利办公室和贸易产业部联合组建了“创意产业知识产权论坛”，负责推进创意产业知识产权的教育和交流。随着互联网的迅速发展，对于知识产权的保护也面临一些新的问题，2009 年发布的《数字英国白皮书》，作为英国政府规划未来发展战略的重要文件，将数字化时代的知识产权保护列为其中一项重要内容。鉴于近年来数字盗版所造成的诸多负面影响，英国于 2010 年相继推出《数字经济法案》，为更好地保护著作权的数字版权提供了法律依据。法案规定宽带运营商应当对有盗版下载行为的用户进行警告，多次警告无效后会对这些用户实施一定时间和永久的断网惩罚。为了加强数字时代知识产权保护，卡梅伦首相在 2010 年上任后就宣布组织一项独立的审查活动，以了解知识产权制度是如何促进和支持创新的。这一审查活动由伊恩哈格里夫斯教授带领的小组负责，于 2011 年完成并提交了审查报告，该审查报告提出了十条建议，意在确保英国在数字化时代，能够拥有适合于支持创新和经济增长的知识产权制度。在英国与创意产业相关的税务和规章由文化、媒体和体育部、关税署、税务局等政府机构共同监督执行，其中包括监督实施欧盟委员会颁布的电子商务指令和相关税法。

韩国知识产权保护种类主要有专利、实用新型、外观设计、商标及服务标志、版权、商业秘密、计算机程序、半导体集成电路布图设计和数据库以及新植物品种等。韩国在知识产权保护方面已经形成了一套严密的法律制度体系。主要包括:《专利法》《实用新型法》《外观设计法》《商标法》《版权法》《计算机程序保护法》《半导体路设计法》《不正当竞争防止与商业秘密保护法》《种子产业法》和《海关法》等。金大中政府在 1998—2002 年期间通过一系列有力的政策措施，迅速推动了韩国文化产业的崛起，而后续政府也延续了之前政府全力推动文化产业发展的政策取向。在“文化立国”提出后的近十年时间里，韩国一方面出台了包括《文化产业振兴基本法》在内的纲领性法规，从宏观调控的角度全面统领和推动文化产业的发展，同时又针对文化行业的各不同领域制定了相关法律法规，详细划分了不同领域的发展方式。《文化产业振兴基本法》的制定是韩国文化产业政策推行过程中的一个里程碑，这部于 1999 年 2 月生效的法律，是韩国设立、运营文化产业振兴基金，为文化产业的长期发展制定计划的依据。《文化产业振兴基本法》是在文化产业成为韩国主要战略产业、在发展过程中迫切需要以相关法律作为行动准绳的背景下产生的，并且随着产业环境的不断变化，《文化产业振兴基本法》几经修改。另外，韩国还制定了多种法律法规来振兴文化产业，为文化产业的发展奠定了坚实的制度基础，也为提高文化界的产业意识积累了条件。《关于振兴游戏相关产业的法律》是一部以振兴游戏产业、促成健全的游戏文化、维护正常营业秩序为目的的特别法，其中包括“振兴游戏产业综合计划”“为振兴游戏产业提供政策支持”“促成健全的游戏文化及搞活电子竞技”“游戏出版物等级分类”“确立健全的营业秩序、行政措施与惩治规则”等主要内容。电影和视频出版物在内容方面具有统一性，但在韩国此前的法律体系中，二者分别对应《电影振兴法》和《唱片、视频出版物与游戏出版物相关法律》，效率难以体现，因此，有必要颁布一部法律，统管电影和视频出版物。在此背景下，《关于电影等振兴的法律》应运而生，该法于 2004 年 10 月公布立法预告，2005 年制定完成。

日本的文化产业在立法方面也不甘示弱，日本早在 1990 年便成立了由专家学者和艺术权威组成的“文化政策促进会议”，作为文化厅长官的咨询机构。1995 年 7 月，文化政策促进会议提出《新的文化立国目标——当前振兴文化的重点和对策》报告，开启了“文化立国”战略的初步设想。1996 年 7 月，文化厅正式提出了《21 世纪文化立国方案》，标志着日本“文化立国战略”的正式确定。1998 年 3 月，面临国际文化全球化及经济竞争化的现象，由文化厅提出《文化振兴基本假话——为实现文化立国》的报告中，提出了日本当前振兴文化的六大课题：搞活艺术创造活动；继承和发展传统文化；振兴地域文化与生活文化；培育和确保基层文化的人才；在文化上做出国际贡献并传播文化；加强基础设施建设以利于文化的对外传播。2001 年 12 月 7 日，日本公布了《文化艺术振兴基本法》，确定了日本在未来 21 世纪的文化立国方略。这接踵而至的文化政策是日本文化产业振兴的重要前提。

美国在文化产业法规政策方面，全面立法保护，保障知识产权利益。1790 年美国就颁布实施了第一部《版权法》，此后，根据美国经济、科技和社会发展的需要，美国国会不断地对《版权法》加以调整和完善，以加强对文化产业的保护。美国文化产业中得益于知识产权法的典型案例之一是对迪士尼公司“米老鼠”的保护。鉴于“米老鼠”已产生巨大的社会影响和经济价值，美国国会多次修改版权法，延长其保护期限，2003 年 1 月 15 日，美国最高法院再次做出裁定，决定维持 1998 年国会通过的延长书籍、电影、音乐和卡通人物的知识产权保护期的法律，并将个人著作权保护期从著作人终生及死后 50 年延长至 70 年，公司版权保护期从 75 年延长到 95 年，从而进一步保障了迪士尼、好莱坞等集团的利益。1997 年和 1998 年先后通过了《反电子盗版法》和《跨世纪数字版权法》，以加强对数字化知识产权的保护。美国的知识产权保护成为有力的城墙，保护着其文化产业自由健康地发展。①

（二）经营模式市场化

文化产业的崛起除了需要政府立法的支持，还必须坚持市场为本位的原则。文化产业若想作为撬动经济的支点，则必须面向市场、顺应市场，迎合市场，把市场作为载体，在市场中确定发力点。关于这方面，美国的文化产业当之无愧得担起了以市场助立文化产业腾飞的使命和典范。

在投入上，美国政府一直鼓励非文化部门和外来资金投入文化产业，通过创造良好的投资环境，吸引大量资本在文化产业中寻觅商机。采用的方式有以下几种：一是为营利性组织机构提供宽松的外部环境，而以商业

① 韩洁，谭予涵，谭霞，王芳，王敏. 美国版权战略对中国文化产业发展的启示［J］. 经济研究导刊，2009（21）.

运作方式的营利性文化团体，如流行音乐、电影娱乐公司则无法获得政府资助。二是对于非营利性文化机构实行直接拨款，政府直接拨款的对象是非营利性文化艺术团体。美国联邦政府所支持的是那些不通过市场运作方式经营的非营利性文化团体，申请资助的团体必须是非营利性质的民间机构，而且是从联邦政府取得免税资格者，其盈利部分不得归个人所有。三是通过税收政策鼓励对文化事业进行捐赠和赞助。在传统上，美国的博物馆、图书馆等机构的经费绝大部分来自私人的捐赠。

经营模式市场化是美国文化产业长盛不衰的重要保证。目前，美国影视业、图书业、出版业、音乐唱片业已建成庞大的全球销售网络，控制了世界许多国家的销售网络和众多的电影院、出版物机构和连锁经营。美国文化产业之所以发展得好，法律保护、政府支持是一方面，但更重要的是以产业规律来经营。美国始终坚持一项原则：在市场竞争机制下，依靠商业运作，让更好的文化产品流向市场，为社会认知和接受，继而影响民众。

在运作过程上，一是重视文化创新，开拓产业资源，适应市场需求。二是重视科技的投入和运用，刺激市场消费。比如，网络运输、数字化、通信卫星、数字电视的开发利用。图书和唱片业，利用因特网技术开发网上售书业务，大大促进产品销量飞速增长，特别是好莱坞影视城和迪士尼乐园，融现代科技、表演和特技一体化，给人带来惊心动魄的观赏体验。三是重视吸引、培养和使用人才，利用人才的力量，提高产业竞争力，遵循市场规律，建立产业运作模式。四是遵循市场规律，追求高额利润，遵循“高成本，高收益”及“利润最大化”的投资理念。美国文化产业始终坚持的一个基本原则，即在市场竞争机制下，依靠商业运作，让最好的文化产品流行于市场，为社会认知和接受，继而影响民众。“利益最大化”永远是他们的第一目标，与普通商业投资相比，投资美国文化产业的利润更大、更迅速。虽然风靡全球的《泰坦尼克号》投资花费了近 2 亿美元，《蜘蛛侠》三部电影的总投资接近 6 亿美元，但他们分别带来了高达 18 亿和 25 亿美元的票房收入。

以上通过对美国、英国、法国、日本、韩国等发达国家文化产业现状的分析，可以看出这些国家在大力发展文化产业时，无不由政府进行顶层规划设计，完善政策，确保规划顺利实施，加大对重点产业的扶持，树立以市场为本位的经营理念，这些举措均体现了政府主导型文化产业发展模式的优势。不仅如此，这些发达国家的文化产业还在拉伸产业链条，将文化产业做深做精等方面下足了功夫。

第三节 拉伸链条，做深做精

文化产业作为文化与经济相结合的朝阳产业，日渐成为支柱性、先导性、引领性的产业形态，成为世界经济与文化发展的重要增长点。而文化产业的巨大经济潜力已被许多国家和主要经济体所认同，文化产业也呈现群雄并起、千帆竞发的局面。而如何运用文化拉伸产业发展链条，深拓产业集聚区域，则成为各个国家和经济体不断思考和深化的主要问题。

一、文化渗透与产业联动

文化产业是通过拉长消费主体与文化附着物之间共容时间来最终实现文化认同，使消费主体产生文化共鸣，达成文化渗透。诚然，接触的文化附着物越富于多样性，其经济效益就越可观，而文化产业唯有形成联动规模才能产生可观的经济效益，才有长远发展的推动力。一些发达国家的文化产业业已成为国民经济的重要支柱产业，美国文化产业的产值占 GDP 的 18%，日、韩等国文化产业的发展也如火如荼，可以说，发达国家的文化产业大都具有文化渗透力强，产业联动广的特点。因此，大力发展文化产业，使消费主体享受心灵震撼的同时，也得到全方位的满足，这就需要与其他产业之间形成良好的联动效应，所以，发展文化产业要以科学、合理的规划布局为前提，将文化渗透到产业的每一个细微之处，着力打造联动规模效应。

（一）文化渗透

所谓“文化渗透”，是指较发达国家或地区以传媒、跨国公司等为载体，向别国推行自己的文化，从而达到既取得经济效益，又同化其他国家的目的。在全球化程度日益加深的背景下，文化强国采取多种手段，加快文化输出和渗透的步伐。如日本的漫画文化、美国的影视文化、韩国的流行娱乐文化等，均通过不同的文化形态载体在世界范围内传播，实现文化渗透和经济利益的增长。

日本是亚洲文化产业最发达的国家，而动漫则是日本文化产业最具典型的代表。动漫是动画和漫画的简称，日本一向有“动漫王国”之称，其动漫产业，涉及影视、出版、网络、游戏、音乐、玩具、服装、广告、教育、旅游等行业，是目前世界上唯一一个可以在此领域与美国相抗衡的国家。漫画是日本传统文化的有机组成部分，与茶蛋、艺妓、相扑合称“四大国宝”。自 1947 年有日本现代动漫之父和“漫画之神”的美誉的手冢治虫以单行本形式出版《新宝岛》以来，日本漫画迎来了长足发展，漫画在日本整个出版业的发展中都具有举足轻重的地位。而动漫作为日本文化的“代言人”，早在 20 世纪 60 年代，便已打开海外市场，1961 年，美国引进的日本动漫作品《白蛇传》《魔力小子》《日版西游记》等，均获得不俗的成绩。同时期的欧洲，也播放了大量的改编后的日本动画，到了 2008 年，法国市场上三分之一的动漫都是从日本引进，日本动漫在国外市场的受欢迎程度可见一斑。多年来，全球播放的动画节目约有 60%是日本制作的，在欧洲，这个比例更高，达到 80%以上。当宫崎骏的作品《千与千寻》赢得 2002 年奥斯卡最佳动画长篇的奖项后，业界将日本动漫认可为一种独特的艺术形式给予了应有的尊重。日漫在欧美国家的电视台有着自己牢固的一席之地，在中国等其他亚洲国家也成为未成年人生活中的一部分。

美国是世界文化强国，美国的文化产业也位列前茅。其中，影视业堪称世界之最。美国的公司出产的影片产量虽然只占全球影片产量的 6.7%，但却占据全球总放映时间的50%以上，是电影总票房的三分之二。并且，美国已控制了世界75%的电视节目的生产和制作，许多第二世界国家的电视节目至少60%的内容来源于美国。尤其近两年，好莱坞的巨制电影、三大电视网络中的娱乐节目、时代华纳的流行音乐经营更是火爆。另外，拉斯维加斯的博彩业，其规模、档次尚属世界一流。再者，美国的旅游文化产业发展势头迅猛，令人震撼。各种旅游文化商品应有尽有，让人眼花缭乱、目不暇接。可见。美国将本土文化渗透于影视、博彩、音乐、旅游各个方面，并将这些载有美国价值观的文化形态输送到各个国家，使美国文化遍地开花。

韩国以流行娱乐为代表的文化产业，近年来在亚洲地区也都风靡一时。如韩国的游戏产业，是本国重点发展的战略性产业，首尔也随之成为新的世界游戏产业中心，同时，游戏产业的兴盛，也推动了韩国出口贸易的发展。以2010年为例，韩国网络游戏的对外出口额达到16亿美元，同时韩国企业在亚太地区网络游戏市场所占份额已经超过54%。另外，韩国的影视，自20世纪末也迅速崛起，成为继印度和中国香港之后的又一影视中心，韩国的影视在海外市场也创作了不朽的商业传奇。如电影《生死谍变》不但打破了韩国有史以来的卖座纪录，也在海外获得了不俗的票房。之后，《共同警备区》在日本上映仅9天，总票房超过500万美元，《我的野蛮女友》以超过3000万港币的票房纪录成为中国香港有史以来最卖座的韩国电影。不仅如此，韩国电影还进军美国好莱坞，比如“梦工厂”拿出75万美元加上未来票房的4%，买下了《我的野蛮女友》的翻拍版权；“米高梅”以30万美元加上5%全球票房分红，买下《达摩和暴徒》；“派拉蒙”以95万美元买下《我的老婆是大佬》，进一步开拓了韩国的电影市场。至于韩国的电视，诸如《继承者们》《来自星星的你》《太阳的后裔》《蓝色大海的传说》等，也都在中国等亚洲市场掀起了一股股追剧的高潮。除了游戏和影视，韩国的音乐、动漫和卡通形象等近年来在亚洲地区也都颇受追捧，并由此带动了旅游、出版、服装、饮食、玩具、化妆品和日用消费品等行业的发展，从而在世界范围内掀起一阵强劲的“韩流”。

（二）产业联动

“产业联动”即是通过调整同一区域不同产业的结构布局，使之形成合理完善的产业体系，进而实现区域内产业的优势互补和各个产业之间的协同发展，达到优化产业结构、提升产业能级、增强产业竞争力的目的。美、日、韩等国在文化与其他产业的互动方面也取得了较好的成绩，它们的文化产业协同效益实现路径对河南地区的文化产业发展也有一定的启示作用。

如日本文化产业各业种之间相互影响，彼此推动，已经形成了良性运行、协调运转的产业发展链条。在日本，一部小说出版获得成功后，马上就会被改编成电影，并且发行电影音乐磁带，这种综合经营模式普通运用于其他文化领域，将漫画图书、动漫影视、游戏软件、卡通玩具、音乐唱片、网络资源以及主题公园等多种文化产业形态结合，形成庞大的产业链条，深度利用并挖掘文化资源，从而带动整个文化产业的全面发展。在日本，通过动漫衍生品的开发，形成了一个规模和收益巨大的产业链，但就利润而言，动漫市场本身约占 1/3，衍生开发则能产生 2/3 以上的效益。动漫产品主要通过版权转让，以不同的形式进入电视放映、影像放映、DVD、音乐、CD、手机、网络、电脑软件和电脑游戏、教育教材等文化娱乐市场，它不但自身获取了巨额利润，而且还带动了相关产业的发展。日本文化产业围绕动画制作，从企划到制作到再流通，已经形成了紧密联系、高效运转的产业结构运行体系，漫画、动画、图书、音像制品和特许经营周边产品在日本已经形成联动效应。如日本蓬勃发展的动漫产业，不但依靠作品所带来的繁荣与收益，而且，还尤其注重围绕动漫形象进行二次或多次利用提升其附加值，开发经营一系列的衍生产品。在《游戏王》和《口袋妖怪》等作品广泛流传后，日本迅速推出电子游戏、卡牌游戏和玩具等衍生品，扩张动漫人物所带来的文化和经济效应。例如，口袋怪兽皮卡丘这一风靡全世界的动漫形象，最早来自掌上游戏“宠物小精灵”，在游戏的基础上，日本不断衍生出影视动画片、玩具等众多产品，还为此修建了皮卡丘主题公园，口袋怪兽皮卡丘的形象无处不在，影响力也与日俱增，可见，以皮卡丘为中心的产业链仍在继续创造着巨大的经济效益。

从20世纪90年代开始，韩国的广播电视、报纸杂志、出版娱乐、电信互联网等文化产业领域之间开始出现一定的协同趋势，形成了影视业、音像业与出版业齐头并进的新兴模式。为了适应媒体时代的发展要求，韩国文化出版业、影视业和音像业之间都进行了转型与升级，它们资源共享，协同合作，传统出版行业将优秀的文化内容视为企业重要的战略资源，通过寻找优秀的影视公司对出版的图书进行改编与播放，开发影视文化衍生品形成图书、影视与音像唱片的三方联动效应，使内容资源得到有效利用，最终将文化内容方面的优势转化为文化资本优势。并且，随着互联网的发展，韩国出现了以网络为基础的新兴文化形态，如数字报刊、数字图书、数字音乐等新兴网络文化产业，而新媒体整合的深入以及科技的发展，也推动了韩国在动漫产业形成动画、漫画、游戏三者互动发展的新格局。而以韩国电视剧、电影和动漫为代表的韩国文化产业，通过电视节目包装与宣传增强韩国文化的渗透力与传播力，又进一步带动旅游业、餐饮业以及整容业等第三产业的发展。另外，韩国在打造文化休闲产业方面尤其擅长运用文化元素，将文化符号融入其他产业，通过电脑设计、设备生产、机器加工等制造业为文化产业的持续发展提供技术支撑。韩国文化产业的成功，与其服务业、制造业和文化产业之间的密切协同息息相关。韩国文化产业链表现为集中积累的韩国创意元素和资源，是具体文化产品的生产与制作的源泉，从而深拓文化娱乐休闲产业的主题精神和文化内涵，进而实现文化产业链的横向扩展。这种复合型文化产业链为韩国文化产业与其他产业协同发展提供了可能，并且通过产业链的纵向与横向延伸，实现了资源的节约与市场价值的最大化。以韩国动漫、电影、电视剧为例，他们首先通过在动画、影视以及网络游戏方面的开发，打造出清晰、独特的创意人物形象，再通过主题乐园、玩具与童装品牌等后续衍生品的开发，延续了文化创意的生命周期，并丰富文化创意的表现形式，实现一种文化资源，多次增值的循环效益。

20世纪90年代以来，美国凭借着强大的政治、经济力量，在全球范围内推行文化渗透，不断拓展海外市场。随着互联网的迅猛发展，美国的文化产业也超越地域等不利因素的限制，将信息产业和文化产业快速融合，迅猛发展，日益呈现出全球性和交互性的特点。美国还率先在世界范围内建立起本国的数字文化版图，如数字图书馆、网上书店、搜索引擎网站、数字出版等新型文化形态的出现，甚至催生了软件业的繁荣。另外，美国的文化产业之所以位居全球之首，也与美国文化各产业形态之间的由于紧密的协同关系所带来的集群效应密不可分。以美国好莱坞为例，它不仅是全球音乐电影产业的中心区域，同时也是全球时尚的代言人，拥有一系列请如迪士尼、环球唱片、华纳兄弟等世界知名企业，由于好莱坞众多文化企业集聚，且地理位置邻近，便能较容易地实行横向结合纵向分工的发展模式，更好地推动产业之间的联动，发挥产业集群效应，进而带动整个地区的文化产业发展。

文化渗透是一个国家文化产业崛起和腾飞的主要力量，文化向其他国家经济、社会各个领域的渗透，其核心是赋予事物本国文化属性和文化精神以及文化价值观念等方面的认同，而产业联动是在文化渗透于各个行业领域的基础上，通过核心产业和外围产业的协同发展，促进文化产业和经济增长的双赢，推动文化产业与其他产业结构的优化升级，进而协同社会发展带来就业效益、国家软实力效益、国民素质效益等的增长。通过分析日、韩、美国家的文化产业所取得的成绩，可以看出文化产业协同效益各要素之间并不是独立存在的，而是相互交织、共存共生的关系。文化核心产业联动外围产业，并与之协同发展，多元文化纵向一体化效应渐次凸显，促使文化产业形成集群效应，反过来加强文化渗透，实现经济效益的可持续增长。

二、创意为先与创新多元

文化产业是针对文化进行创意，以满足人们精神需求的产业。文化产业的核心在于创意，它通多扩容产品的内涵，增加产品所附加的文化属性，生产出符合人们审美情趣的产品，以带给人们前所未有的精神体验和情感满足，进而带动物质财富的增长，成为经济发展的重要推动力。美国、日本、韩国等文化产业强国的发展无不以独具匠心的创意作和创新多元化的发展渠道为支撑文化产业各个分支发展的模式。

（一）创意为先，特色为主

创意为先，是指一个国家在坚持本土文化“根”的情况下，不仅要有创意，而且要能够融合创新的元素，形成自己的民族特色文化。这种情况下，文化不仅仅要紧跟时代脚步，更要突出其独特的文化风采和内涵。美国、日本、韩国在发展文化创意产业时，都注重文化活泉源水的作用，注重通过创意手段凸显文化产品的本土特色，并以产业为保障，聚集人力和市场合力，促使本国文化创意产业的健康发展。

美国是世界上当之无愧的文化产业大国，近几年来，美国文化产业的经营总额高达几千亿美元，占据美国 GDP 的 18%~25%，其电影、音像等视听产品出口额仅次于航空航天工业，成为利润最大的行业之一。[①] 美国文化产业的发展深受美国这一不同移民融合所形成的杂交多元文化特征的影响，其居民的多元性，也决定了美国文化在发展过程中较之于其他国家，更具有创新的因子。美国在电影、音像、演出、报纸、杂志等方面的成就均体现了美国文化产业以创意为先，注重挖掘文化内涵的特点。例如，美国迪士尼公司根据欧洲文化，陆续创造出白雪公主、灰姑娘、小飞侠、小木偶等的荧幕形象，并将这些卡通形象塑造迪士尼乐园中，成为迪士尼公司的典型代表，这不但没有引起法国、英国等欧洲国家的反感，相反却获得了欧洲民众的文化认同，人们纷纷前往迪士尼乐园体验童话王国的无穷魅力。再如美国聚集在好莱坞的影视公司将本国高度发展的信息产业“移植”于影视作品中，加快文化科技创新的步伐。无论是《星球大战》《蜘蛛侠》《黑客帝国》等科幻巨制，还是《哈利波特》《指环王》《阿凡达》等魔幻大片，都是电脑特效与真实表演的完美融合。1997 年，

---

① 司晴川．文化创意产业在美国发展的路径及经验［J］．世界经济与政治，2014（4）.

耗资 2.1 亿美元打造的《泰坦尼克号》，用 500 多个计算机生成镜头，打造出逼真的航行和灾难场景，让观众如临其境地体验了“梦幻之轮”首航的辉煌和毁灭时的悲痛，这部影片上映仅一年就创造了 20 亿美元的票房神话。美国影视利用高新技术所营造的宏大而奇伟的场景令观众叹为观止，而这一切无不是建立在美国大力运用科技成果，革新电影的拍摄方式和传播手法的基础上，这种文化科技创新大大提高了美国文化产品的附加值和服务旨令，满足消费者对信息咨询和精神体验的要求。

与美国一样，日本也将科技创新融入文化产业，配合政府的政策支持以及文化产业企业内部的调整革新，推动日本成为亚洲创意产业发展最为发达的国家。据日本 2005 年的《数据内容白皮书》统计，日本的创业文化发展产业生产总值为 13 亿元，占据亚洲地区总产值的一半以上，且近年来一直处于上升趋势。[①] 日本素有“动漫王国”之称，为了应对迅速崛起的韩国游戏产业的竞争压力，日本采取了一些富有针对性的应对策略，如加快企业之间的合并与合作，整合企业实力，让重新被编组的游戏公司重焕生机与活力；为顺应时代潮流，运用电脑、手机等平台和互联网科技，普及数字化产品，促使日本逐渐形成一项新兴产业，即数字内容产业。数字内容产业是指利用数字技术和信息技术，对图像、影像、文字、语音等加以数字化并整合运用后的产品技术和服务等，包括 Maya、3Dmax、二维动画平面视觉传达、影视特效制作、数字音乐等。而包括影像、音乐、游戏、动漫等在内的各种文化形态，都可通过网络传送、光碟、手机传送以及数字播放等方式实现流通，这使原本资源贫乏的日本，脱离了地域和人口的限制，有力推动了日本创业文化产业的发展和输出。2002 年，日本数字创业产业产品的市场总产值是 2 兆日元，而截至 2005 年，已达到 2.6 兆日元的总产值，[②] 其中动漫游戏和用手机下载的动画和音乐是最具代表性的日本数字文化产业。不得不说，数字内容产业是日本发展创意文化，带动传统动漫业、游戏业、音乐、影视业等文化产业腾飞的手段和又一

① 胡珊．日本文化创业产业的发展经验与启示［J］．时代经贸，2008（6）.

② 胡珊．日本文化创业产业的发展经验与启示［J］．时代经贸，2008（6）.

创举。

韩国的文化产业大都与流行的娱乐文化紧密相关，比如影视、综艺、游戏、音乐近年来在亚洲地区都风靡一时，并由此带动了旅游、服装、饮食、化妆品和日用消费品等行业的发展，从而在世界范围内催生一股股“韩流”的风潮。其中，随着网络技术的进步，韩国从 20 世纪 90 年代后期开始，迅速推进电脑网络游戏和手机游戏产业，使之成为网络游戏技术的领头羊，韩国也在这方面缔造出一个又一个不朽的商业神话，从 2001 年的《传奇》系列，《天堂》及其续作《星际争霸》《劲舞团》，再到《穿越火线》《永恒之塔》《泡泡》系列，推动韩国游戏产业不断走向高峰。韩国不但在网络游戏领域续写了传奇，也在电影发面取得卓越的成绩，形成“东方好莱坞”的电影中心。韩国电影的成功不仅体现在票房上的屡攀新高，也表现在艺术上所创造的辉煌。如 2002 年，林权泽执导的《醉画仙》获得戛纳电影节最佳导演奖，李昌东执导的《绿洲》获威尼斯电影节最佳银狮奖，2004 年，韩国电影更是席卷欧洲三大电影节的几个重要奖项，其中金基德执导的《撒玛利亚女孩》和《空房间》，分别获得柏林电影节“最佳导演银熊奖”和威尼斯电影节“最佳导演银狮奖”；朴赞郁执导的《老男孩》获戛纳电影节评委会大奖。2012 年，韩国电影《圣殇》夺得威尼斯电影节金狮奖，实现了三大电影节零的突破。这些影片为韩国电影在世界上赢得极高声誉的同时，也进一步促进了韩国电影业的繁荣。

（二）创新为本，多元发展

创新多元，是指在创新的大前提下，能够多元化发展。它强调的主要是能够从多方面、多角度促进文化创新的发展。激发产业创新多元的活力，为文化产业提供强有力的支持和保障，实现文化产业的多元经营，这关系到文化产业能否长效发展的现实问题。美、日、韩各国的文化产业之所以能引领本国的特色文化发展之路，与其创新经营思路，在投资来源和发展方向上进行多渠道、多角度、全方位的多元布局模式密不可分。

美国为大力发展本国的文化产业，建立了专门扶持弱势企业的机构组织，并于 1997 年成立国家公园服务局、美国博物馆和图书馆服务协会、史密森学会、美国国家植物园等机构，负责协调涉及多个联邦政府部门或机构的文化交流项目，此外，美国各州还会设置艺术理事会，专门负责管理文化项目，确保项目在实施过程中，民众能够广泛参与。另外，美国早在 1979 年便将知识产权上升为国家战略，通过制定知识产权保护的相关法律法规，保障知识产权的地位，为文化创新提供法律上的保障。不仅如此，美国文化产业投资主体多样，有效地解决了文化创意产业的资金来源问题，如设立文化基金会，将企业、社会团体和个体的捐助等引向文化创意产业；通过施行调节税收，国家艺术拨款委员会的资助等政策，支持帮助非营利性文化产业的发展；金融财团对文化产业集团的资金供给；建立完善的融资体制；增加相关产品的出口；通过国际贸易政策，吸引外来资金流入，因此，美国在自由经济政策的支撑下，逐步开拓文化市场，形成需求和供给的良性互动，通过竞争和合作带动文化行业之间的自律，经由跨国资本的运作，推动文化企业的扩张，而文化企业的扩张一方面需要调动雄厚的资金以确保能在全球竞争中占据优势，另一方面，也加速了美国文化企业利用文化在扩张过程中形成的多元优势进行对外输出，加快了美国文化在其他国家的本土化和文化渗透的进程。

日本创意产业的发展实践也证明政府的引导、资金来源渠道广和综合经营等举措的重要性。其中，日本政府非常重视本国的创意文化产业，制定了许多有针对性的产业政策和发展战略，并引导各个文化行业建立行业协会和文化中介机构等，以配合政府，维护行业成员利益。另外，日本鼓励为本国的演员、歌手等文化工作者配备经纪人，发挥文化经纪人在发掘、培养新人，规范文化市场等方面的作用，这一措施促使日本拥有成熟的文化产业队伍，如演出界有四季剧团，电影界有东宝公司，出版界有大日本印刷公司，票务界有琵雅公司，广告界有电通公司等，通过这些文化企业的努力，日本成功实现文化产业的商业运作。而文化产业的推广，不仅需要企业和政府，还需要具备多元化的融资模式和渠道。日本文化产业的资金支持主要来自政府的财政政策、金融调控的扶持、有关机构的资金支持、投资联盟体系、证券基金、知识产权证券化、中小文化企业融资担保体系等。这一系列措施不仅保证了文化产品开发的资金来源，还分散了投资风险，调动了参与投资公司的积极性，帮助中小型企业解决了融资难题。不仅如此，日本文化产业还实行综合经营漫画图书、动漫影视、游戏软件、卡通玩具等多种文化产业，并加强国际文化交流，大力拓展海外市场，如东京迪士尼乐园、东京海上迪士尼乐园和环行影院等先进技术和文化的引进，不仅扩大了文化市场的规模和影响，也带动了当地经济的发展。同时，日本还定期举办不同文化主题的大型国际文化交流活动，如东京国际电影节、东京国际动漫节等大型展会和艺术节，也成为了一种具有日本特色的营销宣传渠道，增强了日本文化在国际上的影响力。

韩国奉行"文化就是国力"的理念，实施以文化创意为内驱力的"创造经济"发展模式。韩国自 1998 年确立"文化立国"的战略方针后，文化产业的发展如日中天，可见韩国文化产业的发展离不开政府的重视。与此同时，韩国还采取扩大母基金、改善融资制度、改善推广文创产业的评估模式等措施，加大对中小文创企业和从业者的投资、融资支持力度，确保文化创意产业能够得到公正的对待和融资的便利。另外，还设立相关互助组织，扩大对文化创意产业的资金扶持力度，注重人才的培养，在全国各大高校设立与文化产业有关的专业，保障文化产业的人才供应。因此，韩国构建了一个和谐、完善的文化融合和创造空间，以实现文化由"创意"到"创业"的过渡。再者，韩国还选定游戏、音乐、动漫、角色、电影和音乐剧这五大文化创意产业类型进行集中培育，与"韩流"相互作用，有效地提升了韩国文化产业在全球的竞争力。

在当今"创意为先"的知识经济时代，一个国家的文化发展水平成为决定该国综合国力和软实力的重要因素。美、日、韩三国将创意视为发展本国文化产业的先驱，注重投资来源和发展方向的多元化，成为文化产品输出强国。"把创意变成生意，让智慧带来实惠"，[①] 正如厉无畏所言，只

---

① 转引李利军：《创意为先，融合发展——和顺古镇玉石市场的文化商机》，《学科建设与文化创意》第 4 辑。

有将创意作为文化产业的关键，多元发展，打造出文化创意产业品牌企业，才能将本国的文化产业做强做优。

三、注重规模与聚集成长

自20世纪90年代以来，信息技术发展迅猛，先进的信息技术不仅在推动文化产业规模扩大方面扮演着重要角色，而且还革新了文化产品的生产、传播和消费方式。在过去，文化产业的各个流程，如文化内容设计、文化内容制作和文化产品流通，都是相对独立的，随着网络媒体的出现，通过新的传播技术，传媒之间界限逐渐被打破，新的数字传播方式取代了传统媒介，使得跨媒体经营成为可能，文化产业的规模逐渐扩大。由于新媒体的出现，促使参与市场竞争的数字技术生产商、网络运营商以及内容生产商在集约化经营模式下寻求跨媒体乃至跨行业经营方式，竞争与合作使文化产业内部的结构出现了全面的调整。与此同时，在科学技术的推动下，文化产业逐步向集团化和多元化方向快速改变，文化产业的规模更为扩大，文化产业的集聚效应也更为明显。

（一）注重规模

文化产业的规模化，简而言之，就是文化产品的广度、深度、厚度的增加，即企业所能生产的文化产品数量的增多和文化产业对于经济贡献率的提升。规模经营是高起点文化产业发展的必择取向，它能促使文化产业在生产过程中采用先进的技术设备，实行合理的分工，使生产过程专业化，实现各个环节和不同企业之间的合同协作，达到优势互补，协同发展的功效。美、日、韩都具备了文化产业规模化发展的基础条件，规模经营、跨国公司也是各个文化产业发达国家的一大特征。

美国自20世纪80年代以来，文化产业日渐形成规模，如报业、电影业和广播电视业都规模宏大。出版业在美国文化产业中占比较大，而报业又是出版业的重中之重。18世纪初，美国第一份报纸在波士顿诞生，经历了19世纪商业报纸与政治报纸的融合，19世纪末20世纪初报业集团的形成，两次世界大战期间报团的发展壮大，战后报团的迅速扩张，20 世纪 80 年代报业集团的兼并重组等一系列的生产经营活动，美国渐次出现了斯克里普斯、赫斯特、甘尼特等报业集团，经由资本运作，美国的报业集团快速扩张，具备了一定的规模。此外，电影在美国的文化产业中也占比较高，美国电影是世界电影的核心力量。早期美国电影，以纽约为核心，随着第一次世界大战的爆发，美国电影开始了西迁化进程，形成以好莱坞为制作中心的电影行业，截至 1918 年，70%的美国电影公司扎根好莱坞，世界上 80%的电影在这里制作完成，好莱坞也随之成为美国电影业的规模之所在。再者，美国的电视产业也是世界上规模最大，商业化程度最高的文化产业之一。美国早期的电视台也形成由广播公司主管经营，全国广播公司、哥伦比亚广播公司和美国广播公司这三大广播公司联合垄断，规模发展的样式。在此期间，观众和节目，甚至收益均被这三大广播公司套牢，而随着有线电视的崛起、无线网络的发展、企业并购的频繁，美国的电视广播也受到了一定冲击，并重新洗牌，美国微软全国广播公司、美国电话电报公司、美国时代华纳公司、美国在线公司的规模日渐成型。

日本的文化产业首推动漫，动漫产业是日本文化创意产业的核心部分，在日本的规模也极其壮大。日本以动漫为中心的内容产业，不仅注重动漫产业的规模效应，还相应地发展与动漫有关的其他文化产业，如服装设计、旅游产业、电子游戏等产业之间的互动，秉承将“动漫”作为文化产业的领头羊，进而整合产业链条上的影视、游戏、建筑设计、服饰设计、文艺演出、美术展览等产业，随之带动包含动漫人偶模型、午餐盒、镜框、电话卡、日历、毛巾、钥匙扣、音乐钟、相框、文化衫、徽章、明信片、海报、玩具、饮料等衍生品的畅销。日本还会举办诸如东京国际动漫节、东京书展、东京亚洲音乐节、东京电玩展等国际性展会，以拓展动漫文化的受众群体和国际影响力，逐渐形成以动漫为开路先锋，围绕在动漫周围的强大的规模团体。

韩国的电影和游戏产业率先在 20 世纪 90 年代打破行业壁垒，形成庞大的规模。韩国允许私人财团介入投资和发行行业的政策，带动了韩国三星、乐天、现代、大宇等企业将巨额资产投入影片制造领域，这不仅促进了韩国电影产业的腾飞，也促使不同的产业之间相互协作，形成以电影业为中心的文化产业集群。同时，韩国以旅游、饮食、整容、日化用品、服饰、电子产品等为主要内容所形成的“韩流”，也通过韩国影视剧、游戏等文化产业输出到海外市场，培养了大批潜在的消费群。以文化内容为引导的消费群随着韩剧的热播和游戏的推广而迅速增长，韩国文化内容先行的文化产业规模效应和模式，反过来又成功带动韩国影视、游戏等相关文化产业的迅速发展。

（二）集聚发展

文化产业集聚是指生产文化产品的若干企业或上下游企业，高度密集地聚集在某个地理区域内，协同发展。美、日、韩文化产业的成功无不具备产业集聚发展这一特征。

美国不仅形成了洛杉矶、纽约、拉斯维加斯这样具有典型特征的城镇性的文化产业聚集区，同时还设立了诸如好莱坞、百老汇这样的特色文化产业聚集区。以好莱坞为例，它不仅是全球音乐、电影产业的核心，同时也是行业先锋，拥有迪士尼、福克斯、华纳兄弟等知名企业，并且，派拉蒙、环球、索尼等集团也入驻于此，形成集团化经营和完善的产业链条，以便更好地吸纳人才，筹备资金，产生规模经济，发挥产业集群效应，带动整个地区文化产业的发展。

凭借着制作精良、创意新颖的动漫作品，多元化的资金筹措方式，“官、产、学”相结合的发展模式和完善的动漫衍生品产业链，日本，尤其是东京，已经成为世界上最重要的动漫产品集散地。日本多数的动漫制作公司都集中在东京，因而东京地方政府极为重视动漫产业的发展。2001年，东京发布了《东京观光产业振兴计划》，将动漫产业确立为重要的地方产业和观光资源。2002 年 2 月 15—17 日，又根据东京都知事石原慎太郎“让动漫走向世界，建设动漫贸易基地”的提议，联合其他城市举办了“新世纪东京国际动漫展览会”，东京都政府为此出资 1.5 亿日元。此后，日本每年都举办这项活动，参加的人数也越来越多，促使日本的动漫产业聚拢在东京及周边城市。

相比日本的动漫业，以影视和游戏产业为代表的推广“韩流”的文化企业在韩国的经济发展中心首尔汇聚起来，这里集合了大量的国际机构、跨国公司、国际公司，形成一个巨大的文化产业活动网络，使之能够控制并管理全球文化产品的生产和销售。这样一个遍布全球的市场布局，为韩国在海外推广“韩流”文化，提供了便利。同样，庞大的市场需求也会诱发相关文化企业的崛起和发展，产生强烈的辐射和带动作用，从而促进韩国文化产业的聚集发展。

美、日、韩如此注重文化产业的规模和集聚发展，则与文化产业集聚的优势密不可分。

首先，资源利用率的提高和企业经济效益的提升。文化企业集聚在某一区域后，可以发挥综合管理和技术融通的优势，更好地帮助企业实现生产的分工和专业化，使企业在生产过程中利用文化创意、基础设施等资源，提高企业应对市场的灵活性，从而形成规模经济。另外，企业的集聚无形中也增加了不同企业之间的优势互补和产业联合，有利于提高生产效率和扩大生产规模，规避市场风险，发挥联合生产的优势，从而就近形成区域内的文化产业链条，保证企业在生产中的效率和经济利润。

其次，成本的降低和损耗的减少。文化产业规模化和集聚化后，可减少信息成本，降低信息的获得成本和信息的不确定性，从而最大限度地降低交易中可能出现的问题和损失，减少中间环节，便捷沟通，节约成本，降低文化产业企业的库存；同时，文化企业的集聚还可以提高基础性公共资源的利用率，减轻各个企业资金投入的压力，提高文化创意的利用率。

最后，创新型文化产业人才的集聚。文化产业的规模化和集聚，可相应地将推动文化前进的创新人才集中起来，促进创意人才之间的交流，从而产生更多更具有创意的想法，形成文化创新动力的良性循环。

并且，文化产业的规模化和集聚，可促使文化企业在市场竞争的大环境下，创新管理方式、发展模式、融资渠道、产品内容等，以确保自己在行业中的竞争优势。现代信息技术的发展和互联网的普及，更是将文化创新推向了企业竞争的前台，文化产业集聚不仅提高了企业利用创意的效率，而且激励着企业在各方面不断地推陈出新。

要而言之，文化产业的集聚可以促进文化产业在区域内的分工与合作，降低生产成本，获得配套的产品和服务，吸引相关的高精端人才，促进文化行业的创新。

美、日、韩在文化渗透和产业联动、发展文化创意产业，采取创新多元的投资与发展模式，推动文化产业的规模化和集聚等方面所做出的努力和取得的硕果，都带给我们许多启示。可见，加强文化渗透，打造文化产业链，提供实现协同效益的制度环境，构建协同创新体系，协调文化产业部门，培养文化产业创新型人才，发展文化产业的规模，使之成为发展文化产业的聚集区域等，都对我国文化产业的发展提供了切实可行的参考依据。

借鉴国外经验，目的是发展本国产业。近年来，中国文化产业总体趋势上呈现出健康向上、蓬勃发展的良好态势，成为推动社会主义文化大发展大繁荣的重要引擎和经济发展新的增长点。但是，当前制约文化产业发展的因素还有很多，其中很重要的一点就是当前在产业法律法规的支持上还存在很多不足。因此，中国要加快完善文化产业发展的法律法规扶持体系，促进文化产业的繁荣发展。中国需要积极学习他国的经验，构建文化产业发展的法制支持政策。营造文化产业发展的法律环境，为文化产业的发展提供法律支持，成为当前中国文化产业发展的重要任务。因此，要在现有关于文化产业发展的法律法规和政策的基础上，构建中国文化产业发展的法制支持体系。应当制定《文化产业促进法》，以法律形式确定文化产业发展的框架、原则、体制等基本制度，作为文化产业发展基本法来统领文化产业发展的法律法规体系。梳理完善现行文化产业法律法规制度，对促进文化产业发展涉及的框架性、原则性内容进行细化立法，系统构建与文化产业相关的法律制度。各个地方也要对文化产业的发展进行区域立法，通过地方性法规、地方规章等区域立法形式，把国家的文化产业发展法律和政策根据本地的实际进行细则化、具体化，便于基于本地的实际灵活实施，为本区域文化产业的发展提供法制保障。要建立“就地监督、内部制约和上级监督”的完整体系，各有侧重，互相配合，避免规划行政机构集规划编制、审批、实施和监督于一体，形成规划管理过程中有效的监督和控制。[①] 在司法监督方面，除了完善相应法律之外，考虑到规划管理专业性强的特点，对规划管理的诉讼可成立专门的上诉委员会来受理[②]。

在现代产业分化、科技发展及社会经济快速发展的情况下，文化产业的出现和发展是市场经济发展和文化发展的必然结果。从世界文化产业发展现状来看，市场经济的发展成熟度在一定程度上决定着文化产业发展的速度和程度。文化产业已经成为一个国家或地区经济发展的重要指标，从历史上来看，文化产业发展较快的地方一般也是市场经济产生和发展较早的地方。[③] 我国文化产业要在社会主义市场经济发展过程中，借鉴国外文化产业发展的先进经验，立足本国国情，这样才能充分发挥文化产业发展的价值。文化产业的发展一定要根据市场规律的要求，与产业经济发展基本规律相符合。文化产业要遵循市场经济发展的规律，进行商业运作。在经济全球化过程中，发达国家的先进经验是值得人们借鉴的，发达国家的跨国文化企业运用市场机制，然后整合资金、技术、信息，人才等，在文化产品一旦生产出来，就有计划、有创意、有定位地向市场进行推广，从而获取经济、社会、文化等价值，增强国家的综合国力和世界影响力。

① 杨戎标，论城市规划管理体制创新［J］．浙江大学学报，2003（6）．

② 侯丽．权力、决策、发展——21世纪迈向民主公开的中国城市规划［J］．城市规划，1999（12）．

③ 崔雪茹．关于全面提升我国文化产业国际竞争力的若干思考［J］．保定学院学报，2012（3）．

第六章　河南文化产业发展的策略选择

进入新世纪以来，河南文化产业的发展方兴未艾。河南省委、省政府从统观全局的大战略提出了指导河南文化产业发展的具体实施意见，这为我们在当下考量河南文化发展的策略选择提供了基本遵循。要实现河南省从文化资源大省向文化软实力强省的转变，文化产业发展的策略选择是关键一环。我们必须从河南文化产业发展的现状和实际需求出发，以深耕河南根亲文化、古都文化、武术文化为抓手；以创新发展文化新产品、文化新业态、文化新服务为依托；以升级发展创意型、科技型、集约化、精细化、个性化、品牌化为重点，构建河南文化产业发展的立体“交通网”。

第一节　深耕文化资源打造河南特色文产

如若论及华夏文明的起源和传承文化资源的体量，河南在全国该是无出其二。用“两手一摸春秋文化，双脚一踩秦砖汉瓦”来描述河南文化资源的现状应该毫不为过。但如果比照当代河南文化软实力构建的现状，我们却难以将老祖宗留下来的文化瑰宝引以为当代的文化自信和文化自豪。河南文化资源转化为当代河南文化软实力的实践甚至仅能说差强人意。据此，如何深耕河南文化资源，通过根亲文化、古都文化、武术文化打造出河南特色的文化产业，进而转化为当代河南人的文化自信，是我们考量文化产业发展策略的首要问题。文化作为观念形态的资源与作为实践形态的过程对社会发展发挥作用的方式是不一样的。在民众的传统理解中，文化一直是与经济、政治相对应的观念形态的上层建筑。换言之，文化本质上就是一种观念形态的社会产物。这种传统理解对于我们理解和定位中国传统文化资源如何实现当代创新发展和创造性转换是毫无益处的，我们应该在实践形态和观念形态的对立统一中破解河南文化产业发展的当代难题。

一、深耕根亲文化，壮大“老家——河南”文产

根亲文化是由根亲而生发的一种追族索宗、血脉相承的文化现象，其核心是以儒家传统文化中的“仁”，道家文化中的“天人合一”为价值主题的，包含姓氏文化、农耕文化和民俗文化等在内的内涵丰富的文化样态。① 根亲文化在河南文化产业中的地位比较特殊，是一种具有非替代性特征的稀缺文化资源。河南作为华夏历史文明传承创新区，根亲文化既包括祖先崇拜式的传统文化资源发掘，又包括新型移民式寻根文化资源整合，根亲文化资源可谓丰富。这种文化资源不仅能够令本地人引以为豪，更能令与根亲文化氛围相关的外地群众慕名前往。更大的特殊性在于这种文化资源的可开发性非常强，具有文化资本和现有文化产业的所有特征。河南是根亲文化的重要集中地，固始、淮阳、淅川等县都用自己的方式对区域性根亲文化的产业化做出了有益尝试，但就河南所拥有的根亲文化资源而言，依然需要对之进行深度犁耕，综合构建以“老家——河南”为文化主题的根亲文化产业综合创新发展体系，提升河南根亲文化产业发展的品牌效应。具体而言，要以保护意识培养为出发点，品牌影响为引擎，品牌价值链为拉动，功能建构为抓手，最终把根亲文化产业发展成为集亲和力、吸引力、凝聚力和影响力为一体的现代河南文化产业发展典范。

（一）培养根亲文化保护意识

根亲文化对于河南文化产业发展的作用自不待言，能否运用和发挥好根亲文化与中原经济区建设的成败休戚相关。根亲文化产业日益显示出强大的经济价值、文化价值、社会价值，并且有极强的资本聚集效应。“文化搭台，经济唱戏”的根亲文化发展模式使得文化发展更有根底，经济发展更有人文底蕴。无论是固始的根亲文化节，还是周口淮阳的姓氏文化

---

① 郭立场．论根亲文化的价值效应——以河南固始县为例［J］．教育文化论坛，2011（5）．

节，以及淅川的南水北调寻亲节都产生了巨大的连带效应，极大促进了当地旅游产业、文化产业、创意产业以及第三产业的发展。但在巨大的经济效益趋势之下人们往往忘记了根亲文化原本应有的文化效应，过度地重视其经济价值，忽视甚至是漠视根亲文化对于维系族群团结的文化价值。很多地方对于根亲文化的做法存在急功近利，使得大量的根亲文化资源浪费。虽然河南先祖为我们留下了丰厚的根亲文化资源，但由于人们的保护意识薄弱，加之经济利益的驱使，很多具有重大文化价值的根亲文化遗产不是被商品化就是被毁于一旦，一部分根亲文化资源还在慢慢流失，这不能不引起我们的惊醒。一些地方业已形成的根亲文化品牌由于缺乏保护意识，被国内其他地域抢注商标的现象屡见不鲜，中华孝文化园落户江苏常州就是一个非常典型的事例。

有鉴于此，河南根亲文化产业要想获得长远的发展，必须对根亲文化资源的保护与开发并重。根亲文化属于不可再生资源，提高对根亲文化资源的保护意识，使之与根亲文化开发的经济效应形成一种协同，真正在把文化资源留住的同时把文化的血脉也留住。无论是新郑的炎黄故里拜祖大典、还是固始一年一度的根亲文化节、抑或是淮阳的姓氏文化节，社会各界对形式的注重远远高于对根亲文化传承的注重。其实传统文化创造性转化和创新性发展的根本还是在于文化本身的传承与创新，而我们往往在现实的实践中颠倒了本末。一种有益的尝试是：可以把引入社会资本同政府整体开发有机结合起来，充分兼顾根亲文化产业的社会效益和经济效益，引入高校理论研究人员，强化对根亲文化价值基础以及哲学基础的理论研究，充分把根亲文化的理论研究和现实产业化进程统一起来，真正地把根亲文化作为“老家——河南”的品牌文化产业的根留住。从 2011 年开始，国家加大了对河南文化资源保护的支持力度，下达近 7 亿元专项经费助力河南打造华夏历史文明保护传承工程，我们也应该能够运用好国家政策提升公民的根亲文化保护意识。

（二）加大根亲文化的宣传力度

在当代，互联网技术的飞速发展让整个世界变成了一个“地球村”。

在这种情形之下，如果对文化产业特别是根亲文化产业的影响力还是固守“酒香不怕巷子深”的文化传播理念的话，难免会错失很多发展的良机。根亲文化是一种不可替代性的文化资源，但这种资源影响力的大小与运用科学技术扩展影响力的措施也是息息相关的。宣传手段合不合适，宣传力度到不到位，都会直接影响到河南根亲文化的产业化程度。在河南根亲文化开发的过程中，宣传渠道单一、宣传手段陈旧、宣传力度乏力成为河南根亲文化发展的重要瓶颈。以河南周口淮阳的太昊陵开发为例，在2007年之前基本上处于停滞状态，淮阳人手里握着金凤凰而不知其价值，如果不是郑州大学旅游管理学院的几个老师和学生倾注一个多月的精力调研而写出《淮阳根亲文化开发报告》的话，恐怕时至今日我们也难以看到声名远播的中华姓氏文化节。

在微信、微博等自媒体深入人心的时代，如果不能把“互联网+”的模式融合到根亲文化产业建构的整体进程中，那么，根亲文化能否成为产业尚待讨论。鉴于此，我们必须构建立体化的综合外宣体系，针对不同的受众群体制定不同的宣传题材与宣传手段，突出根亲思想与现代自媒体技术的融合，增加根亲文化产业的吸引力和感染力。要不断采用形式多样的根亲文化推介平台，通过根亲文化与影视作品、根亲文化与小说、舞台剧等文化实践平台的融合，把根亲文化的理念和“老家——河南”的观念植入人们的心灵之中。同时还要注意培养根亲文化产业领域的领军人物，利用其现实影响把根亲文化在较高层次的文化平台上加以推介。例如，刚刚通过外交部在英国伦敦上映的郑州“商文化”短片，就很好地把根亲文化的影响力扩展到了河南籍华人之中。

（三）打造河南特色的根亲文化产业品牌

河南根亲文化资源众多，但特色品牌稀少是不争的事实。目前，配置效果较好的根亲文化产业品牌是每年一度的黄帝拜祖大典，我们理应从中总结出河南根亲文化品牌培育的些许规律。形成规模和建制的河南新郑黄帝拜祖大典，吸引着寰宇之内无数华夏儿女前来拜祖。同时，河南在世界华人心目中的声誉也伴随拜祖大典的举行日渐提升。但目前同为根亲文化重要资源的姓氏文化产业、历史名人文化产业、人文始祖文化产业、南水北调移民文化产业等品牌项目的建设却相对迟缓，部分项目甚至是有头无尾，这显然不利于华夏历史文明传承创新区的建设和发展。

我们认为，要打造河南特色的根亲文化品牌就要全省一盘棋，形成“老家——河南”的整体根亲文化品牌。把开发建设各地历史名人主题公园、博物馆、纪念馆形成一种整体的祖地品牌。利用新郑黄帝故里、灵宝黄帝陵、淮阳太昊伏羲陵等既有根亲文化实践载体建设中华根文化品牌，开发中华人文始祖的共同拜谒地，提升河南根亲文化的品牌效应。借助太公故里、文王演周易等历史文化名人的名人效应，建设河南根亲文化的姓氏始祖“名人”品牌。在中华民族有源可溯的姓氏中，超过三成起源于河南，全国百家姓中有78个来源于或者部分来源于河南。有鉴于此，利用郑州的商姓、新郑的郑姓、商丘的宋姓等成熟的根亲文化资源建设根亲文化姓氏祖地文化品牌，绝对不失为一种河南文化产业品牌化的重要尝试。以郑州商城遗址为核心的商都品牌，以新郑黄帝故里为核心的郑国故地品牌都能成为文化产业中古国品牌的重要驱动力量。

二、深耕古都文化，厚置“传承——河南”文产

“都城既是荟萃各方的文化，又复以向外传播，影响各方，相互融通，推陈出新，有所发展。时移世易，当时的古城，过后皆成古都，仿佛已为陈迹。然文化源流初未断，仍在融通发展之中，数千年来始终一脉相承。”① 2014年3月，习近平总书记在联合国教科文组织总部演讲时指出，要通过文化创新转化和创新性发展，激活中华文明的生命力，“让收藏在博物馆里的文物，陈列在广阔大地上的遗产，书写在古籍里的文字都活起来，让中华文明同世界各国人民创造的丰富多彩的文明一道，为人类提供正确的精神指引和强大的精神动力。”习近平总书记的讲话为我们今天考

① 史念海. 中国古都的变迁与文化融通［J］. 陕西师范大学学报（哲学社会科学版），1994（04）.

量古都文化提供了最为基本和明确的原则遵循，是我们考量曾经作为首善之区的河南古都——洛阳、开封、郑州、许昌、安阳的文化印记、文化传承、文化基因、文化活力等问题的出发点和立足点。中办、国办在2017年1月25日印发《关于实施中华优秀传统文化传承发展工程的意见》，更是为河南古都文化产业的发展指明了具体方向，《意见》指出要“加强历史文化名城名镇名村、历史文化街区、名人故居保护和城市特色风貌管理，实施中国传统村落保护工程，做好传统民居、历史建筑、革命文化纪念地、农业遗产、工业遗产保护工作。”显而易见，古都文化作为中华优秀传统文化中的瑰宝，其传承、创新与发展为文化发展增添内在活力和历史底蕴，为文化自信增添新的源泉。

（一）搭建古都文化创新性转换的实践平台，让古都文化活起来

正如习近平总书记所言，收藏在博物馆的文物和书写在典籍中的文化仅仅是观念形态的文化资源，如果没有现实的文化实践载体，没有观念形态的文化资源向实践形态的文化影响力和活力的创造性转化和创新性发展的话，古都文化的现实影响力就无从谈起。鉴于此，我们可以考虑搭建一个洛阳古都文化发展创新的实践载体。人们常常戏言，美国人靠“三片”（薯片、大片、芯片）征服了世界。在我看来，美国人真正征服世界的是“三片”背后隐藏的鲜活的文化价值观。我们不能坐拥洛阳古都文化的瑰宝而像一个精神乞丐一样四处乞讨。河南境内已有的鲜活的文化实践形态，“梨园春”“武林风”“禅宗少林·音乐大典”“大宋·东京梦华”等都可以为洛阳文化焕发生机和活力提供可资借鉴的宝贵经验。

在搭建古都文化创新性转化的手段中，合理规划古都开发的城市地标至关重要。经过长期的历史积淀，以郑州、洛阳、开封、许昌、安阳为主题的河南古都具有了鲜明的文化特色，集中体现了河南古都的历史文化禀赋和文化发展脉络。为了让在历史上作为中华民族精神文化地标的古都重新融入现代城市发展的洪流之中，重新成为城市发展的精神标识，古都文化不能不开发时代转化的实践平台。古都文化要融入时代就必须与现代文

化、本土文化、外来文化充分融合，但这种融合需要一个现实的物质载体，而古都本身就是一个非常有潜力可供开发的实践载体。通过对古都古城的二次开发，把古都文化充分融入现代经济社会发展的总体战略，让游客在尽览胜景之余把古都文化的精神风貌留置于心底。在这个方面，开封和洛阳做出了初步探索，成为可资借鉴的范例。

以七朝古都开封为例，作为著名的滨水景观金明池，既是象征北宋东京汴梁盛世繁华的城市地标，又是皇室官员、市民和游客共有共享的开放性文化空间。通过开发与金明池相关的城市地标，如金明广场、金明大道、金明东街、金明西街等，让金明池的文化观念深入到民众的日常生活之中。同样作为九朝古都的洛阳，就要把古城文化开发和牡丹文化、石窟文化有机结合起来，打造区域古都文化发展的重地，同时要积极构建古都文化发展的实践平台。如新近以洛阳老城区为主体，开发建设的洛邑古城文化产业项目以及与之形成有机支撑的古都文化大讲堂，就把古都文化发展的现实物质资源、古代文化资源与现代理论资源有机地统一在了洛邑古城整个文化产业开发项目之中，其社会影响和现实经济效益都值得我们去借鉴和反思。

（二）凝练河南古都文化的精神特质，塑造河南古都文化形象

河南古都文化以郑州、洛阳、开封、许昌、安阳为现实载体，在河洛文化图景、商城文化风貌、文物遗产积淀、花卉文化承载、三国文化底蕴、殷墟文化传承等诸多方面都显现出河南古都文化具有独特的人文风貌。我们应该提取五座城市的文化基因和文化精神，实现河南古都文化外在表象和内在精神的有机统一，浓缩古都城市历史的深厚积淀、文化脉络和城市文化记忆。这样做不仅能够避免出现河南古都与西安、北京、杭州等古都城市“千城一面”的古都文化形象构建困境，又能够把河南五大古都的文化遗产、文化景观和文化空间融汇为一体。根据 2016 年中央城市工作会议精神，中国特色的城市发展应该将该城市的历史传承、区域文化、时代要求与国家正在实施的“一带一路”等国家战略相结合，“打造自己

城市精神，对外梳理形象，对内凝聚民心”，由此可见，对古都文化的各种要素和文化符号进行梳理、排列和筛选，利用各种大众传媒梳理古都文化形象对古都文化产业发展至关重要。

无论是为了塑造文化传承创新的华夏文明体系，还是为了显示文化活化的当代价值，抑或是吸引公众对古都保护和可持续发展的特殊现实考虑，避免使古都文化在拆旧建新、拆真建假中陷入“千城一面”的困境，都有必要对河南拥有的古都文化的文化精神本质加以提炼和总结，从而为古都文化形象的塑造奠定坚实的基础。探究古都城市文化的发展脉络，尤其是古都人文形象“重心”的演进过程、变化规律，必将成为古都人文形象塑造的首要任务、关键环节。而在新型区域经济合作机制的架构下，最重要的则应该是围绕将古都建设成文明交流互鉴、文化开放包容的示范性“窗口”的目标，根据对古都人文形象发展现状的科学评估，结合地方规划对人文城市建设的定位选择与社会文化消费的主流趋势，对承载古都历史文脉、历史记忆的浩瀚文化资源进行深入挖掘、分类筛选，从定都时代以及本地历史上与东西方交流合作（包括各王朝、诸侯国与亚、非、欧其他文明古国、朝贡体系内不同次级的藩属国和边疆少数民族政权在内的交往）有关的人物、事件、景观、遗址、文物、典籍、传说、专著、论文中选取若干项，以构成重塑古都人文形象所必需的“重心”。如洛阳就不只是唐代的东都和武周的神都，还是南北朝时期规模最大的都城。北魏经营丝绸之路百余年，其都城洛阳既是北魏最大的商业中心，也是连通“百国千城”的国际性贸易都会。北魏的文化以华夷融合、中西汇通为特征，在雕刻、书法、绘画、音乐、舞蹈、建筑等方面都有很高的成就，不仅创造出龙门石窟、魏碑（以“龙门二十品”等为代表）之类璀璨的文化珍品，也为后世留下了《洛阳伽蓝记》这样的不朽名著。

（三）把古都文化产业化融入国家发展大战略

文化是城市和建筑的灵魂。经过历史的累积沉淀和长时间的推广、宣传，古都城市内往往会形成一些特色浓郁的标志性文化景观，这不仅凸显出文化的区域差异性与形态多样性，也集中体现了相关古都的自然历史文化禀赋和文化发展脉络。必须重视的是，随着时代的更替，城镇化的快速推进，传统文化与现代文化、本土文化与外来文化的深入交融，游客旅游动机和消费需求风尚的转换，上述文化地标的数量、名称、布局、风格在城市规划中常会发生存亡兴废的变化。在洛阳、郑州当今成为“一带一路”建设和“郑洛新”国家自主创新示范区建设的大背景下，河南省的政府有关部门应该对那些有助于彰显中国传统文化多元开放、包容共享特质的文化地标予以特别关注，在保护、维修、恢复、重建方面进行重点支持，并适时地提出古都文化融入两大战略的切入点和抓手，以难得的历史机遇助推洛阳古都文化创新发展。

以开封西湖文化开发为例，不能仅仅局限于西湖在开封地域文化资源中的地位做小开发，而应该着眼于全省文化发展的整体布局，以河南省会副中心的大格局来定位西湖在开封古都文化产业化中的开发战略。具体而言，要利用开封西湖地处古城开封和古城郑州之间的特殊地理位置，搭乘郑汴一体化的战略发展布局。把整体发掘开封宋文化资源、延续城市发展的时空脉络与文化产业、文化旅游发展的实际过程相结合，使开封西湖成为河南省内文化产业的典范和代表。同时把开封拥有的水域文化资源以西湖文化景区为中轴统摄起来，如将清明上河园、御河、龙亭湖、铁塔湖、包公湖、潘家湖、杨家湖等融入西湖文化圈，形成一个有强大竞争力的水域文化品牌，形成一种古都文化发展的聚集效应。

三、深耕武术文化，打造“功夫——河南”文产

武术文化博大精深、源远流长，是中国民族传统文化资源中的瑰宝。河南拥有丰厚的武术文化资源，无论是焦作陈家沟的太极武术文化还是嵩山少林寺的少林文化以及周口的形意拳文化都列入了河南非物质文化遗产名录，武术名家更是遍布世界各地。河南还拥有关帝庙、中岳庙、少林寺、陈家沟、岳飞庙、黄帝故里、议事台等历史遗迹类武术文化资源。作为武术文化资源大省和旅游大省，河南有深耕武术文化产业的天然条件，

我们理应充分发掘河南省武术文化的丰富资源优势和无可替代的区位优势，打造以“功夫——河南”为主题的文化产业，助推河南文化产业繁荣和文化事业兴旺。但就一种文化产业形式而言，河南武术文化开发还存在项目种类多、亮点少、规划管理短视化、旅游产品少、项目开发能力弱、从业人员素质低等现实发展问题。有鉴于此，我们亟需从明确河南武术文化发展原则、塑造地域武术文化品牌、注重整体联动、注重文化内涵、拓展国际市场等方面深耕河南武术文化。

（一）秉承可持续开发的基本原则

武术文化资源同其他文化资源一样，都是人类实践活动的结果，体现出了人类改造自然界和人类社会的努力和尝试，是人类发展的文化基因和精神图谱。我们今天繁荣河南武术文化的深层理论本质在于：把劳动人民的精神文化图谱重新呈现出来，使其在新的历史时期焕发生机与活力。武术本身就是人类对自然力量的一种体悟与再现，因此，我们在今日重新打造武术文化产业时首先要考量的一个问题就是，我们不能因为利益的诉求打破人与自然之间的生态平衡。换言之，我们一定要把武术文化资源开发与自然生态保护结合起来。通俗地讲，河南武术文化产业的开发一定要建立在资源和生态环境的承受能力之上，在对其进行开发和利用的同时不能破坏资源和生态环境的平衡。

以少林武术文化开发为例，“禅宗少林·音乐大典”从其初期运营的效果来看，达到了开发方预期的经济收益目的，登封市和少林寺以及文化开发的运作方均有了相当满意的经济收益。毋庸讳言，该音乐剧目有把少林武术文化低俗化、媚俗化以逢迎消费者之嫌。整个音乐剧中透露的除了绚丽多彩的武术表演之外，对武术本身精神的理解与其精神实质相差甚远。如此以来，通过这样一种纯商业化的运作，少林武术文化中的文化基因被经济利益过滤掉并一点点消失殆尽，这与我们开发少林武术文化的初衷是背道而驰的。放眼嵩山少林寺四周遍地充斥的商业化气息，我们难以想象在这样一种整体氛围中，禅宗清静无为的信仰还能走多久。嵩山少林寺方圆数十里，大大小小的以“少林武术”命名的武术学校近百所，但稍微深入调查一下就会发现，他们所做的事情正在破坏中华武术精神的文化传统。作为河南文化主管部门的文化厅，应该在文化资源开发的方向性上定好调，把武术文化资源的传承与当地文化资源开发统一起来，把武术文化开发做实做好，维护好中华武术文化的精神命脉。

（二）着力打造中原武术文化品牌

河南省具有独特的地理优势和武术资源分布，这决定了我们在武术文化产业的开发进程中必须要充分考量地理因素的影响，在开发武术产业的进程中突出地域特点，塑造具有独特地域风貌的武术文化品牌。具体而言，就是要注重“两个支柱，三个重点”，也就是以登封少林寺和焦作温县为核心圈，尝试把“武林风”和“禅宗少林·音乐大典”这两大武术文化实践平台融合，把武术文化的观赏性和武术本身的精神文化传承有机结合在一起。如此一来的话，具有十余年运营基础的“武林风”文化实践平台所积累的国际国内的武林文化现实消费群体就能够带动少林寺这个现实的武术文化发源地，实现文化传承和文化资源转化的共赢。而焦作温县则要把太极文化与当地的体育文化开发有机结合起来，强化对健身产业的文化开发，在休闲中推介太极文化的理念。从文化视域来讲，甚至可以尝试把广场舞与太极文化融合，通过大众化的文化实践形态把太极文化这种高深的武术文化理念融入到民众日常生活当中去，做到日用而不觉，在文化自觉中推进文化自信。另外要突出“三个重点”：以洛阳为中心，以关林、会盟台、函谷关为实践载体，通过历史性的武术文化遗迹的开发，带动整个豫西地区武术文化的当代发展；以开封、安阳为中心的豫东北地区，开发以开封查拳、豫东洪拳为重点的民俗武术文化品牌，突出武术文化产业的民族性特质；以南阳、许昌为中心的豫南地区，以武侯祠、天宝宫等武术景观为重点，重点开发以武术精神传承为核心的旅游文化产品，凸显其历史性。通过地域之间武术文化资源的交流与融合，突出河南武术发展的整体性，把真正能够代表河南武术精神的资源挖掘出来，铸造出一个具有全国甚至是全世界影响力的武术文化品牌，实现河南武术文化资源创造性转化和创新性发展之需。

（三）注重把握河南武术文化内涵

中国武术自诞生之日起就与中国传统文化息息相关。毋宁说，武术在某种意义上就是一种文化代称。武术文化具有所有文化都具有的内在本质和基本特征。我们在考量河南武术文化产业化发展的问题上，必须注重武术文化内涵的外在呈现，注重理论提升和思想凝结。具体而言可以从以下三方面着手：

一是要突出武术文化的精神特质。针对省内目前业已发掘的武术资源各自的特点，深入挖掘期文化内涵和文化底蕴。以少林文化为例，就要着重阐发其作为禅宗文化代表的思想内涵，把禅宗文化中与社会主义核心价值观相契合的自由、平等、诚信、友善等有益元素发掘出来，通过禅意、环保、身心合一整体风格塑造少林武术文化的文化精髓。对太极拳则要突出强调其养生、保健的大众文化功能，把太极拳与群众的文化生活紧密关联起来。二是要切实地把挖掘武术文化内涵与保护武术文化资源有机结合起来。无论是禅宗还是太极，其武术文化的内在教化功能都是其主要的社会功能，如若我们在武术文化产业化的过程中过度强调其经济利益的获取，无疑会慢慢消泯武术文化的内在精神本质，使其通俗化甚至是庸俗化。特别是以武术文化为主打品牌的景区，更应该注重创造与其文化内涵相一致的运营环境，避免出现喧宾夺主，画蛇添足的现象。大多数以武术文化为平台的景区，武术文化所导向的公平、正义，颂扬忠、义、勇的武侯精神，却被沿街到处叫卖的商贩，随处可见的劣质商品喧宾夺主。三是要不断丰富武术文化的精神内涵。伴随着时代的发展和人类生活节奏的变化，人们的价值观也在悄悄地发生着变化，在这样的大背景下，武术文化的精神内涵也要不断丰富，添加卓有成效的时代元素。比如可以考虑把美国影片《功夫熊猫》中广为人知的形象，融入到少林武术推介的总体进程中去，借助现代化的传媒手段，扩大少林武术文化的社会影响力。

第二节　创新产业模式，培育河南新兴文产

当前，我省正处于经济结构调整，产业结构升级，建设创新型的中原经济区，实现构建华夏文明保护传承与创新示范区的关键时期。在此历史时期，不仅仅是发展文化产业，而且应该不断创新河南文化产业的发展模式，注重培育河南新兴文化产业。为此，我们需重新梳理、定义、正视文化、文化产业、文化创意产业的本质问题；高度重视文化创意产业在国民经济发展中的地位与作用；进一步加强文化创意产业与新兴业态的融合发展，以“二次元+”“文化+”“互联网+”为文化产业发展的渗透性因素，以此推动文化产业的升级；以文化创意产业带动传统产业结构的调整与升级，大力发展具有河南特色的文化创意产业，打造具有河南省域文化特色的示范工程，树立河南自己的文化品牌才是我省国民经济发展中的重中之重，且迫在眉睫。

一、以“二次元+”为基调，开发文产新产品

何谓“次元”？按照日文版维基百科的解释，它是最早出现于日本动画（Animation）、漫画（Comics）与游戏（Games）作品（简称 ACG）当中的术语，通常指作品中的幻想世界以及其各种要素的集合体。例如，一个规则与秩序与读者现存的世界完全不同，比如说魔法或钢弹所存在的世界，常称“异次元世界”，或简称“异次元”；另外，在传统上，以平面的媒体所表现的虚拟角色，如漫画或动画中的人物，因其二维空间的本质，而常称“二次元角色”，以有别于现实（三维空间）的人物①。概言之，“二次元”就是“虚拟”的代名词。

本书中所指的“二次元+”，是指将“虚拟”元素主动、自觉地渗透于政治、经济、文化等各个领域，为事物的发展植入“虚拟”的因子。那

① 资料来源：https：//zh. wikipedia. org/wiki/% E6% AC% A1% E5% 85% 83_ （% E5% 8B% 95%E6%BC%AB%E7%94%A8%E8%AA%9E）. ［EB/OL］.

么，“以‘二次元+’为基调，开发文产新产品”，就是指将“虚拟”元素渗透于文产新产品的开发之中，为文产新产品的开发植入“虚拟”因子。

2007 年 12 月 17 日，中共河南省委、河南省人民政府印发《中共河南省委河南省人民政府关于加快文化资源大省向文化强省跨越的若干意见》，对于文化产业的开发目标做了战略部署，即到 2020 年，文化产业增加值占生产总值比重达 7%左右，成为国民经济发展的重要支柱产业。那么，在文化强省的战略目标指引下，如何开发我省的文化产业，则具有举足轻重的地位。我们以为，将我省的文化资源与动漫技术联姻，着力打造本土化的动漫文化新产品，则不失为一个有益的尝试，也是建设文化强省的重要举措。

以武术文化产品的开发为例，在对少林文化的开发中，要注重以理论研究为依托，实行“产学研一体化”，培养、发现本土人才，凸显少林文化的地域性和中原文化的厚重感，这是避免与港台功夫片同质化的唯一途径。在我省建立华夏历史文明传承创新区的进程中，采用虚拟技术，开发以武术文化为核心的文化产业，将少林动漫产品打造为河南文化品牌，具有非常重要及迫切的现实意义①。

“文化产业有四个关键要素：商标权、版权、专利和营业秘密，其中商标权和版权是最重要的部分”②。在对本土化动漫文化的开发中，要善于吸取他者文化中的优势资源，充分学习和借鉴他者文化中的成功经验和先进做法，在全球化的进程中，注重自己的知识产权保护。在“永远建不完的迪士尼”这一理念下，美国迪士尼注重创造性地吸收他者文化中的有利元素为自己所用，比如，依照我国的虚拟题材元素为版本，美国迪士尼成功地打造出了《花木兰》《功夫熊猫》等著名的动漫作品，在全球享有票房 10 亿的同时，也收获了巨大的品牌效应。我们在为之扼腕叹息的同时，一定要吸取教训，在文化新产品的开发中，绝不能重蹈历史覆辙。

---

① 张霁月．“少林电影热”与河南少林文化产业构建发展研究［J］．河南大学学报（社会科学版），2013（3）．

② 侯菊英，周志远．加快河南文化产业发展的对策思考［N］．河南日报，2013.5（5）．

2016年，花费巨资打造的电影《轩辕大帝》，原本是想给观众讲述五千年前以黄帝、炎帝、蚩尤三位中华人文始祖为首的各部落生存状态、再现远古华夏民族聪慧感人的发展历程，电影播出后，收到的却是票房惨淡的结果，豆瓣电影评分仅为4.6分，社交网站知乎上到处是一片“求心理阴影面积”的观影尴尬；无独有偶，放眼全国，对电影事业守望与执着的吴天明导演，其遗作《百鸟朝凤》，可谓是一部唢呐的挽歌，民间传统艺术之殇，播出后同样是票房平平，后经63岁的出品人方励在视频直播中跪求排片后，才获得逆袭。类似的取之于本土文化、立足于弘扬本土艺术的影视作品，之所以落得如此下场，原因是复杂的。倘若用动漫技术来演绎这些主题，或许情况会有不同。

早在2013年，河南统计年鉴《河南工业蓝皮书（2014）》中就指出，在河南生产性服务业中，“软件信息产业将会成为‘造富工厂’”。动漫产品的开发，则属于软件信息产业的重要一环。其实，我省在开发动漫产品市场中是有先进经验可供借鉴的，比如早在2000年“小樱桃”的卡通形象就已亮相郑州，目前“郑州小樱桃卡通有限公司以小樱桃品牌为产业核心，以生产新的动画明星为方式，专注于动漫产业化营销，打造了动画片、漫画书、期刊、杂志、报纸、消费品、国家动漫基地七大业务板块，在创作动漫、版权销售、电子音像出版、产业园集聚等领域建立了领先优势，形成了一家重点培养、全面铺开的动漫企业集团”；“2010年，河南省华豫兄弟动画影视有限公司和中国信阳市委市政府、光山县委联合制作的动画片《少年司马光》在中央电视台少儿频道首播，一经播出，就好评如潮”[①]。在2017年5月11—15日的深圳文博会上，河南动漫作品《我是发明家》《纠结小冤家》等，因其民族性与国际性相得益彰，吸引了国内外客商的目光，标志着河南动漫“走出去”渐入佳境[②]。所以，我们要充分挖掘本土资源中的动漫因子，改变其“藏在深山人未知”的状态，掀起我省动漫作品的红盖头。

① 王可．河南省文化产业发展趋势研究［D］．郑州大学，2013：21.

② http：//www.hawh.cn/dmhn/2017-05/17/content_ 278365.htm.

此外，以“二次元+”为基调，开发文产新产品的策略选择，也可以用在我省茶文化产业新产品的开发上。福建安溪铁观音茶产业牵手动漫产业的例子则值得我们好好研究。铁观音和动漫，原本属于风马牛不相及的两个事物，在2011年第七届中国国际动漫节举行产业项目上，却成功牵手，并孕育出了全球首部茶文化原创动画片——《乌龙小子》。这部总投资3500万元的动画片共有78集，主要讲述象征和平友谊的中国茶，通过海上丝绸之路，将茶文化传播到世界各地①。这可谓是以“二次元+”为基调，动漫衍生产品茶产业市场的一个成功先例。这就给我省的信阳茶文化产业的“虚拟”新产品开发带来了有益的借鉴。

当然，这就需要加快茶文化管理体制的改革，创新茶文化管理体制和机制。要进一步理顺政府与茶文化企事业单位的关系，按照职能清晰、产权清晰、责任清晰的原则，逐步建立与社会主义市场经济体制相适应的，党委领导、政府管理、行业自律、企事业单位依法运营的文化管理体制，促进茶文化事业和茶文化产业共同繁荣②。

在当前社会治理（Social Governance）的语境下，要着重培育茶行业协会；在茶文化产业的治理中，充分发挥其信息提供功能、自律功能、协调功能、代表功能、社会服务功能③等，构建多元主体参与的茶文化产业治理样态。2016年8月，中共中央办公厅、国务院办公厅印发《关于改革社会组织管理制度促进社会组织健康有序发展的意见》，随着《行业协会商会与行政机关脱钩总体方案》的出台，我国行业协会进入了后双重管理体制时代，即行业协会不再需要为自己找“婆家”④：“行业协会的创立无须政府某个部门的前置审批且不受‘一业一会’‘一地一会’的限制，其决

① http：//www. chaba. org/Article/news/4244. html.

② 周变丽．河南省文化产业发展优势及战略选择［J］．经济研究导刊，2013（14）.

③ 柳成瑞．我国行业协会规制研究［D］．兰州大学，2015：21—22.

④ 无可讳言，新中国成立以来，我国政府对社会组织的态度“始终存在以管控为基调的政治思维及其敏感性”（王名，2014）。1998年颁布的《社会团体登记管理条例》，使得“双重管理”“归口登记”成为我国众多社会组织的紧箍咒，致使部分社会组织因找不到“婆家”而被迫注册为法人企业，严重阻碍了社会组织的健康发展。王芳芳，李萍．论日本民间团体在新药受试者保护中的作用——以日本药害监督专员协会为例［J］．日本研究，2016（1）.

策不用经过业务主管部门的批准同意，其运行也不再受业务主管部门的干预”①。这就破除了制约我国行业协会生存和发展的障碍，迎来了我国行业协会发展的春天。这对我省茶行业协会的生存和发展也大有裨益。我省的茶行业协会可以结合我省茶行业的特点，在动漫文化产品的研发中充分“在场”，有效地承接政府部分管理职能的转移，为我省的动漫茶产业发展建言献策，构建我省新型的茶文化产业治理样态。

二、以“文化+”为主轴，培育文产新业态

“国民之魂，文以化之；国家之神，文以铸之。”文化，作为国家与民族健康发展的不竭动力，推动着人类由野蛮走向文明、人类社会由低级走向高级。

何谓“文化+”？郭永辉在《光明日报》中对此做出过较为精确的界定，即“文化+”是文化更加自觉、主动地向经济社会各领域的渗透，其核心是赋予事物活的文化内核、文化属性、文化精神、文化活力、文化形态和文化价值，为事物植入文化的DNA。其具体内容和表现形态是文化+民族、文化+中国、文化+文化、文化+旅游、文化+经济、文化+商品等②。在文化产业方兴未艾的今天，“文化+”已然成为文化产业发展的一个重要载体，在文化产业的培育和发展中扮演着重要角色。

据调查数据显示，当今主要发达国家文化产业产值占GDP的份额分别是：美国31%、日本20%、欧洲国家10%~15%、韩国15%。较之于上述发达国家，我国的文化产业产值比重相对较小，且呈现极大的地域差异：帝都北京和魔都上海的产值比重优势显著，北京2014年为13.1%，上海2013年为11.5%③。在大力弘扬“文化强省”战略的今天，河南如何搭上“文化+”这趟班车，是位居时代前沿的一个课题。

---

① 胡辉，华陈楚，烽郑．后双重管理体制时代的行业协会如何成长发展？——以广东省物流行业协会为例［J］．公共行政评论，2016（4）.

② 郭永辉．“文化+”与文化产业的崛起［N］．光明日报，2015.11（07）.

③ 同上。

其实，作为中华文化的最主要发祥地——河南，其文化资源的历史不是不悠久（如四大文明古都——郑州、洛阳、开封、安阳等）、种类不是不繁多（如根亲文化、武术文化、仰韶文化等）、分类不是不广泛，可是，由于历史和现实的原因，从文化产业的视域来看，与国内其他省份及国际相比，还存在很大的开发空间。但是，我们不必为之自怨自艾，反倒可以以“文化+”为契机，在充分挖掘自身文化底蕴的基础上，借鉴先进经验，他山之石，可以攻玉。在这一方面，河南电视台以及河南一些动漫企业做出了较好的探索。

河南小樱桃动漫集团在 2004 年就拍摄出了《快乐星球》这样的动漫文化经典产品，河南电视台从 1994 年就推出了《梨园春》这样的戏曲文化创新品牌，与其后推出的《武林风》的武术文化创新品牌一同支撑起河南现代文化产业的天空。这些文化产品的推出不仅把文化融入现代科技之中，更是为河南传统文化的发展闯出了一条新路。其中的经验值得我们在当代文化发展的新业态下冷静思考，认真借鉴。一定要弄清楚“文化+”是简单的合并还是深度的融合，是“文化搭台经济唱戏”还是要真正繁荣创新河南文化产业，是真正要满足人民的精神文化需求还是要以此为噱头赚取钞票。下面我们就以河南茶文化和古都文化的发展和培育为例阐明文化新业态的培育之道。

以我省的茶文化为例。信阳茶拥有悠久的历史——从有据可查的文献来看，信阳茶最早可以追溯至东周时期，“茶圣”陆羽曾经对之赞誉有加，发展至今，从信阳市人民政府所公布的官方数据来看，信阳毛尖的茶产业已经具有了相当的规模，但是，以“文化+”为载体的信阳茶的新业态开发尚亟须加强。我们可以通过与云南普洱茶的对比中看出差距。

追溯云南普洱茶在近年来勃兴的原因，媒体的广泛宣传自不必说，但这是外因；其真正的内因是普洱茶激活了自身的“文化+”基因，培育了自己的品牌故事（大益集团、八角亭集团、中茶集团、下关集团等十大著名茶企），打造出了自身的普洱茶文化产业链。以位居十大品牌榜首的大益集团为例，大益集团集茶叶生产加工、茶叶科技研究、茶文化会所、茶餐饮以及茶具陶瓷工艺为一体，产业链条较为完善，“大益”品牌享誉海内外，位居中国茶叶企业产品品牌价值的首位[①]。而这一切，则取决于大益集团董事长吴远之先生高瞻远瞩的“文化+”战略。中国人民大学哲学院院长姚新中教授在首届全国茶道哲学高峰论坛开幕式上曾这样评价：“吴远之先生是一个很有情怀的人，他对于茶不仅仅认识为饮料，而是把茶作为民族精神、作为一种民族文化进行弘扬和发展。他在北京成立茶道研究院，和清华大学合作成立了茶与艺术学研究所，和北京大学合作成立了茶与心理学研究所，现在和人民大学成立了一个茶与哲学的研究所。从这个方面可以看出他对茶的理解绝对不是狭义的、作为一般的企业家来理解，而是把它作为一种民族的文化去理解和实行”。其中，大益茶道院（ACCTM，Academy of Certified Chinese Tea Master）是中国职业茶道师认证及研修机构，致力于职业茶道师的培训、竞赛、评级和中国茶道的交流与推广；清华大学“茶道与艺术研究所”，系开展茶道艺术精神的理论探索与茶道艺术的创作实践（如陶艺产品设计研发等）；北京大学“茶道心理学研究所”主要是系统开展茶道心理学学科建设、茶消费者心理研究、茶广告心理研究等系列基础与应用型科研；中国人民大学“茶道哲学研究所”[②]，着手开展茶道哲学的系列研究，探寻茶道与中西哲学之间的内在关系等[③]。除了整合上述国内顶尖学校的学术力量外，大益集团还于2010年8月成立了大益集团博士后科研工作站，目前已有数名学者出站。截至目前，大益集团已陆续编撰出版英文版、日文版、韩文版、俄文版等多种语言的茶道教材。

路漫漫其修远兮，吾将上下而求索。在与大益集团做深入比较的同时，深深感到信阳茶的产业化开发任重而道远。信阳茶应当勇于解放思想、抛弃小农思维，大胆开拓创新，秉承“天地融入一茶汤”[④] 的宏大视

---

① 数据来源：《2013年普洱市国民经济和社会发展统计公报》，普洱市统计网，2014年3月24日。

② 资料来源：中国人民大学茶道哲学研究所官方网站 http：//www. teaismphi. cn/。

③ http：//www. acctm. com. cn/reseach/.

④ 资料来源：中国人民大学茶道哲学研究所官方网站，http：//www. teaismphi. cn/.

野，在“问茶山水”中，为信阳茶产业的链条式发展点燃新创意、开辟新空间，培育信阳茶产业的新业态。

此外，以“文化+”为主轴，还可以激活我省的“名人故里”的文化基因，打造“文化+旅游”的新业态。洛阳伊川的二程兄弟，即北宋时期的旷世大儒程颢、程颐，宋明理学的主要奠基人，世称“二程”。黑格尔曾说，“哲学史所昭示给我们的，是一系列的高尚的心灵，是许多理性思维的英雄们的展览，他们凭借理性的力量深入事物、自然和心灵的本质——深入上帝的本质，并为我们赢得最高的珍宝，理性知识的珍宝”①。二程的理学思想，“极高明而道中庸，致广大而尽精微”，也是我们心灵的珍宝。作为其重要组成部分的“孔颜乐处”观，内涵深刻，意义深远，是弘扬中原文化的重要支撑力量。

“当今社会，在市场经济的大潮下，功利主义的充斥，物化世界观的泛滥，消费主义的猖獗，使得人们异化为挣钱的工具，无时无刻地忙碌奔波使得人们的精神与心灵受到压抑和扭曲。在快捷的生活节奏面前，人们往往把个人眼前的物质利益作为首选的价值目标。二程的‘孔颜乐处’观所包含的‘循理’之乐、‘鸢飞鱼跃’之乐、‘与物同体’之乐等内容，是对世俗化和平庸人格的抑制和消解，启示着身处世俗化社会中的人们进一步提升理想，培育超迈的人生气概；并且对于提醒‘精神沉陷在日常急迫的兴趣中’的当代人的感官与精神之间寻求一种‘必要的张力’，对于启示人们思考如何过一种真正快乐的生活而避免成为‘单向度的人’，‘贡献了可以分享的珍贵资源’。此外，二程的‘孔颜乐处’观所蕴含的‘忧道不忧贫’的精神，以及以天下为己任的担当情怀，对于信念伦理的挺立持守具有重要的价值借鉴意义”②。

从古都洛阳旅游业的状况来看，其过多依赖于旅游带动，文化资源的开发和转化能力严重不足。2007年的数据显示，洛阳文化产业发展严重滞

---

① ［德］黑格尔著，贺麟，王太庆译．哲学史讲演录（第1卷）［M］．北京：商务印书馆，1978：6.

② 王芳芳．二程的“孔颜乐处”观探论［D］．湖南师范大学，2010：2.

后：2007 年，洛阳文化产业年实现增加值才 27.9 亿元，占全市 GDP 的比重只有 1.75%，不仅远低于全省水平，也低于全国 2.6%的水平，只有全国水平的 60%，其产品形态大多是低端的旅游衍生品[①]。

在由“景点旅游”向“全域旅游”的战略转变中，我省目前在对二程故里的旅游策划和宣传中，对二程精神人文魅力弘扬的重视程度，依然不足。在当今时代，如何找准二程精神的切入点、结合点、增效点及其内容，创新适应市场、富有吸引力、竞争力、生命力的旅游新业态[②]，赋予旅游产品更多的文化内涵，对于推动“文化+旅游”产业的繁荣发展是至关重要的。现在看来，对于二程“孔颜乐处”观的弘扬，则不失为一个有益的尝试，这将为现代人的心灵注入一剂清凉，从而在一定意义上修补人们的文化消费缺口，提升旅游产品中的文化含量，推动旅游与文化产业的协同并进。

总之，以“文化+”为主轴，弘扬传统文化遗产、创新文化产业开发，是我省文化产业传承和创新的策略选择。

三、以“互联网+”为手段，创新文产新服务

“互联网+”，是国务院总理李克强在 2015 年率先提出的一个术语，是“创新 2.0”下中国互联网发展的新形态、新业态，是知识社会“创新 2.0”推动下的互联网形态演进。“互联网+”不仅仅是互联网的移动与泛化，以及与传统行业的融合及应用，更加入了无所不在的计算、数据、知识，造就了无所不在的创新，也引领了创新驱动发展的“新常态”[③]。发展至今日，“互联网+”不再仅仅是过去互联网思维的理论概念，而是由思维进入到实践领域，“互联网+”由一种观念创新、理论跨越进入到文化艺术与社会生活的实践之中[④]。

---

① 孟博超．河南文化产业发展的制约因素与对策分析［J］．前沿，2011（6）．

② 郭永辉．“文化+”与文化产业的崛起［N］．光明日报，2015.11（07）．

③ http：//zh.wikipedia.org/wiki/%E4%BA%92%E8%81%94%E7%BD%91%2B.

④ http：//news.gmw.cn/2016-03/24/content_ 19419132.htm.

“打造华夏历史文明传承创新区、建设中原文化强省，是扎实推进建设社会主义文化强国的具体体现”①。在文化强省的战略指引下，如何发挥中原文化优势，打造中原文化高地，加快推进中原文化大发展、大繁荣，实现河南省的“中原梦”，是每一位文化建设者的责任所在。对于河南文化产业发展的策略选择，以“互联网+”为手段，创新文产新服务，则是创新产业模式，培育河南新兴文产的重要举措。另外，正如安蒂·卡斯维奥（Antti Kasvio）所说，现代信息社会的发展过程从科技创新开始，其“中心从信息收集与科技的传送，逐渐转向这些科技所传播的内容”②。由于“互联网+”更多是以技术创新为主的跨越边界的产业融合，所以，从这种意义上来说，文化产品新服务的创新，更多是在“互联网—科技+”协同运营中进行。

以中国画虎第一村——商丘市民权县王公庄村为例，其目前的发展现状为：文化产业园区已初具规模；绘画人才队伍庞大、且已有名人加盟；销售市场基本稳定，销售渠道也呈现出多样化的特征；部分农民画家思想观念发生转变，改变了各自为政、相互设防的心理，比如 2008 年捐献给北京奥组委的 400 米长卷《百年奥运　虎跃京华》，就是出自集体力量的创作。但是，也面临着诸多问题，比如品牌塑造和技艺传承意识较差、文化产品消费市场局限、文化产业中介机构的作用有待加强等③。

而上述这些问题都是发展中的问题，依托“互联网+”这一优势平台，则可以得到较好的解决。比如，针对消费市场局限这一问题，可以依托云计算机技术形成物联网，实现信息的快速访问，从而在全球范围内打开虎画产品的消费市场；针对产业中介机构的作用有待加强问题，经纪人与画家相互不信任的关系造成了艺术市场的恶性循环，在物联网的支持下，可以公开招聘专业的第三方在线办公，实现线上与线下一体化的数字商务

---

① http：//news. xinhuanet. com/politics/2012-12/03/c_ 113885349. htm.

② 孟博超．河南文化产业发展的制约因素与对策分析［J］．前沿，2011（6）.

③ 张雪丽．河南文化产业发展问题研究——以民权画虎村为例［D］．郑州大学，2013：15-23.

市场[①]。

另外，以“互联网+”为手段，对于优化旅游资源、打造旅游文化产业的新服务也具有重要启示。“三步一寺庙，七步一神社”，拥有1200多年历史文化传承的京都被誉为日本人的心灵故乡。为了方便游客赴京都旅行，早在2012年，京都市政府就开展了一项名为「京都どこでもインターネット」（Kyoto WiFi）的计划，旨在为旅客提供一个覆盖整个京都市的无线WIFI网络。这一计划的实施，为旅客，尤其是为境外赴日的旅客提供了极大的便利，让旅客在春季能够惬意地感受“樱花落成河，一见倾人心”的曼妙，在秋季能够欣赏到红枫似火的精美绝伦，品味日本风情。同样是古都，同样是品牌文化资源，在我们的洛阳国际牡丹节上，倘若以“互联网+”为手段，精心部署，创新旅游文化产业的新服务，也能让游客，尤其是国际友人更好地品味洛阳古都的文化神韵、观赏洛阳牡丹甲天下的壮丽景观。

互联网是一把双刃剑。互联网科技日新月异的发展，在给文化产业的发展带来诸多益处的同时，我们也必须看到它的负面效应，比如给传统纸媒带来了革命性的冲击。纸媒行业如何突破现有的发展“瓶颈”，传统纸媒与新媒体如何相融共生，而非走向两极，则关系着传统纸媒的发展模式和转型。河南日报报业集团、大河网络传媒集团与阿里巴巴、百度、中国移动通信集团河南有限公司等业界“大咖”签署战略合作协议，成功实现了报业自身的涅槃重生[②]。但是，我们在为河南日报报业集团转型鼓掌与欢呼的同时，也在担心其未来自身发展中的隐忧，也即整个数字化出版产业中的“瓶颈”问题，比方说网络出版的版权问题、网络出版中的伦理道德问题等。网络出版是一个朝阳产业，它对于信息的沟通和文明的保存来说意义明显，但是版权是横在市场化、规模化运作前的一个天堑。据河南一些网络运营商的调研，网民中的30%愿意付钱来买书，但是实际上的结

---

① 王可．河南省文化产业发展趋势研究［D］．郑州大学，2013：26-27.

② http：//news. dahe. cn/2015/11-19/106015900. html.

果却远远低于这个数据。网络社会的虚拟性和开放性，使得网络出版面临诸多伦理问题[①]。因此，如何规范网络出版行为，是创新出版行业服务所面临的一个重要难题。

第三节　提质创新，升级河南传统文产

河南历史文化悠久，自夏商周时期已趋向成熟，引领中国古代文化发展，并为之后孔子等圣贤所吸收，开创了春秋时期中国文化的“轴心时代”，奠定了文化革命的范型，所有这些成就，与夏商周时期的河南文化的发展是息息相关的。自此以后，中原河南文化一直高度发展，繁荣昌盛，为中华民族的繁荣富强做了重要的贡献。在今天，文化产业日益在中华民族伟大复兴这个重大战略布局中发挥重大作用的时刻，如何发挥河南传统文化时代作用，构筑符合时代发展形势的文化产业，显得至关重要。要实现这些目标，我们认为要从注重创意型、科技型，提升文化产业；注重集约化、精细化，提质传统文化产业以及注重个性化、品牌化，提速文化产业等三个方面做起。

一、注重创意型、科技型，提升传统文产

河南传统文化是几千年文化发展的积淀，曾创造出辉煌的成就，对世界产生深刻的影响，并且一些重要的成果依然为现今所继承和使用，对于提升中华民族的文化自信很有帮助。

但不能否认的是，这些传统文化是封建时代的产物，其文化范式和思维路径与现代文化之间是存在隔膜的。例如，安阳殷墟出土的甲骨文，不是一般大众能够认识的；张仲景的《伤寒杂病论》也不是现代的中国大众所能够解读和理解的，因此不能够直接的将这些文化呈现给当代的中国人。

---

① 党琼．河南文化产业发展现状研究［D］．郑州大学，2014：42.

这就需要将传统文化进行创意化和科技化，使得传统文化能够为当下的人们所了解和使用。这些方面例如开封的清明上河园，汇聚了中国很多民间传统文化，南阳的诸葛亮躬耕地上建立的武侯祠等等，都是创意化的传统文化产业。不仅仅是在接受层面，在生产和传播的阶段上都需要创意和科技，以此来提升传统文化产业。

创意产业是一个新兴产业，伴随着工业化的发展，创意在经济和科技的发展中占据越来越重要的位置。创意产业的概念最早出现在1998年出台的《英国创意产业路径文件》中，该文件明确提出“所谓创意产业，就是指那些从个人的创造力、技能和天分中获取发展动力的企业，以及那些通过对知识产权的开发可创造潜在财富和就业机会的活动。”①创意产业有如下几个特征：第一，创意产业注重的是在产业生产过程等全部过程中强调创造的因素，以“创意”为根本，来推动产业的兴起和发展。第二，创意产业在其生产过程中，由于其本身是知识创造和思维创新的结果，因此在整个产业过程中更加具有想象的成分和象征的意义。第三，文化创意的产品，因为其凝结了创造者的智慧，在现代社会中，具有知识产权的意义。

由上所述，我们认为，文化创意产业是创意在文化产业中占据重要比重，与经济发展息息相关，注重科技发展的产业。

目前，中国各个地区的文化创意产业已得到了很好的发展，尤其是在北京、上海、广州和深圳等地区，形成了完整的文化创意产业，包括提供实物和娱乐产品的活动，如书报出版、制作、发行等；文化服务，如广播电视和影视等等；文化产品的保存，如图书馆等；文化产品的生产，如印刷业等。

河南文化创新产业发展也取得了显著的成就。首先，形成了完整的文化创意体系。从书籍出版社等提供实物的产业，到电视、电影等文化服务行业，再到河南博物馆、河南省图书馆等文化产品保护行业。其次，文化创意产业在整个河南经济中的比重越来越大。据统计“文化产业实力不断

① 王立丽．伦敦文化创意产业发展模式的借鉴与启示［J］．产业观察，2011.

增强，新闻出版、广播影视、文化娱乐等文化产业群体初具规模，网络文化、电子音像、动漫游戏、广告会展等新兴产业势头强劲，2004 年全省文化产业增加值达到 264. 45 亿元，占 GDP 的比重为 3. 0%。全省文化产业从业人员 82. 14 万人，占全部从业人数的 1. 5%。城乡居民文化消费占全部消费支出的比重为 6. 1%。"① 而到 2015 年"河南省文化及相关产业实现增加值 1111. 87 亿元，首次突破千亿大关，比上年增长 12. 9%（未扣除价格因素），高出全国 1. 9 个百分点，增速明显高于全省 GDP 增速；占 GDP 的比重首次突破 3%"。②

不可否认的是河南的传统文化创意产业依然有待改善和提高。这表现在如下几个方面：其一，文化创意产业虽然取得丰硕的成果，对经济发展有很好的促进作用，但在整个经济比重中依然很低。在古代社会，河南由于其优越的地理环境，使其成为农业发达地区。而且由于靠近河流，交通便利，所以使其能够吸收其他地区的文化，从而创造出自己的优势文化。但到了近代，尤其是经济全球化大趋势下，世界文化传播的途径，在沿海的国家主要是从沿海到内陆，这就使得河南地区在新文化的接受上，远远落后于沿海发达地区。同样的原因，使得河南地区与外界的交流程度和范围落后于发达地区，这使得河南的工业和服务业，落后于沿海城市，以至于现在河南依然是农业大省，其第二产业和第三产业没有得到更好的发展，尤其是科技行业没有很好的发展，使得河南地区的文化创意产业没有得到充分的发展。其二，河南文化创意产业的创意型和科技性依然有待发展。河南传统文化产业主要集中在旅游和影视等行业，这些行业仍固守传统做法，而没有与新时代的创意型和文化性紧密地结合。尤其是在旅游业中，创意型和科技性的含量更低。其三，河南文化创意产业在内容和范围上有待于拓展。以河南文化特色之一的豫剧为例，其呈现方式，不仅仅是现场的演出，还包括影视。豫剧作为河南传统文化的一个重要标志，其产生之初，由于受到当时交通的影响，没有得到广泛的传播。至现代，更受

① 河南省文化厅编印：《河南省文化产业统计资料》，2005 年。

② 河南省文化厅编印：《河南省文化产业统计资料》，2016 年。

到时代和多元化的冲击，传播的范围更小，传播面更狭窄。究其原因，是由于时代性和文化特殊性造成的。从时代性上讲，豫剧由于其本身是一种传统艺术的展示方式，面对今天色彩纷呈的艺术形式，例如唱歌等更具时代特色的消费方式，缺乏竞争力。从文化特殊性上讲，河南豫剧是地方的产物，其本身的艺术表现形式，更加侧重于豪放派。因此，对于在江南烟雨中成长，喜欢婉转优美的昆曲的南方人来讲，比较难以接受河南豫剧的这种表现方式。

由上所述，要发展河南传统文化创意产业，可以在如下几个方面进行探索：

其一，学习中外成功经验，加大科技和创意在文化技术产业上的含量。现代文化产业的一个重要特征，就是创意以及科技在文化上的提升。事实上，科技和创意有助于传统文化的传播。传统文化中有一部分内容，涉及到想象的成分，尤其是传统文化中的那些神话想象部分。这些内容在最初主要是以文字和语言的形式进行传播，随着科技的发展，使这些传统文化能够被更多的观众所接收。例如，《哈利波特》，最初只是文字，但是后来拍成了电影，被更多的观众所接收。

其二，以科技和创意为契机，拓宽传统文化的受众。传统文化是在特定的时期和地域创造出来的，因此，其本身有很强的地域性和时代性，这也在一定时期限制了流传。而科技能够打破这样的限制。在传播领域，以少林寺为例，少林寺是中国传统佛教发展的结晶，虽然在 20 世纪 50—60 年代，港台地区已经出现一些与少林文化有关的电影，但是直到电影《少林寺》的上映，才使得少林文化得到更好的发展，不仅推动了相关的少林文化电影相关的影视的发展，而且也推动了相关产业的发展。

二、注重集约化、精细化，提质传统文产

党的十八大提出“推进社会主义文化强国建设”的论述是文化产业改革和发展的指导性思想。事实上，在文化产业发展过程中，党中央一直强调文化产业的高质量的发展。早在 2012 年温家宝总理在《政府工作报告》

中就提出了要提高文化产业的规模化、集约化、专业化。

事实上，产业的集约化和精细化是现代产业发展的要求和发展趋势。“精细化”是将产业在生产、交换、分配和消费过程中把工作日渐细致化。“精细”一词有完美、周密、高品质而且注重细节、细致的词义。在现代产业发展过程中体现了一种意识、态度、理念和文化。

在现代管理学上“精细化管理”是社会分工及服务质量的精细化对现代管理的必然要求，“是现代管理学的基础，并将常规管理引向深入，将精细化管理的思想和作风贯彻到企业每个环节的一种管理模式。精细化管理强调将管理工作做细、做精，以全面提高企业管理水平和工作质量，是企业超越竞争者、超越自我的需要，是企业追求卓越、实现完美的必然选择，也是确保企业在激烈的市场竞争中实现基业长青的重要指导思想和管理理论。”①

集约化经营的基本内涵有本义和现代义两种解释。《辞海》解释其本义为：“集约”是指农业上在同一面积投入较多的生产资料和劳动进行精耕细作，用提高单位面积产量的方法来增加产品总量的经营方式；现代意义的“集约化经营”的内涵，则是从苏联“引进”的。1958 年，苏联经济学家第一次引用“集约”一词，解释其义为：指在社会经济活动中，在同一经济范围内，通过经营要素质量的提高、要素含量的增加、要素投入的集中以及要素组合方式的调整来增进效益的经营方式。简言之，集约是相对粗放而言，集约化经营是以效益（社会效益和经济效益）为根本对经营诸要素重组，实现最小的成本获得最大的投资回报。②

而集约化管理主要有四个特征：一是质量经营的特征。应把质量经营放在重要位置上，从过去一贯性以“外延扩大”和“争地盘，壮块头”为主的经营思路转向以“强化内涵”和“练内功”为主的经营思路上来，在资产质量、负债质量、管理质量、服务质量等方面上档次、上台阶。二是集约化经营要求实施各种生产要素相对集中，按照规定生产目标和模式，

① ［美］柯林斯著，真如译．基业长青［M］．北京：中信出版社，2006：7.

② 王明浩．中国文化产业症结：集约化程度低、资本不足［J］．今日国土，2011（10）.

进行生产资料分配，使得各种生产要素以及生产行业进行积极有效的相互配置。三是效益效率经营的特征。集约化的最终目标是通过在“边际效应”的指导下，改变对生产要素，实现经济效益最大化。四是通过高科技来实现经济集约化。集约化生产正是通过高科技因素在文化生产中的作用，来提高生产效率和效益。①

近年来，河南传统文化产业在集约化和精细化方面取得了长足的发展。有许许多多的传统文化产业已经在集约化和精细化方面取得了重大的成就。以少林寺为例，少林寺文化产业已经逐渐实现了产业的集约化和精细化。少林寺不仅仅将传统的少林寺武术文化、少林寺历史传统、佛家文化以及商业文化进行资源整合，在产业链上也将影视行业、制造业以及娱乐产业结合。南阳的汉画在这方面也取得了巨大成就。汉画本是汉代时期的一种艺术表现，它显示了南阳地区生活状况和思想状况。现在，汉画传统行业在南阳地区文化产业中也日益实现了集约化和精细化。在行业上，镇平玉器行业、南阳汉画馆、南阳考古发掘队、南阳师范学院汉代文化研究中心已经逐渐地结合在一起，实现了集约化程度，而且日渐地在汉画服务上呈现精细化。例如不仅仅在生产上，要注重汉代画像在汉代的具体研究，并且将其与玉石行业以及出版业紧密的结合，尤其是玉石行业中，将汉画作为一种重要的要素，该如何与玉石行业紧密联系起来，是非常有用的。

当然，河南传统文化产业在集约化和精细化上还有很长的路要走。这表现在如下几个方面：其一，集约化在整个行业中程度不高。以河南的传统文化旅游业为例，各个地区之间相互分离，即便是同一个市区，各个旅游景点并没有实行有效的整合，呈现非集约化的模式，从而使得各个旅游景点零散，成本高，由此使得产品价格更高，进而使得整个地区的旅游行业缺乏整体的竞争优势。其二，精细化有待于在各个行业提升。同样以旅游行业为例，在生产和消费各个环节都需要精致的设计和服务。在生产领

① 张旭梅．集团企业集约化管理［M］．重庆：重庆大学出版社，2014：58.

域，不仅仅要加强各个景点的具体的设计，还要加强宣传的力度。以南阳武侯祠为例，南阳武侯祠作为南阳传统文化的一个重要的品牌，是外省或者外国人了解南阳的一个重要途径。因此，如何做好宣传是极为重要的一个环节。而南阳武侯祠在这一方面做得比较好。其以网络为媒介，使得外人能够非常快速、有效地接受这个文化。另外，每年举办一种学术会议，以学者为传播的媒介进行宣传，而这种宣传更具有说服力和可信性，从而使得南阳在“诸葛亮躬耕地”之争中逐渐扭转了以往趋势。其三，政府要扶植传统文化产业走向精细化和集约化。由于一些传统文化产业，需要大规模的经济投入，而且需要理念上的引导。另外更为重要的是，集约化和精细化一个明显的要求是将各个行业之间进行有效的整合，而政府作为一个执行者，应制定明确的法规。

鉴于此，要使河南传统文化产业集约化和精细化程度更高，就要做到如下几个方面：其一，从产业层面，注重从粗放型到集约型和精细化转变。在中国，现代企业的发展，已经摆脱早期的粗放型的发展模式，日渐走向了集约型和精细化模式，而且一些先进的企业在这些方面取得了巨大的成就，也使得该企业的发展取得了更加辉煌的成就。河南地区的传统文化企业要顺应趋势，加强集约型和精细化的发展，只有如此，才能在竞争激烈残酷的今天，得以存在和发展。在这方面，一种新型的传统文化发展模式应运而生——“打造文化生态园”。文化生态园的主要特征是相关产业链企业凝聚在一起，而这种产业链之间不仅仅是各自生产，更要相互之间进行合作，从设计、创作生产、营销、售后服务等各个环节，都进行相互协作。而且这种文化生态园的布局，更注重整个产业链之间的一条龙服务，从而使得产业之间更具有凝聚力，此外，还要通过高科技在文化生态园中支持信息网络内容产业方面的企业。其二，政府要加大对于传统文化产业转向集约型和精细化过程中的政策和资金支持。产业在粗放型向集约型转化过程，不仅仅是产业内部的整合，也涉及到企业之间的整合。在这一过程中，政府要加强产业之间的宏观调控和指导。这就需要政府制定相关的法律法规，来完善和规范产业之间整合的规范化和法制化。另外很多传统文化产业属于政府持有，因此，政府也需要加强传统文化产业集约型和精细化的转变。其三，加强人才培养。在产业集约化和精细化的过程中，需要大量的人才，由此，人才的培养需要一套完整的体系。首先需要相关产业或者企业本身内部对于人才的引进和培养，其次是在高校中设置相关的产业。

三、注重个性化、品牌化，提速传统文产

对于一个产业的发展，注重个性和品牌十分重要，尤其是经济科技飞速发展的今天，品牌不仅仅是一个创新能力的标志，也能推动经济的飞速发展。

在此背景下，十八大以来党中央更加注重质量和品牌的改善和提升。其中，2014 年 5 月 10 日，习近平总书记在河南考察中铁工程装备集团有限公司时指出“要加快构建以企业为主体、市场为导向、产学研相结合的技术创新体系，加强创新人才队伍建设，搭建创新服务平台，推动科技和经济紧密结合，努力实现优势领域、共性技术、关键技术的重大突破，推动中国制造向中国创造转变、中国速度向中国质量转变、中国产品向中国品牌转变。”①

当下，在河南提升传统文化产业中实现个性化和品牌化十分重要。首先，党的十八大以来，国家更加注重经济发展转变方式品牌化、质量化的战略。河南作为中华民族伟大复兴战略布局的重要组成部分，曾经在中华民族的繁荣中做出了重大的贡献，为后世留下了宝贵的财富。而现代以来，由于历史原因以及经济全球化的发展，使得地处内地的河南逐渐落后。因此，如何适应经济的发展趋势，如何利用自己的优势资源，加速发展区域经济，是积极响应习近平总书记中华民族伟大复兴的号召，是向中央看齐、拥有大局意识的表现。其次，是河南经济发展的一个重要环节。在传统社会，河南经济的发展，因为其农业的强势以及地区交通的便利，

① 习近平.《深化改革发挥优势创新思路统筹兼顾 确保经济持续健康发展社会和谐稳定》，中新网，http：//cpc.people.com.cn/n/2014/0511/c64094-25001070.html。

曾经取得辉煌的成就，但是到了近代以来，随着工业化的发展，农业在经济发展比重中也日渐衰落。而河南作为一个农业大省，虽然在农业中取得了重要的成就，但是整体上，其经济总量排名，并不符合河南庞大的人口总量，究其原因，就是其第二产业和第三产业在经济中的比重还没有达到发达地区那样高。因此，加速发展第二和第三产业，是河南经济发展的必然过程和选择。而文化产业综合第二产业和第三产业，并且在文化产业中，由于河南的传统文化资源丰富，因此，如何开发传统文化产业显得十分重要，而传统文化要想发展起来，就需要以传统文化为依托，突出品牌化和个性化。再次，是保护和开发传统文化产业的必要的步骤和措施。河南传统文化资源丰富，这是有目共睹的，但是如何将这些传统文化推广，使得其在中国，甚至世界出名，是一个重要的问题。事实上，在品牌效应的基础上，河南的经济和文化能够取得优异的成就。以少林寺品牌为例，河南的少林寺在区域上已经冲出中国，走向世界；在产品上，不仅仅是武术培训基地，更有许多的文化产品，例如影视、书籍、舞蹈等。

目前，河南在传统文化品牌化上，在各个方面已经取得了重要的成就。在文艺上，河南的豫剧文化源远流长，内容宏富，不仅有关于古代的内容，还有关于现代农村题材，以及革命题材的，其在中国古代也被列为重要的曲艺种类。而在现在，以传统豫剧为依托，在品牌效应下，大力地发展豫剧，例如，在古代内容方面著名的有《花木兰》《穆桂英挂帅》《风雪配》《收姜维》等，近代著名的有《朝阳沟》等。另外以在品牌化效应上，将这些豫剧改编为电视剧和电影。在全国广为流传。其中一些题材还取得了国家级别的奖项，例如大型情景交响音乐《木兰诗篇》、大型舞剧《风中少林》《河洛风》、大型歌舞剧《清明上河图》已经制作成功，取深受观众欢迎。现代豫剧《村官李天成》成为国家舞台艺术精品工程入选剧目。新编历史剧《程婴救孤》在第七届中国艺术节上荣获文华大奖第一名。河南的杂技艺术世界知名，尤其是濮阳、郑州、漯河杂技团，常年坚持在美国、英国、东南亚演出，取得了很好的社会效益和经济效益。

但目前河南的传统文化在品牌化和个性化上做得还不够好。这具体表现在：其一，河南的文化博大精深，但品牌化起步较晚，意识相较于发达地区比较弱。品牌化的产生实际上是现代工业的一个产物，是对知识产权的保护。而河南在中国的内地，现代化工业起步晚，因此，意识薄弱。由此，使得一些重要的传统文化资源被其他区域所利用。以南阳武侯祠为例，诸葛亮的躬耕地之争论，是一种学术的争论，但是涉及到传统文化开发上，南阳地区明显落后于襄阳，而使得现代在很多人的意识中，武侯祠主要是在襄阳，使得南阳地区的武侯祠品牌化相对落伍。其二，品牌化有待深化，以使传统文化在现代经济发展中得到更好的发展。以少林寺为例，少林寺在河南传统文化产业中已经取得了很高的成就，但是依然有尚待开发的地方。仅仅以影视来讲，以少林寺为主题的电影，最早是在 20 世纪 50—60 年代的港台地区发展起来，随后到了 20 世纪 80 年代和 20 世纪 90 年代才因主演的《少林寺》电影，使得河南地区的少林寺声名鹊起，此后，少林寺在传统文化开发上取得了优异的成绩。但有关少林寺题材的电影，由河南主持的或者创作的很少。其三，品牌化的发展，需要相关产业的支持。品牌化的发展，重要的是创意，相关产业的支持。例如少林寺品牌的发展，不仅仅需要新闻媒体的传播，少林寺本身文化在现代社会中的发展，还需要影视产业、科技研究机构的支持，这样才能够使得更多的观众去间接地了解和认识少林寺，从而提升少林寺的知名度。

针对上述的问题，需要从以下几个方面做起。其一，政府层面要建立完善的机制来保证品牌化的发展，且宏观指导各个产业之间的相互协调。品牌化的发展，不仅仅需要相关产业人员创造出一些重要的品牌，还要政府建立完善的机制来保证品牌化的发展。这就需要，一方面政府要保证品牌制造者的利益，进而促进品牌化意识的发展，另一方面政府也需要通过经济和政治的手段来支持品牌的创造。另外，政府也是品牌的制造者，尤其是一些重要的公共资源需要品牌化时，政府也需要及时地制定出重要的政策方针。当然，政府作为经济发展的统筹宏观的指导者，在发展品牌的同时，也要促进在同一品牌下各个行业之间的整合，如此才能使得品牌效应更大，品牌经济效益最大化。其二，品牌化要加强各个行业之间的联系。以河南少林寺为例。自李连杰主演电影《少林寺》以来，少林寺声名鹊起，空前繁盛，一直延续至今。而且也推动了相关产业的发展。仅仅以少林寺本身来看，不仅让中国功夫火遍全球，在全世界许多地方办起了培训机构，使得少林文化得到更大的传播和发展。而且推动了相关文化产业的发展。大型山水实景演出音乐会《禅宗少林·音乐大典》是全球最大的山地实景演出。在其公开演出之后，受到大众热评，并给各方带来了极大的经济收入。另外，少林寺还在饮食、少林纪念品开发上取得了长足的发展。并且，随着网络的发展，少林寺借助于网络平台，涉及了电子商务领域。其三，品牌化的发展，还需要立足于本身独特的文化基础之上，与现代科技相结合。品牌化的标志之一就是其独特性，这种独特性包括内容、形式、功能等几个方面，因此，在河南走品牌化的道路，就要依托河南独特的传统文化。要如此就需要深挖河南的传统文化，全方位、宽领域地开拓传统文化，使传统文化资源得到充分的开拓。除此之外，还有一个重要途径，就是将传统文化进行整合，打出新的品牌。这样的整合，不仅仅是河南内部区域之间的整合，还包括不同领域的传统文化的整合。例如，以传统考古文化产业为例，将郑州、安阳、南阳等地区进行整合，还要将考古文化和历史事件整合。以南阳地区为例，不仅仅将春秋时期楚国墓地整合，还将其与汉代考古文化相结合，因为他们之间具有继承和变迁的关系。

第七章　实施河南文化产业发展的保障

中原腹地，文韵深厚，一脉相承，源远流长。对河南特色文化的深入挖掘和发扬，把具有河南地方特色的文化规模化、产业化，代表了新时期文化传承和升级的变革方向，是提升河南省文化软实力、打造经济增长新动力的重要支撑。“十三五”时期，河南省处于增长动力转换、产业结构优化的关键阶段。加快发展河南文化产业，对培育经济新动能具有重要意义。全面布局文化产业，需要提供创新的文化产业管理机制和完善的人才机制，在市场环境下锻造文化产业，提升文化产业质量，实现河南省文化产业的跨越式发展。

第一节　创新管理机制，优化文化产业的政策环境

“互联网+”与知识经济带动的全球经济新的发展，引发了经济发展模式由要素引领、资本引领向创新驱动的转型。现如今，文化经济已成为一种新型经济形态，通过文化经济实现经济发展方式的转变和文化发展的经济性推进，是现代社会发展的普遍文化行为和经济行为①。当下只有实施创新驱动的战略，文化产业才能更好地发展并不断满足人民群众日益增长的文化需求。毫无疑问，创新也是文化产业转型发展的核心驱动力。但当前不可忽视的现实是，文化产业的升级、创意的产生和转型的张力都对文化产业的管理机制提出了新的挑战，现有的管理机制的弊端日益暴露。实施创新驱动是我国的重大战略，文化产业实施创新驱动战略，将有利于文

① 吴琼．文化经济视域下文化资源资本融合的实践路径［J］．求实，2014（5）．

化管理机制的创新，有利于文化产业的蓬勃发展。为此，加快文化管理机制的创新，对于促进河南省文化产业的持续、协调发展具有重要的实践意义。

一、继续深化文化管理机制改革

国务院《文化产业振兴规划》提出要“推动文化产业又好又快发展，将文化产业培育成国民经济新的增长点”，标志着发展文化产业上升为国家发展战略。近年来，国家对文化体制改革的重视前所未有，在建立健全文化市场体系，促进文化资源的充分流动及深化文化金融合作等方面。取得了不小的成绩。但对于河南来说，文化管理机制僵化、公共服务意识不强等影响了文化企业的快速发展。

文化体制改革，是解放和发展文化生产力、加快构筑全国重要文化高地和推动河南文化大发展的必由之路。文化体制改革、机制创新的方向和路径应当以最大限度地提升和满足人民精神文化需求来定位。[①] 目前河南省的文化产业管理部门有中共河南省委宣传部、河南省文化厅、河南省广电局、河南省新闻出版局、河南省网信办等部门，这些部门都具有文化管理的职能，多部门管理容易造成推诿扯皮，出现“九龙治水”的局面。破解这种多头管理的困境，就要继续推行大部制改革，建立健全科学高效的文化管理体制，由多头管理向单一部门管理转变，成立专门的文化产业国有资产监督管理部门，按照管人、管事、管资产和管导向的原则，扩大职能，实现国有资产增值。文化体制改革必须坚持党的领导，坚持社会主义先进文化的前进方向，各地应建立“党委统一领导、宣传部门协调指导、文化行政主管部门具体落实、各有关部门密切配合”的管理体制[②]。继续深化文化事业单位体制改革，通过事业单位分类改革、人事分配制度改

① 王亚南，方彧．深化文化体制改革机制创新的若干现实问题透析［J］．社会科学，2014.8：28-39.

② 黄永林，纪东东．湖北省文化体制改革现状分析与对策研究［J］．中国地质大学学报，2015.7：96-101.

革，尽快建立充满活力、高效灵活的文化管理体制。完善国有文化资产管理体制，建立适应市场经济的现代文化企业制度，完善法人治理结构，不断提高市场的竞争力和综合实力。通过文化体制机制改革创新，打牢文化发展的体制基础，为文化发展提供源源不断的动力。支持文化集团跨地区、多业态经营，跨行业拓展，发挥文化改革发展试验区先行先试的示范作用，积极探索体制机制创新模式。

二、整体布局，科学规划，统筹实施

文化作为一种“软实力”，它是城市的灵魂。随着经济全球化的发展，文化日益成为国家和地区综合实力的重要表现，对于社会经济的发展具有不可忽视的作用。文化产业作为新兴产业，对一个地方的国民经济增长具有重要的作用，在经济新常态下文化产业更是成为政府新的经济增长点。河南省文化产业经过近些年的发展，出现了蓬勃发展的趋势，尤其是文化企业的数量呈现日趋增长的趋势，但是这些企业重复建设较多，同质化严重，产业集聚力不强。加快推进河南文化产业发展，必须突出地方特色，科学规划建设文化产业。

（一）科学规划文化产业布局

虽然河南文化企业数量多，但是集聚效应不强。为了提高整体竞争力，打造河南文化品牌，应大力调整和优化文化产业布局。文化产业布局应统筹规划，科学布局，兼顾地方特色。开封、洛阳应根据古都资源，开发古都文化产业、焦作、信阳应结合自然条件，开发具有特色的旅游景点文化、三门峡可依托黄河优势，开发黄河文化产业、郑州应根据区位优势，结合郑州航空港试验区、国家自主创新试验区、河南自由贸易试验区等政策利好，积极研发具有高科技含量的文化产品。

调整和优化文化产业区域布局，一方面要优化全省的文化资源存量，依靠市场在资源配置中发挥基础性作用，推动文化企业跨地区、跨行业、跨所有制兼并重组，引导文化资源和要素向优势企业适度集中。另一方面则要强化文化产业布局的统筹规划，引导各地区立足于现有资源和条件，形成合理的地区分工，走差异化、特色化发展之路。各地区要充分认识和利用当地的特色文化资源，清晰定位，使集聚区内各企业既分工又合作，避免“同质化”、盲目跟风和无序竞争。同时，河南省各地区应充分借助郑州航空港经济综合实验区、郑洛新国家自主创新示范区、河南省自由贸易试验区等政策东风，认真贯彻《河南省文化产业发展战略重点方案》，统一规划全省的文化产业发展，在河南省自由贸易试验区、郑洛新国家自主创新示范区规划建设文化特色产业园，实现“一区多园”的发展模式。制定合理的相关政策措施，在集聚区整合不同类型的文化产业，促进文化企业做大做强。

（二）加强历史文化的传承

河南省历史文化底蕴厚重，各地在进行文化建设及文化产业发展中应注重对当地特色文化资源的挖掘，将文化资源放大并产业化，最终形成具有经济和社会效益的文化产业。要始终以市场为导向，大力支持文艺演出、文化旅游、艺术品与工艺美术、文化会展、动漫游戏、网络文化等集聚发展，培育龙头企业，以龙头企业带动产业集聚区的发展。以开封宋都古城文化产业园区为例，清明上河园 2012 年经营总收入 14810.69 万元，该公司打造的大型水上实景演出《大宋・东京梦华》成为展示宋朝文化魅力的印象画卷和“夜游开封”的重要载体。①

（三）实现文化产业绿色发展

当今世界，绿色发展已经成为一种趋势，许多国家把发展绿色产业作为推动经济结构调整的重要举措，绿色产业已经成为经济竞争的核心内容之一。文化产业本身所具有的资源消耗低、环境污染少、生态影响小等特征，使人们认为文化产业就是绿色产业。文化产业绿色发展也是实现资源

---

① 郭艳．加快河南文化产业园区建设，形成集聚效应——河南文化产业园区建设对策研究［J］．河南教育学院学报（社会科学版），2013，32（4）：28-32.

节约、环境友好、生态良好、相互协调的绿色发展道路①。推动文化产业绿色发展是一项系统工程，应与国家产业政策、地方规划以及经济社会发展相协调，构建文化绿色产业体系。

首先，确立绿色发展理念。党的十八届五中全会确立了把绿色发展作为当代中国社会发展的一个基本理念，不仅具有重大的理论意义而且具有重要的现实意义，坚持绿色发展是全面推进生态文明建设的必然选择和动力。文化产业在我国作为一种新兴产业，应该摒弃固有的观念，坚持生态文明的价值取向。因此，企业创建之初，就应该确立绿色发展理念，实现低碳环保、人与自然的和谐相处，比如，开封的《大宋·东京梦华》已成为绿色演艺业的成功案例。其次，积极推进文化与科技的融合。中共十七届六中全会通过的《中共中央关于深化文化体制改革推动社会主义文化大发展大繁荣若干重大问题的决定》指出："科技创新是文化发展的重要引擎，要发挥文化和科技相互促进的作用，深入实施科技带动战略，增强自主创新能力。"科技进步带来文化生产方式深刻变革，文化生产方式变革创造出来的巨大效益又为科技创新注入新的动力②。当前，我国文化产业与国外相比，仍有相当大的差距，尤其在高科技的文化产业方面具有较大的差距。科技创新是文化产业发展的核心动力，只有将科技创新不断引入到文化产业当中，文化产业才能获得不断发展。利用郑洛新国家自主创新实验区的优惠政策和条件，在郑州、洛阳、新乡高新区建设一批特色园区，着重培养一批创新能力强、特色明显的文化绿色企业，搭建产学研平台，积极开展文化创新，加快科技创新与成果的转化，从而推动文化产业、科技创新与绿色发展的融合。再次，倡导绿色消费理念。中国消费结构的升级，先后经历了基本生活用品消费、彩电和冰箱消费、汽车和住房消费，到旅游、教育、娱乐等文化消费，文化消费将成为新的经济增长

---

① 黄娟．我国文化产业绿色发展探析［J］．中原文化研究，2016.4：49-53.

② 祁述裕，刘琳．文化与科技融合引领文化产业发展［J］．国家行政学院学报，2011.6：64-67.

点①。伴随着我国经济水平的不断提高，群众精神生活方面的消费需求也在不断增长。对比 1990 年与 2013 年，城镇居民八大类消费性支出占比变化较大，文化教育娱乐服务支出比重提高 3.9%，成为经济增长的新亮点。要积极倡导文化绿色消费理念和习惯，积极开发与创造文化新产品，开拓绿色消费市场从而不断扩大内需。例如，2017 年，汽车产业主题相关的《速度与激情 8》上映三天即收到 12.16 亿元的票房，带动了公众对于作品中汽车产品的关注热潮。而国内的作品与之相比，这种带动效应还有较大差距。河南应依托厚重的历史文化、多彩的秀美山水，积极开发绿色文化产品和旅游资源，加强供给侧改革，吸引群众新的消费。

三、不断提高行政服务水平和质量

推进政府服务创新，就是要加快政府职能转变。政府在加强市场监管的同时，应加快转变管理方式，由被动变主动，主动为企业搞好服务。

（一）健全完善政府购买公共文化服务机制

20 世纪 80 年代，英国率先提出了公共服务和公共物品供给实行公私合作的理念。随后，这一理念扩展到美国、加拿大等国家并付诸实施。20 世纪 90 年代中期，我国上海、浙江、广东等地开始探索政府购买公共服务，上海、深圳等城市在这方面积累了丰富的经验。对于一些文化产品，比如戏剧、公益电影等，政府可以采取购买公共服务的方式。

一是加快出台《文化产品政府采购实施办法》，把政府采购的范围扩大到向社会力量购买公共服务，强化政府采购的执行力和配套措施，使政府购买公共服务行为有法律依据。把文化创意产品增加到政府购买公共服务清单目录中，扩大政府采购范围，对项目申报、预算编报、组织采购、项目监管、绩效评价等实施标准化流程管理，为社会力量承接政府公共服务职能提供制度和政策依据。地方财政要设立财政专户用于采购文化产业

① 张玉玲．文化产业如何适应新常态——从中央经济工作会议看 2015 年文化产业发展[N]．光明日报，2014-12-18.

集聚区企业的文化自主创新产品和技术，明确规定自主创新产品的政府采购比例，不断完善自主创新产品和服务认定制度、财政性资金采购自主创新产品和服务制度。要创新政府采购招标方式，允许大额采购合同实行分割招标，为文化创意型中小企业创造更多参与政府采购的机会。

二是完善公共消费的治理。“善治”就是使公共利益最大化的社会管理过程①。近年来，虽然河南各地的公共文化服务体系建设取得了较大发展，但仍存在着诸多不足，开展公共文化服务的“善治”结构尚未形成。除了文化基础设施和基本服务体系建设以外，开展的文化精品工程、城乡文化活动都取得了不小的成绩，但公共服务的体制机制仍不完善、设施布局仍不合理。为了实现公共服务走向善治，应加大公共文化服务供给，发挥财税优惠政策作用。对于提供可移动产品和可选择服务类型的文化工作，比如各级文艺团队下基层、进社区、乡村电影放映等，乃至广播电视村村通、万村书库建设等，要积极发挥财政税收作用，采取类似“家电下乡”的“文化消费直补”方式，直至对低收入人群实行“文化低保”。

（二）建设现代公共服务文化体系

一是建设公共服务设施。公共文化服务体系建设对文化产业发展有着非常重要的作用，良好的基础配套设施将吸引文化企业的集聚以及文化产品的消费群体。为此，就要建设与文化产业相配套的服务。目前，中国文化产业的资源配置仍是传统式的，是政府主导而非市场主导的。为此，我们应立足于河南经济社会发展水平、环境条件和文化建设需求，统筹规划公益性文化单位、文化设施的数量以及布局，进一步完善基层文化设施。

二是加快智慧政务建设。随着信息化、网络化和移动通信技术的发展，政府应加快智慧政务的发展，提升公共文化服务的网络化、数字化、智能化和移动化水平。文化行政部门应加快转变政府职能，建设服务型政府，履行好政府“经济调节、市场监管、社会管理、公共服务”的职能。政府要减少行政审批、不再过多干预市场行为，使市场在资源配置中起决

① 俞可平．治理和善治：一种新的政治分析框架［J］．南京社会科学，2001.9：40-44.

定性作用。在大力加强文化发展的公共设施的基础上，加快发展经纪、代理、评估、鉴定、拍卖、咨询等文化产业的中介机构，创造条件为企业提供更为广阔的发展空间。

三是创新公共文化服务方式。随着国内经济实力的不断增强，人民群众精神文化生活需求的不断增长，公众对公共文化服务也提出了更高的要求。为此，政府必须创新公共服务，以增强公共文化服务的吸引力。利用公共设施创新服务，指导和支持图书馆、博物馆、美术馆等公共文化服务机构创新服务方式，有效增加公共服务供给。利用现代科技，大力推进文化内容信息化、网络化、数字化进程，用现代传播技术和先进科技手段，增强公共文化服务的活力和效能。提高公共文化产品和服务的有效性，大力发展群众性文化事业，让文化改革发展的成效惠及民生。

第二节　完善人才机制，确保文化产业的智力支撑

人才是创新的第一资源，创新驱动的实质是人才驱动。人才是文化产业创新的根本，人才队伍的壮大与优化是我国实施创新驱动发展战略，加快适应经济发展的主要创新要素，是经济增长的主要源泉。文化产业作为新兴产业，更应该发挥人才的重要作用。

一、以高校、科研院所为依托培养人才

中原文化源远流长，但缺乏高层次文化产业创意和领军人才。在人才政策上，注重人才引进与培养相结合。在我国，由于人才培养与社会需求之间有脱节，必须大力推进人才培养开发机制，发挥高校、科研院所等科研机构的作用，为文化产业培养人才。

（1）加强产学研合作。知识的流动伴随产学研用协同创新全过程，是各方创新主体通过知识的获取、转移、运用与反馈等促进知识的共享、转移和创造，发挥知识的“外部性”和“溢出效应”，从而形成知识增智的过程，知识流动的效率与效果直接影响着产学研用协同创新的成败。文化

企业希望高校培养出的文化产业人才能够填补企业的人才“真空”，为企业的创新和可持续发展提供可靠的人力资源支撑。而高校、科研院所则希望与文化企业合作，从而掌握市场供需情况，了解企业需要什么样的人才以确定专业的设置。因此，应加强产学研合作，使得文化产业人才和市场需求得到有效匹配。

同时应加强产学研用协同创新机制建设。高等院校和科研院所是知识、技术与人才的集聚地，是文化产业发展的智库。应充分发挥高校、科研院所的智力资源，积极与政府、企业搭建协同创新平台和形成协同创新机制，加快创新成果的转化。比如，充分利用郑洛新国家自主创新示范区的优惠政策，郑州大学积极与企业、政府成立战略技术联盟，联合研发共性技术，积极研发优质的文化创意产品。

（2）提高人才培养质量。文化产业作为经济、文化和科技相互交融的智力密集型产业，对人才具有本能的强烈依赖，人才的规模、素质、层次决定着文化产业的兴衰成败①。

一是合理设置文化产业专业。文化产业作为新兴产业，为了给文化产业输送合格的专业人才，我国的高校开始逐步设置文化产业相关专业。但目前文化产业学科没有明确的定位，有的学校将文化产业专业归口在经济学院或管理学院，有的则将其归口在历史学院、文学院、艺术学院或新闻学院，也有的单独建立了文化产业学院。比如，河南大学是河南省首批文化改革发展人才培养基地之一，在2010年获批了文化产业管理和文化遗产两个专业，这两个专业分属于经济学院和历史文化学院。对比西方的学术研究发现，文化经济学、经济地理学、文化遗产学科都给予了文化产业特别的关注，为文化产业相关研究成果的发表提供了一个平台，文化产业也没有成为一个单独的学科。从英国、澳大利亚和韩国的实践看，多是单独成立一个文化产业或创意产业机构来处理与文化产业或创意产业有关的事务。为此，将文化产业作为一个交叉性、独立性的学科可能更为合适②。

① 赵砚文，李秀然．河北省文化产业人才培养路径研究［J］．河北学刊，2014. 9：225-227.

② 王志标．文化产业人才培养的困惑与产学结合的探索［J］．学术论坛，2012. 10：65-70.

河南省应选取省内几所高水平大学设立文化学院，专门培养文化产业人才。同时，文化产业专业课程设置直接决定该专业学生的知识结构，并对人才就业产生重要影响。目前，由于高校文化产业专业分属于不同院系，专业课程设置不尽相同。有的偏向于哲学，有的偏向于艺术学、文学、传播学，有的虽然在管理学院，但课程设置与文化企业的人才需求还有间隙。文化产业属于应用性比较强的学科，课程设置应与文化产业发展相结合，突出产业特点，开设文化创意课程。因此，高校应广泛与企业开展合作，突出实践教学，建立有关的实训室，提高学生的创意水平和动手能力。

二是提高师资水平。由于文化产业专业开设较晚，教师大多是从其他专业转型过来，知识结构不系统。河南省应出台政策，加强对专业教师的培训，积极鼓励省内高校教师到国内外高校学习，并广泛与国内外大学、研究机构合作，不断提高师资水平。

三是注重在职培训。培训是人力资源实现增值的一种重要途径。培训是企业通过各种方式使员工具备完成现在或者将来工作所需要的知识、技能并改变他们的工作态度，以改善员工在现在或将来职位上的工作业绩，并最终实现企业整体绩效提升的一种计划性和连续性活动①。因此，政府应设立文化人才发展专项资金，专门用于人才培养培训。依托知名企业、国内外知名院校和其他培训机构，建立文化产业人才培养基地。针对“互联网+”和大数据带来的经济发展模式的创新、国际文化产业发展趋势、文化产品与服务的更新换代以及知识产权保护等方面进行专题讲座或系统培训。通过多种途径的培训，提升企业经营者、员工在产业经营方面的能力。

四是建立文化产业的创业孵化平台。文化产业可以借鉴国内高新区发展模式，建立文化产业创业孵化平台，培养具有创意和开拓精神的领军人物和文化专业人才，逐步建立文化、技术、经营管理等各展所长的文化产

① 董克用，李超平．人力资源管理概论［M］．北京：中国人民大学出版社，2011.

业人才队伍[①]。

二、以优惠政策为导向引进人才

人才是文化产业的创造者。与传统产业相比，文化产业高速度、高质量的发展，关键在于高素质的人才，尤其是在文化创新与创意方面的领军人才。人才无疑是文化产业发展最主要的资源，是将文化资源转化为文化生产力的驱动力，是推动文化产业化、市场化的主导因素。河南文化资源丰富，但文化产业发展缓慢，究其原因，主要是缺乏直接从事文化产业和服务的专业人才、高端人才。

（一）制定优惠政策引进人才

2012 年，北京市文化产业从业人员达到 152.9 万人，仅文化创意产业从业人员就达到 104.3 万人。而河南省统计局发布的数据表明，2012 年，河南省文化产业从业人员仅为 9.79 万人[②]，人数不足北京市同业人数的十分之一。如何吸引文化产业高层次人才集聚河南，最重要的是需要政策的支持。一要在海内外招聘文化产业高层次人才。依据河南省对郑洛新国家自主创新示范区的政策，出台更具吸引力的“高精尖缺”文化产业人才引进政策，引导各类人才参与文化产业的发展和创业。以北京市为例，首都深厚的文化底蕴和浓厚的文化气息吸引着大批的文化艺术人员到北京谋求发展。为了发展北京文化创意产业，吸引并留住更多的人才，北京市出台许多优惠政策，为这些人员提供了很大的发展空间。如北京市先后颁布了《北京市促进文化创意产业发展的若干政策》、《北京市文化创意产业集聚区认定和管理办法（试行）》等，同时，对于文化创意企业聘用的非京籍高层次人才，优先办理调京或办理《北京市工作居住证》[③]。二要拓宽高层

---

① 王桂兰，宋良．河南文化发展与经济发展的关联性研究——基于与全国及京沪粤同期的比较［J］．河南师范大学学报，2015.9：84-88.

② 数据来源：河南省统计年鉴 2013［EB/OL］．http：//www.ha.stats.gov.cn/hntj/lib/tjnj/2013/indexch.htm.

③ 冯梅．中国文化创意产业发展问题研究［M］．北京：经济科学出版社，2009.

次国际化人才引进渠道，打破海外人才的年龄限制，推动实施海外专家来华短期工作资助计划，大力引进国内外一流的产业领军人才及创新型团队。

（二）加强人才流动

加快破除束缚文化产业人才创新创业的落后观念和制度障碍，研究制定高层次人才认定办法和考核评价标准，促进人才在高校、科研院所、企业之间的合理流动，允许和鼓励科技人员离岗加入到文化产业进行创业，经所在单位同意，科研人员允许保留关系，到企业兼职从事科研活动。开展高校、科研院所设立特设岗位吸引文化企业人才兼职试点，吸引文化产业人员或高层管理人员到高校、科研院所兼职。完善文化产业人才流动机制。另外，要加快文化产业人才市场信息网络建设，加快人才供求信息的收集、发布，促进人才合理流动，使人才市场向无形与有形相结合的方向发展，充分发挥市场机制在人才资源开发中的基础性作用，实现人才市场的科学化、规范化、现代化。

（三）出台人才保障政策

“栽下梧桐树，引得凤凰来”。建立健全文化产业人才保障机制，把人才发展支出列入财政预算。建设高层次人才公寓，或给予引进人才一定的住房补贴。对引进的高层次人才在社会保障、子女入学、签证居留、创业扶持、工商注册等方面提供便利和服务，解除后顾之忧，使文化产业的创意人员、经营人员、管理人员等能够安心在河南工作，为中原文化复兴发展贡献力量。其次，营造高品质的生活环境。文化产业的从业人员不同于一般的群体，他们崇尚个性、开放、自由、浪漫的生活方式，属于高知群体。因此，政府要在完善基础设施、创建文明城市等方面，建立良好的社会环境，吸引文化产业人员。

（四）完善人才激励政策

积极制定人才激励政策。如在创意设计、文化发展等方面积极实施财政、金融等方面的激励措施。在文化产业开展股权与分红激励试点，大力推行知识、技术、管理等要素参与分配。文化企业对做出突出贡献的技术人员和经营管理人员可以实施职务科技成果入股、股份期权、分红权等多种形式的激励，还可以探索创业股、收益分享制或利润分享制等符合自身特点和有利于鼓励创新的激励机制。要鼓励用人单位加大对人才方面的投入，文化企业用于人才引进、培养和奖励等方面的工作经费可设立单独的科目，计入单位经营成本，整合社会力量，鼓励和吸引社会组织和个人自筹资金培养引进文化人才。

三、以重点文化项目建设用好人才

人才对于文化产业发展的重要性是不言而喻的，但有些优秀人才由于没有适合的平台，使其才华得不到充分施展，不能做到人尽其才。政府应以文化产业集聚区、龙头企业建设吸引人才集聚，以重点项目建设促进文化产业的发展，并以此为平台用好人才。

自 2006 年 4 月旅美艺术家黄国瑞在老家郑州市石佛村创建第一个画室以来，先后有 100 多位艺术家在该村集聚，他们在这里进行油画、影像、雕塑、陶艺、装置等各类艺术创作。几年来，世界各地的艺术家慕名来访，石佛艺术公社的艺术家们还受邀到美国、法国等西方艺术之都开展艺术交流。他们相继举办的《三大纪律八项意》《以公社的名义》《河南石佛艺术纽约展》等大型活动，均引起媒体和社会各界的广泛关注，石佛也被誉为继北京 798 艺术区、宋庄之后中国又一当代艺术重镇①。石佛艺术公社从无到有，并吸引大量人才在此集聚，说明文化集聚与产业集聚相类似，可以降低交易成本，加强协同创新，而且还可以相互学习，是文化产业发展的基本路径。

经过近几年的发展，河南省文化产业集聚呈现出鲜明的地域特色，涌现出了一批龙头企业。如已经成功晋级国家文化产业示范园区的开封宋都

---

① 罗颖．河南当代艺术传播的新生力量——石佛艺术公社发展探析［J］．新闻爱好者，2010.16.

古城文化产业园区，已入驻文化企业近千家，文化产业从业人员 5 万多人，营业总收入超百亿元，文化旅游业、文艺演出业、书画工艺美术业、饮食文化业、体闲娱乐业、会展收藏文化业、传媒出版业、文化培训业八大产业全方位发展，文化产业的新格局已初步形成①。龙头企业、集聚区对人才的带动作用突出，从开封宋都古城文化产业园就可以看出端倪。但河南与北京、上海、浙江等地相比，产业集聚效应不明显，文化产业优势品牌匮乏。尤其是在新兴产业领域，缺少龙头企业。上海市 2012 年网络游戏产业规模达 190 亿元，占据全国 31.6%的市场，网络游戏从业人员达 6 万余人②。上海市涌现出了一大批在国内有影响的文化企业，如携程网、大众点评网、木马工业设计等。河南省应实施重点项目带动战略，加快郑州的华谊电影小镇、郑州惠济区的古荥历史文化城等项目建设，推动文化产业集聚区的形成。在推进项目建设中，积极制定实施一些用好人才、留住人才的政策，形成人才集聚的“蝴蝶效应”。政府部门要树立人才是第一文化资源的理念，对于项目建设或龙头企业引来的人才应采取措施，营造良好的工作、生活环境，解除后顾之忧；开通绿色通道，支持人才的课题申报、职称评选、融资等；对于项目建设的文化产业管理人员给予重奖，对于介绍高层次人才加入的，也要给予奖励。

第三节　发挥市场作用，提升文化产业质量和效益

河南的文化产业在社会中的作用日益凸显，在传承中不断发展，已经成为国民经济的重要组成部分。但文化企业中大多是中小企业，抗风险能力不足，政府应规范市场秩序、加强市场监管，充分发挥市场机制的调节作用。同时，文化企业应加强内部管理，不断提高产业竞争力。

① 张锦．河南文化产业集聚的基本特点、实践模式与政策建议［J］．河南师范大学学报，2016.1.

② 叶朗．中国文化产业年度发展报告 2014［M］．北京：北京大学出版社，2014.

一、培育文化市场主体，提高文化企业的竞争力

文化市场主体是指在市场上从事文化产业经营活动、享有权利和承担义务的个人和组织。市场主体可以分为投资者、劳动者、经营者以及消费者等类别。当今的文化形式是多元的，传播方式是多种的，受众接受渠道是多方的，这就要求文化企业主动融入市场，政府部门要加快文化体制机制改革，打破条块分割、城乡分离的市场格局。要厘清资产所有人与管理者的职责，充分发挥经营者作用，为他们打造发展平台，走多元化发展道路。

（一）加快推进文化产业市场经济建设，培育市场主体精神

在市场经济条件下，只有市场机制才能实现资源的有效合理地配置。明确市场对资源配置起决定性作用就意味着完全由市场机制决定生产什么、怎样生产、为谁生产，而不应该再由政府决定本应由市场决定的经济事项，政府应当扮演好“守门人”角色，重点解决市场失灵的问题。政府应加快转变职能，建立有效的契约制度和产权制度，健全公平交易的市场规则，规范法治化的营商环境。文化产业作为我国的新兴产业，应尽快规范文化市场秩序，加快建立符合河南特色的统一、开放、竞争、有序的市场经济体系，鼓励各类市场主体公平竞争、优胜劣汰，促进人才、资本、技术、信息等生产要素合理流动，加快市场主体精神的培育。

一般而言，市场主体精神是指在工业文明时代，在以市场为资源主要配置形式的社会经济活动中，劳动者所产生的价值取向及相关思想理念等文化精神。市场主体精神主要表现为竞争、敬业、创新以及信任。竞争精神无疑是市场经济主体的主要精神。① 河南地处中原，中原文化具有极大的包容性和开放性，显著的开拓性和创新性，典型的集成性和代表性。这是由于中原地区最先进入文明时代，中原文化的先进性和优越性，对周围

① 汪岩桥．区域文化与市场主体精神培育［J］．浙江学刊，2008.4：35-40.

尚处于蛮荒时代的地区产生了巨大的吸引力，促使彼此之间的联系日益密切[①]。中原文化在面对知识经济与全球经济时，河南的企业家精神也呈现出与时俱进的烙印，表现出了竞争性、开拓性、创新性以及敬业精神。近年来，中原出版传媒集团积极应对国内经济下行压力持续加大和出版产业竞争加剧的新常态，以竞争、创新精神为引领，加快改革创新、产业升级、资本运作、对外开放，走出了一条融合升级发展道路。2016年资产总额达到140.37亿元，实现营业收入135.16亿元、利润15.24亿元，2017年中原出版传媒集团再度荣膺全国“文化企业30强”。因此，在市场经济的大潮中，河南文化企业要加快发展，要成为有影响的文化企业，就要培养契合市场经济发展的竞争精神、创新精神、进取精神等，积极参与到市场经济的大潮中。

（二）构建统一开放、竞争有序的文化产业市场体系

文化产业市场是文化产业发展的必要条件，是文化产业发展的基础，通过文化产业市场这个桥梁，与文化产业相关的产品、信息、咨询、生产要素等才能实现供给与需求之间的交易，满足双方彼此的需要。充分发挥市场机制的配置作用和市场机制自身的调节作用。河南的文化产业市场规模相对较小，缺少像北京潘家园文化市场那样影响力的市场，缺少艺术品拍卖市场等专门的市场。文化市场体系的完善程度决定了文化产业的发育程度，健全现代文化市场体系是转变文化产业发展方式的一个关键环节[②]。因此，河南应积极建设完善的文化产业市场体系，包括建设各类文化产品市场、文化服务市场、文化要素市场、文化流通市场以及文化产品拍卖等专业市场，增强区域文化影响力，进而提高文化产业竞争力。

要牢固树立文化产业市场主体本位意识。彻底摒弃把文化产品和文化服务泛政治化、泛意识形态化的倾向，转变过去长期实行的政府主导一切

---

① 河南文化产业发展研究课题组．论中原文化的精神特质［J］．中州学刊，2007.1：149-153.

② 黄先蓉，郝婷．现代文化市场体系建设的政策需求与制度创新［J］．科技与出版，2013.12：25-28.

的经济体制[①]，明确市场对资源配置起决定性作用，意味着生产要素、产品的价格、数量完全由市场机制自由决定，充分实现供给与需求的平衡，而不应该再有政府起决定作用，由此使“市场成为经济的主导，企业成为市场的主体”。文化产业市场的建设关键是转变政府职能，创新管理模式，市场管理制度需要从传统的行业分层管理向统一的市场管理模式转变，将文化产业纳入统一的市场管理和引导。政府根据全省经济发展情况，调整经济结构，规划文化产业发展战略，监督市场经营行为，维护市场正常经济秩序，对市场失灵予以纠错。作为市场主体的文化企业要通过市场这只无形的手，决定生产产品数量、融资规模、营销活动、企业发展等。在文化产业市场中，品牌对文化企业来讲非常重要，良好的品牌效应会提升文化产业竞争力。培育河南文化品牌，发展壮大文化产业是提高文化综合实力的战略选择。河南的“大宋·东京梦华”、小樱桃动漫以及云台山旅游景区等成为河南文化产业品牌的代表。河南驻马店有个伏陈醋企业，当地企业家王拥用10年时间，把一个名不见经传的小厂经营成为全省叫得响的知名品牌。如今的河南三秋伏陈醋实业有限公司已发展成集食品制造、包装生产、产品研发、物流运输为一体的股份制企业，公司拳头产品“三秋伏陈醋”是豫南地区的著名特产，拥有深厚的文化内涵。伏陈醋始于汉光武年间，至今已有上千年的历史。由于该醋品质优良、价格昂贵，市场知名度高，以其卓越的品质和风味享誉中国的大江南北，已经成为驻马店的一张文化名片。因此，各地要积极利用现有的文化积淀，引入高科技技术，研发新产品，提炼出更多符合本地发展要求、能切实起到领头羊作用的主导产业品牌。

（三）加强市场监管，保护知识产权

在市场经济条件下，政府治理必须由事前审批向事中、事后监管转变，更加注重发挥法律、政策的约束和引导作用。在当前经济转轨过程

① 王国华．完善文化产业市场主体的方法与路径［J］．思想战线，2010.3：59-63.

中，制度对市场运行和资源配置都起着重要作用，应进一步完善文化市场监督管理体制，从制度层面督促和引导市场主体自觉按照市场规律和市场规则办事，培育企业的市场意识。河南省属于文化大省，应专门设立统一的执法机构，加强市场监管力度，维护文化市场正常秩序。加大对违背市场规律和违反市场规则的市场主体的惩罚，提高市场主体违反市场规则的成本以培育市场主体的市场意识，尤其是加大对违反知识产权的处罚力度。知识产权保护对技术创新的作用不言而喻，这不仅激励了研发人员，也对企业发展给予了制度保障。为了适应经济发展和技术创新需求，河南省要研究制定知识产权保护法规，拓宽文化产业知识产权司法保护的领域，加强技术交易市场建设。要通过奖励、补贴等措施支持文化企业、科研机构及相关人员获得专利权、商标注册和著作权登记。鼓励文化企业之间加强合作，成立专利联盟、标准联盟，提高原创性的自主知识产权拥有量。

二、拓宽文化产业融资渠道，完善文化企业金融环境

文化资本市场是文化要素市场建设的薄弱环节，其发育程度是我国文化市场体系成熟程度的重要标志①。当前，河南省文化产业具有融资渠道不畅、投资渠道单一、投入资本不高的特点，尤其是中小企业融资困难，制约了文化资产存量盘活和增量扩张。因此，拓宽融资渠道，构建促进企业发展的投融资体系势在必行。

（一）宏观层面：完善顶层政策，发挥政府的引导作用

文化企业具有知识资本比重高、市场风险高、收益性高等特点，其融资难度比一般企业要高。在市场经济条件下，政府应该扮演提供服务而不是掌舵的角色。政府搭台、企业唱戏是推动河南文化产业发展必须遵循的基本原则，政府在文化产业投融资过程中应发挥主导作用。

一是制定和完善文化产业相关政策法规。加快完善河南省关于加快文

① 祁述裕．中国文化产业发展战略研究［M］．北京：北京社会科学文献出版社，2008.

化产业发展若干经济政策、扶持文化产业发展的配套政策，不断加大对文化产业发展的扶持和引导力度。具体来说，河南省政府可以参照国家自主创新示范区的优惠政策来制定相应的财政、税收政策，支持、扶持文化企业的科技研发、自主创新，特别是对从事动漫企业、互联网文化企业、网络游戏等创新型文化企业实行税费优惠。政府在推动文化体制改革同时，应运用法律、经济等手段制定与文化产业融资相应的金融政策。在政府制定的金融政策引导、调整、助推下，构建多元化的融资渠道体系。二是设立文化产业创新资金和专项基金。2009 年，国务院出台《文化产业振兴规划指导意见》，规定了设立文化产业发展专项基金及相关配套金融措施。河南省应设立专项基金和创新基金，将所需创新资金纳入省级预算，专门用于鼓励文化企业创新发展，研究开发文化新产品、新项目，加快文化产业转型发展。三是构建文化产业投融资服务平台。为了加强文化企业与金融机构的沟通，减少信息不对称问题，针对文化企业的特点和需求，利用“互联网+”建立起包括信息披露、登记托管、资金结算、金融服务在内的投融资服务工作平台，可以开展投融资交流会议，促进融资合作、银企合作，有效地为文化企业、投资机构、中介服务机构等服务和搭建平台。

（二）中观层面：健全市场体系，构筑融资协作网络

以创新创意为特征的文化企业，在起步初期主要以中小型企业为主。而中小企业资金难题，在文化企业中同样是客观现实。解决文化企业融资难题，提升河南文化产业发展，离不开各行业，特别是金融行业的大力支持。

一是完善资产评估担保体系。文化企业融资难的一个重要原因在于企业自身信用问题。当前银行贷款仍然是文化企业融资的主要渠道，建立有效的文化产业资产担保体系是产业发展的前提条件。政府应加快完善和引导社会各方参与企业信用担保机构建设，分担风险，补偿资金，弥补抵押物不足，降低信息不对称程度，把政府政策导向、财政投入与信用担保市场化运作结合起来，积极引导社会各方面资金进入，开拓多元化担保业

务。借鉴其他地方的做法，建立文化产业融资担保联盟，作为第三方提供信用担保，分散金融机构投资风险。资产评估和风险担保中介机构将有效打通文化产业与金融机构、资本市场的隔膜，应进一步鼓励社会力量投资和开办文化中介服务机构。积极发挥行业协会的作用，支持和鼓励行业协会成为企业、金融机构、担保机构间的桥梁，在制定行业标准、维护行业权益、组织行业交流、加强政企沟通等方面发挥积极作用。在建立担保体系的同时，要加强文化企业信用制度建设，联合金融机构开展企业信用评级，疏通文化企业融资渠道。

二是积极培育和发展文化产业保险市场。保险机构的介入，可以同文化企业共担风险，这实际上是一种隐性的融资手段。美国好莱坞成功的融资模式就是保险机构的介入，他们在剧组启动前都要启动保险程序，一旦发生意外，可以获得赔付。① 知识产权侵权险能有效控制文化产业风险，可重点支持有实力的保险公司开发设计知识产权侵权险，不断建立并扩大文化产业保险市场。

三是构建多元化的资本市场体系。资本市场具有融资、资源配置、激励与约束、规范以及广告等效应。发达国家的经验表明，多层次的资本市场和创新创业企业的相互联动，形成了一整套独特的发现和筛选机制，成为创新和创业的发动机②。随着我国市场经济的发展，上市融资作为市场上募集资金的重要渠道，成为文化企业发展融资的主要选择。目前，河南省文化产业中上市的企业数量很少，以大地传媒、智度股份为代表，在河南省 73 家上市公司中只占据 2 个席位。③ 由于文化企业的自身特点，大多数文化企业是中小企业，使得它们很难在主板市场进行资本融资。政府各部门应加大沟通协调支持力度，主动积极提供便捷、优质、高效的服务，推动相关部门简化程序，鼓励文化企业在中小企业板、创业板上市，加大

---

① 谢伦灿．文化产业融资的现状透视及对策分析［J］．同济大学学报，2010.10：40-44.

② 辜胜阻，马军伟．推进国家自主创新示范区建设的政策安排［J］．财政研究，2010.11：2-6.

③ 数据来源：腾讯网．73 家河南上市公司 2016 中报大排行［EB/OL］．2016-08-31. http：//henan.qq.com/a/20160831/008679.htm.

直接融资比例。

（三）微观层面：提高企业信用，拓宽融资渠道

由于文化企业自身具有的特点，在现有金融政策体系和制度下，文化企业缺少传统的抵押担保，债权融资困难较多。文化企业应加强内部管理，提高文化品牌知名度，而且金融机构也要不断创新开发新产品，开辟文化企业的融资新通道。

一是发展知识产权证券化。作为金融与知识资本的有效对接，知识产权证券化是我国文化产业投融资的新兴趋势。所谓知识产权证券化就是以知识产权为标的物，运用其未来的现金流和收益作担保，通过特设机构SPV，进行资产证券化。不仅没有稀释知识产权归属，还为拥有大量知识产权的文化产业增加融通资金，突破中小文化企业的融资限制，满足资金需求。相对较低的中介费率，降低了融资成本和融资风险。知识产权证券化融资在国外已普遍实施，2015 年 4 月 26 日，我国首家知识产权运营联盟在北京成立，并在工作规划中指出未来引导联盟成员开展知识产权证券化金融创新模式①，河南省应制定政策加快知识产权证券化的实施。

二是加快金融产品和融资模式的创新。传统文化项目周期长、回报低，文化企业信贷风险高，现有的金融服务产品和金融工具难以支持文化产业项目投资，必须创新文化产业金融支持体系，加快金融产品创新步伐，满足文化产业发展需求，创新促进文化产业发展的金融支持政策体系②。发达国家在文化产业方面的优势，不仅仅体现在规模上，更重要的是表现在创新的活力方面。巴克莱银行的研究报告显示：以 YOUTUBE 为代表的网络视频巨头正在引领一轮新的发展。2010 年 YOUTUBE 每月的视频观看次数为 620 亿人次，2011 年为 860 亿人次，2013 年达到 1300 亿人次。2006 年 Google 在收购 YOUTUBE 时投入 16.5 亿美元，而 2013 年 Google 在 YOUTUBE 上的收入为 30 多亿美元。这样的收益比例说明文化资

---

① 付卓．我国文化产业融资模式研究［D］．吉林财经大学，2016.

② 侯英．文化产业金融支持体系创新研究［J］．经济问题，2016.3.

源的资本化、文化产权的资本化、文化未来预期效益的资本化，如果没有金融的支持，是无法完成这些收益。[①] 河南省应根据本省经济发展情况，利用“互联网+金融”，创新融资模式，如采用互联网众筹融资模式、O2O模式、中国文化要素市场线上交易、P2P 网贷平台融资模式、第三方支付平台融资等互联网背景下的文化产业融资模式[②]。

三是提高企业自身积累与形象。信用的缺失是导致中小企业融资难的原因之一[③]。文化产业中中小型企业占有相当大的比例，这些企业应引入公司现代治理体系，完善公司治理结构，不断加大科技研发能力，不断提高市场占有率，减少同质化现象，提高抗风险能力和企业信用，赢得金融企业的支持，增强获取信贷的能力。文化产品在市场经济的条件下为提高竞争力，必须针对消费者的需求设计生产，并且随着社会经济的发展和环境的变化，不断地调整文化产业的发展方向，提高市场敏感性。

三、转变文化产业发展方式，推动文化企业健康发展

2010 年 2 月初，中央举办了以“深入贯彻落实科学发展观加快经济发展方式转变”为主题的省部级主要领导干部专题研讨班，明确提出了加快经济发展方式转变的目标要求、工作重点和政策举措，充分体现了中央对加快经济发展方式转变的信心和决心。因此，如何从制度层面保障文化产业发展方式的转变，形成与经济新常态相适应的体制机制，推动河南文化产业健康发展，已成为当务之急。

（一）转变发展理念

河南文化是中华文化的源头，有着灿烂的历史文化资源。但目前河南文化产业的发展与中原文明悠久的历史地位极不相称，与北京、上海、浙江等地差距较大。经过近几年的发展，河南文化产业也涌现出了禹州钧

① 叶朗．中国文化产业年度发展报告（2014）［M］．北京：北京大学出版社，2014：404.

② 王帅，张友祥．互联网驱动下我国文化产业融资模式探讨［J］．税务与经济，2016（2）．

③ 黄飞鸣．试论中小企业融资渠道的选择［J］．商业研究，2005.7：39-42.

瓷、朱仙镇年画、镇平玉雕、浚县石雕以及《大宋·东京梦华》《禅宗少林·音乐大典》等实景演出这些具有代表性的文化品牌，但龙头企业带动辐射能力不强。文化产业占国民经济比重不高，产业结构不合理。2015年全国文化及相关产业增加值27235亿元，比上年增长11%（未扣除价格因素），比同期GDP名义增速高4.6个百分点；占GDP的比重为3.97%，比上年提高0.16个百分点。据了解，2014年河南省文化产业实现增加值984.66亿元，占全省当年GDP的比重达到2.82%。文化产业在国外占有相当大的比例，对GDP贡献很大。据统计，400家最富有的美国公司有72家是文化企业，美国的音像业仅次于航天工业居于出口贸易的第2位。英国的平均文化产业增长速度是经济增长的两倍。而日本的娱乐产业产值仅次于汽车工业。[①]

2004年，出版、影视、演艺、广电节目传播和出版物发行等行业规模以上文化企业的户均资产分别为0.46亿元、0.17亿元、0.02亿元、0.33亿元和0.29亿元，户均主营收入分别为0.24亿元、0.03亿元、0.007亿元、0.08亿元和0.33亿元。到2013年，上述行业规模以上文化企业的户均资产均过亿元，分别为2.69亿元、2.89亿元、1.86亿元、4.44亿元和1.03亿元，户均主营收入分别为1.00亿元、0.77亿元、0.55亿元、1.29亿元和0.81亿元。自己跟自己比，资产和收入规模都在成倍增长，但与其他地域相比，尤其是跟国外知名文化企业相比，国内文化企业的规模和实力可谓“小巫见大巫”。[②] 因此，政府部门应转变观念，加快产业结构调整，产业结构不断调整和变化的过程也是工业化不断推进的过程。产业结构变化的一般规律是，随着经济发展水平的提高、人均国民收入的增加，使劳动力循着由第一产业向第二产业、第二产业向第三产业的路径转移，这就是所谓的“配第—克拉克定理”。[③] 为此河南要大力推进文化产业结构

---

① 吴灿新．转变经济发展方式与文化软实力建设［J］．广东社会科学，2011.2：67-72.

② 高书生．我国文化产业发展的总体状况和主要特征［J］．经济与管理，2015.5：5-15.

③ 张旭．从转变经济发展方式到供给侧结构性改革——中国经济战略的调整与实施［J］．经济纵横，2017.3：28-33.

调整，促进传统文化产业和新兴文化产业共同发展，现代文化产业体系才能真正构建，文化资源才能充分利用，文化产业竞争力才能不断提高，文化产业才能实现繁荣发展。

河南省政府相继下发了《关于支持大众创业万众创新基地建设的实施意见》和《关于促进创业投资持续健康发展的实施意见》，为文化产业发展带来新的机遇。河南正加快推进高成长服务业大省建设，文化产业又是其中重要的组成部分，大力推动文化产业发展，高度契合当前发展实际需要。为此，各级政府部门应转变观念，把文化产业作为加快转变经济发展方式的重要战略支点，使其成为推动经济发展方式转变的战略性新兴产业。

（二）转变发展方式

在互联网充斥世界各个角落时，文化产业也要借助于互联网，把传统文化融入到网络中来。河南省政府在2013年3月出台的《河南省文化产业发展战略重点方案》中提出，今后河南省将重点发展数字传媒、创意设计、动漫游戏、文化旅游和工艺美术五大文化产业，通过重点产业带动全省文化产业发展。

一是发挥大企业引领作用。龙头文化企业是实现“十三五”时期河南文化发展战略目标的主力军，对提高文化产业发展速度、增强文化强省建设力度具有举足轻重的影响[①]。大企业特别是龙头企业可以发挥示范引领作用，带动一批小微企业共同发展。大型企业带动小微企业并不必然具有责任和义务，其重要动力主要是利益，所以实现大型企业带动小微企业的重要前提条件是互惠互利[②]。龙头企业的带动作用是不言而喻的，如郑州动漫产业基地就是由龙头企业小樱桃公司带动，增强产业集聚的例子。扎实推进龙头企业建设，并以此作为经济转型升级的突破口，积极做强、做

① 卫绍生，张锦．河南文化产业10年回顾与思考［J］．河南教育学院学报，2016.5.

② 李文博．集群情景下小微企业进化创业行为的驱动机理［J］．科学学研究，2014.3：15-18.

大一批在文化产业具有龙头地位、自主创新能力强的大企业，切实增强经济发展的后劲和抗风险能力。要注重筛选培育主导产业，政府要根据本地众多文化产业在引领本地文化改革发展中的地位和作用，筛选出符合本地发展要求、能切实起到领头羊作用的主导产业和文化企业。围绕“十三五”时期河南文化产业发展的战略目标，集中力量抓一批具有示范效应和产业拉动作用的重大文化产业项目，推动文化产业快速发展。

二是提高文化集聚区的集聚作用。深圳大芬村是深圳市龙岗区布吉街道管辖的村，该村原有村民300多人，被誉为“中国油画第一村”“文化产业示范基地”。最初是由香港画商黄江在此租用民房来招揽美术类人才进行油画地创作、临摹、收集和批量转销，由此吸引大批艺术类人才集聚。目前，大芬油画村已经形成了集生产、交易、培训、餐饮、旅游等于一体的文化产业体系。该村拥有美术产业经营门店700家，画家、画工3000余人，形成了集生产、展示、交易、培训、旅游于一体的新型文化产业基地①。所以，河南省应借助国家自主创新示范区和河南自由贸易试验区的契机，建设一批园中园，集聚文化企业，提高产业集聚度。

（三）转变发展思路

2016年在第十二届全国人民代表大会的《政府工作报告》中，强调推进结构性改革和加快新旧发展动能接续转换，在适度扩大总需求的同时，突出抓好供给侧结构性改革，既做减法，又做加法，减少无效和低端供给，扩大有效和中高端供给，增加公共产品和公共服务供给，使供给和需求协同促进经济发展。“供给侧改革”，就是从供给、生产端入手，通过解放生产力，提升竞争力促进经济发展。主要是将发展方向锁定新兴领域、创新领域，创造新的经济增长点。河南文化产品在国内与沿海地区相比，差距较大，在国际上更是缺乏竞争力，其原因主要是产品技术附加值低。因此，加快创新和新技术转化，提升国际市场上产品的竞争力，这才能真正实现经济发展方式的转变。

① 戴钰．文化产业空间集聚研究［M］．北京：经济科学出版社，2014.

一是推动“企业制造”向“企业创造”转型。为了从根本上改变企业对国外核心技术的高度依赖，我国在党的十八大提出了创新驱动发展战略，旨在通过创新驱动战略提高企业自主研发能力，以技术创新来驱动经济增长，并从根本上转变我国的经济发展方式。创新是企业发展的源泉，只有不断采用新技术进行创新，才能获得不断的发展。文化企业应加强与高校、科研院所的合作，积极引进新技术、新产品，同时，不断提高自身的研发能力，创造出拥有自主知识产权的文化产品。文化产业提供的是一种精神产品，对自主创新的能力要求更高。因此，推动文化与科技融合，需要深入实施科技带动战略，不断增强自主创新能力。提高我国出版、印刷、传媒、影视、演艺等领域技术装备水平，增强文化产业核心竞争力。

二是加快新兴文化产业发展。2004 年，互联网信息服务的增加值只有 51.05 亿元，2008 年也只增加到 192.66 亿元，到 2013 年，与互联网相关的文化信息服务的增加值已达 1941.12 亿元，占文化产业增加值的 8.83%。新兴文化产业的迅猛发展，极大地拉动了传统文化产业的转型升级①。河南要出台政策，积极在传统产业的基础上，利用互联网经济，加快文化产业转型发展。利用数字化高新技术，以创意创新为核心，培育新兴文化产业，实现文化产业升级换代。通过数字技术与文化产品创作的结合，发展以数字化生产、网络化传播为主要特征的动漫、游戏、网络文化、数字文化服务等新兴文化产业，推动优秀文化内容与数字等高新技术紧密结合，提高新兴文化产品和服务的数量和质量，提升文化产品的附加值，生产出更具竞争力的文化产品和服务，不断提高新兴文化产业对加快经济发展方式转变的贡献度。

---

① 高书生．我国文化产业发展的总体状况和主要特征［J］．经济与管理，2015.5：5-15.

参考文献

著作类

［1］胡锦涛．坚定不移沿着中国特色社会主义道路前进，为全面建成小康社会而奋斗——在中国共产党第十八次全国代表大会上的报告［R］．2012. 11. 19.

［2］习近平．深化改革发挥优势创新思路统筹兼顾 确保经济持续健康发展社会和谐稳定［R］．2014.

［3］朱希祥．文化产业发展与文化市场管理［N］．上海：华东师范大学出版社，2003.

［4］林拓等．世界文化产业发展前沿报告［N］．北京：社会科学文献出版社，2004.

［5］祁述裕．中国文化产业国际竞争力报告［N］．北京：社会科学文献出版社，2004.

［6］李怀亮．文化巨无霸——当代美国文化产业研究［N］．广州：广东人民出版社，2005.

［7］胡惠林．文化产业发展与国家文化安全［N］．广州：广东人民出版社，2005.

［8］宋彦麟．辽宁省文化产业竞争力研究［N］．辽宁：辽宁人民出版社，2007.

［9］汪振军．创意中原：河南文化产业创新研究［N］．郑州：大象出版社 2007. 9.

［10］祁述裕．中国文化产业发展战略研究》［N］．北京：北京社会科学文献出版社，2008.

［11］冯梅．中国文化创意产业发展问题研究［N］．北京：经济科学出版社，2009.

［12］白建国．解读一部河南史半部中国史［N］．郑州：河南人民出社，2009.

［13］桓占伟．河南旅游古都文化［N］．北京：中国旅游出版社，2009.

［14］董克用，李超平．人力资源管理概论［N］．北京：中国人民大学出版社，2011.

［15］陈少峰，张立波．文化产业商业模式［N］．北京：北京大学出版社，2011.

［16］张立波．文化产业项目策划与管理［N］．北京：北京大学出版社，2013.

［17］叶朗．中国文化产业年度发展报告 2014［N］．北京：北京大学出版社，2014.

［18］戴钰．文化产业空间集聚研究［N］．北京：经济科学出版社，2014.

［19］吴锡俊．文化产业政策设计与政府职能转变［N］．北京：北京联合出版公司，2014.

［20］张旭梅．集团企业集约化管理［N］．重庆：重庆大学出版社，2014.

［21］张胜冰，徐向昱，马树华．世界文化产业导论［N］．北京：北京大学出版社，2014.

［22］张京成，沈晓平，张彦军．中外文化创意产业政策研究［N］．北京：科学出版社有限责任公司，2016.

［23］张晓明，王家新，章建刚．文化蓝皮书：中国文化产业发展报告（2015-2016）［N］．北京：社会科学文献出版社，2016.

［24］张志杰．魅力型领导对团队绩效影响机制研究［N］．北京：经济科学出版社年，2017.

［25］熊澄宇等．中国文化产业政策研究［N］．北京：清华大学出版社，2017.

［26］［德］黑格尔，贺麟，王太庆译．哲学史讲演录（第1卷）［N］．北京：商务印书馆，1978.

［27］［美］罗宾斯．组织行为学（第七版）［N］．北京：中国人民大学出版社，1997.

［28］［美］柯林斯，真如译．基业长青，［N］．北京：中信出版社，2006.

论文类

［1］史念海．中国古都的变迁与文化融通［J］．陕西师范大学学报（哲学社会科学版），1994.04.

［2］侯丽．权力、决策、发展——21世纪迈向民主公开的中国城市规划［J］．城市规划，1999.12.

［3］俞可平．治理和善治：一种新的政治分析框架［J］．南京社会科学，2001.9.

［4］李江帆．文化产业：范围、情景与互动效应［J］．经济理论与经济管理，2003.04.

［5］杨戎标．论城市规划管理体制创新［J］．浙江大学学报，2003.6.

［6］杜义飞、李仕明．产业价值链：价值战略的创新形式［J］．科学学研究，2004.5.

［7］康小明、向勇．产业集群与文化产业竞争力的提升［J］．北京大学学报（哲学社会科学版），2005.02.

［8］王继庆．试析韩国旅游业的政府主导型发展模式［J］．东北亚论坛，2005.05.

［9］黄飞鸣．试论中小企业融资渠道的选择［J］．商业研究，2005.07.

［10］郁义鸿．产业链类型与产业链效率基准［J］．经济与管理研究，2005.11.

［11］徐萍．我国区域文化产业竞争力实证分析［J］．集团经济研究，2006.32.

［12］河南文化产业发展研究课题组．论中原文化的精神特质［J］．中州学刊，2007.

［13］陈柳钦．产业融合的发展动因、演进方式及其效应［J］．郑州航空工业管理学院学报，2007.04.

［14］李大武．“韩流”的成因及其发展趋势——兼谈韩国影视文化产业［J］．影视之窗，2007.04.

［15］汪岩桥．区域文化与市场主体精神培育［J］．浙江学刊，2008.04.

［16］胡珊．日本文化创业产业的发展经验与启示［J］．时代经贸，2008.06.

［17］卢福才，胡平波．全球价值网络下中国企业低端锁定的博弈分析［J］．中国工业经济，2008.10。

［18］郭鸿雁．基于系统观的文化业态创新研究［J］．现代传播，2009.04.

［19］张养志．发达国家文化创意产业发展模式研究［J］．国外社会科学，2009.05.

［20］王东明．英国文化创意产业的发展［J］．企业改革与管理，2009.08.

［21］姜长宝．区域特色文化产业集聚发展的制约因素及对策［J］．特区经济，2009.09.

［22］韩洁，谭予涵，谭霞，王芳，王敏．美国版权战略对中国文化产业发展的启示［J］．经济研究导刊，2009.21.

［23］王国华．完善文化产业市场主体的方法与路径［J］．思想战线，2010.03.

［24］周建军，张爱民．论特色文化产业的内涵和发展途径［J］．社会科学研究，2010.06.

[25] 方润生，刘丽，魏代俊，方菲．河南省文化产业发展的阶段及其政策特征分析［J］．中原工学院学报，2010.06.

[26] 张海燕，王忠云．基于产业融合的文化旅游业竞争力评价研究［J］．资源开发与市场，2010.08.

[27] 中共河南省委党校科技文化教研部课题组．河南文化资源优势转变为经济发展优势的若干思考［J］．学习论坛，2010.11.

[28] 辜胜阻，马军伟．推进国家自主创新示范区建设的政策安排［J］．财政研究，2010.11.

[29] 罗颖．河南当代艺术传播的新生力量——石佛艺术公社发展探析［J］．新闻爱好者，2010.16.

[30] 杜丽芬．新兴文化业态：核心概念及其初步分类［J］．商场现代化，2010.17.

[31] 许南，李建军．全球价值链研究新进展：俘获型网络的形成与突破对策［J］．湖南师范大学社会科学学报，2011.01.

[32] 花建．推动文化产业的集聚发展——“十二五”期间推动文化产业软实力的重大课题［J］．社会科学，2011.01.

[33] 吴灿新．转变经济发展方式与文化软实力建设［J］．广东社会科学，2011.02.

[34] 张姣姣．论河南省特色文化产业发展现状及对策［J］．中国集体经济，2011.03.

[35] 郭立场．论根亲文化的价值效应——以河南固始县为例［J］．教育文化论坛，2011.05.

[36] 孟博超．河南文化产业发展的制约因素与对策分析［J］．前沿，2011.06.

[37] 祁述裕，刘琳．文化与科技融合引领文化产业发展［J］．国家行政学院学报，2011.06.

[38] 李元元，曾兴雯，王林雪．基于创意人才需求偏好的激励模型研究［J］．科技进步与对策，2011.06.

［39］金元浦．走向新业态：高新技术力促文化产业升级［J］．中关村，2011.09。

［40］王明浩．中国文化产业症结：集约化程度低、资本不足［J］．今日国土，2011.10.

［41］王立丽．伦敦文化创意产业发展模式的借鉴与启示［J］．产业观察，2011.

［42］李炎，王佳．文化需求与特色文化产业发展［J］．学习与探索，2012.01.

［43］崔雪茹．关于全面提升我国文化产业国际竞争力的若干思考［J］．保定学院学报，2011.03.

［44］李树启．面向文化复兴的民族特色文化产业建设路径与策略［J］．中国浦东干部学院学报，2012.06.

［45］孙军，高彦彦．产业结构演变的逻辑及其比较优势——基于传统产业升级与战略性新兴产业互动的视角［J］．经济学动态，2012.07.

［46］王志标．文化产业人才培养的困惑与产学结合的探索［J］．学术论坛，2012.10.

［47］段乐川．河南文化产业投融资现状、问题和对策［J］．中州大学学报，2013.03.

［48］张霁月．“少林电影热”与河南少林文化产业构建发展研究［J］．河南大学学报（社会科学版），2013.03.

［49］纪明辉．关于吉林省特色文化产业的调查与思考［J］．吉林工程技术师范学院学报，2013.04.

［50］齐勇锋，吴莉．特色文化产业发展研究［J］．中国特色社会主义研究，2013.05.

［51］李建柱．论区域特色文化产业发展的困境与对策——以吉林省为例［J］．延边大学学报，2013.05.

［52］朱欣悦等．文化产业价值链的构成及拓展［J］．经济纵横，2013.07.

[53] 黄先蓉，郝婷．现代文化市场体系建设的政策需求与制度创新［J］．科技与出版，2013.12.

[54] 周变丽．河南省文化产业发展优势及战略选择［J］．经济研究导刊，2013.14.

[55] 郭艳．加快河南文化产业园区建设，形成集聚效应——河南文化产业园区建设对策研究［J］．河南教育学院学报（社会科学版），2013.32.

[56] 戴治勇．法治、信任与企业激励薪酬设计［J］．管理世界，2014.02.

[57] 潘勇．公众文化消费现状及需求调查报告——以河南为例［J］．调研世界，2014.03.

[58] 李文博．集群情景下小微企业进化创业行为的驱动机理［J］．科学研究，2014.03.

[59] 北京市长城企业战略研究所．产业价值链运动三规律［J］．高科技与产业化，2014.03.

[60] 司晴川．文化创意产业在美国发展的路径及经验［J］．世界经济与政治，2014.04.

[61] 王海杰，宋姗姗．基于马克思价值链理论的欠发达地区产业发展研究［J］．当代经济研究，2014.04。

[62] 吴琼．文化经济视域下文化资源资本融合的实践路径［J］．求实，2014.05.

[63] 向勇．文化产业融合战略：一源多用与全产业价值链［J］．前线，2014.06.

[64] 杨轶雯．产业融合下产业竞争力提升路径选择——以动漫业和旅游业的发展为例［J］．商业时代，2014.07.

[65] 王亚南，方彧．深化文化体制改革机制创新的若干现实问题透析［J］．社会科学，2014.08.

[66] 赵砚文，李秀然．河北省文化产业人才培养路径研究［J］．河北

学刊，2014. 09.

［67］高书生．我国文化产业发展的总体状况和主要特征［J］．经济与管理，2015. 05.

［68］黄永林，纪东东．湖北省文化体制改革现状分析与对策研究［J］．中国地质大学学报，2015. 07.

［69］王桂兰，宋良．河南文化发展与经济发展的关联性研究——基于与全国及京沪粤同期的比较［J］．河南师范大学学报，2015. 09.

［70］黄宁，张国胜．演化经济学中的技术赶超理论：研究进展与启示［J］．技术经济，2015. 09.

［71］邓向阳，荆亚萍．中国文化产业新业态创新模式及其发展策略［J］．中国出版，2015. 16.

［72］王猛．河南民营文化企业产业发展研究［J］．中小企业管理与科技，2016.

［73］王芳芳，李萍．论日本民间团体在新药受试者保护中的作用——以日本药害监督专员协会为例［J］．日本研究，2016. 01.

［74］邓文君，温雯．法国文化产业竞争力的产业模型分析［J］．学术研究，2016. 1.

［75］王帅，张友祥．互联网驱动下我国文化产业融资模式探讨［J］．税务与经济，2016. 02.

［76］侯英．文化产业金融支持体系创新研究［J］．经济问题，2016. 03.

［77］黄娟．我国文化产业绿色发展探析［J］．中原文化研究，2016. 04.

［78］胡辉，华陈楚，烽郑．后双重管理体制时代的行业协会如何成长发展？——以广东省物流行业协会为例［J］．公共行政评论，2016. 04.

［79］冯晓棠，张爱英．文化要素为核心的产业融合新趋势分析［J］．经济问题，2016. 04.

［80］卫绍生，张锦．河南文化产业 10 年回顾与思考［J］．河南教育

学院学报，2016.05.

［81］郭万超．产业融合必然塑造新的市场结构［J］．中国民商，2016.11.

［82］李玮．全球价值链理论和发展中国家产业升级问题研究［J］．工业技术经济，2017.01.

［83］李凤亮，宗祖盼．经济新常态背景下文化业态创新战略［J］．北京大学学报（哲学社会科学版），2017.01.

［84］张旭．从转变经济发展方式到供给侧结构性改革——中国经济战略的调整与实施［J］．经济纵横，2017.03.

［85］李凤亮，潘道远．新业态视域下的广东文化产业竞争力研究［J］．广东社会科学，2017.04.

［86］Bourdieu P. Social space and symbolic power［J］. SociologicalTheory，1989，（4）.

［87］Throsby. D. Cultural Capital［J］. Jounal of Cultural Economics，1999，23（1）.

［88］王芳芳．二程的“孔颜乐处”观探论［D］．湖南师范大学，2010.

［89］王可．河南省文化产业发展趋势研究［D］．郑州大学，2013.

［90］党琼．河南文化产业发展现状研究［D］．郑州大学，2014.

［91］张雪丽．河南文化产业发展问题研究——以民权画虎村为例［D］．郑州大学，2013.

［92］黄增强．中原广告产业园运营模式研究［D］．郑州大学，2014.

［93］柳成瑞．我国行业协会规制研究［D］，兰州大学，2015.

［94］张俊非．完善河南省文化产业金融支持政策研究［D］．河南大学，2015.

［95］刘珊．文化产业发展促进区域经济发展方式转变的作用机制及实证研究［D］．江西财经大学，2015.

［96］孙田江．民营医药企业研发人才激励及其对创新绩效的作用机理

[D]. 江苏大学，2016.

[97] 付卓．我国文化产业融资模式研究 [D]. 吉林财经大，2016.

[98] 惠林．文化产业发展与国家文化安全——全球化背景下中国文化产业发展问题思考 [C]．文化产业的发展和管理．上海：学林出版社，2001.

政府公报类

[1]《2013 年普洱市国民经济和社会发展统计公报》，普洱市统计网，2014 年 3 月 24 日．

[2] 河南省文化厅编印．河南省文化产业统计资料》，2005 年．

[3] 河南省文化厅编印．河南省文化产业统计资料》，2016 年．

[4] 河南省统计局．河南统计年鉴（2016）．中国统计出版社，2016. 11.

报纸类

[1] 侯菊英，周志远．《加快河南文化产业发展的对策思考》[N]. 河南日报，2013 年 5 月 22 日第 5 版．

[2] 张玉玲．《文化产业如何适应新常态——从中央经济工作会议看 2015 年文化产业发展》[N]. 光明日报，2014 年 12 月 18 日．

[3] 范建华．《“十三五”中国文化产业带状发展新趋势》[N]. 中国文化报，2015 年 5 月 20 日第 006 版．

[4] 郭永辉．《“文化+”与文化产业的崛起》[N]. 光明日报，2015 年 11 月 23 日第 7 版．

后 记

党的十八届五中全会通过的《中共中央关于制定国民经济和社会发展第十三个五年规划的建议》明确提出，未来五年，一定要努力实现“文化产业成为国民经济支柱性产业”的战略目标，将文化产业定位推向了新的高度。打造国民经济支柱性产业的核心，关键在于提高文化产业竞争力优势。在文化产业的生存和发展因素中，政策是影响文化产业发展的最大变量，而文化产业经济政策是文化产业发展的支撑性政策。只有研究好、发展好、掌握好文化产业经济政策，才能更好地引导、推动文化产业的积极健康发展。从近二十年的政策实践来看，文化产业经济政策极大地促进了文化产业的发展，并取得了丰硕成果，因此，对我国文化产业产生以来颁布的文化产业经济政策进行回顾，就显得十分必要。

河南作为中国的缩影，文化原创内容更是匮乏，缺乏核心竞争力。今后，河南要以创新为引领继续重点发展文化创意产业，包括出版发行、影视制作、演艺娱乐、数字影音和动漫游戏等，提升文化内容的原创能力，是实现“文化强省”的根本途径。河南省应出台促进文化产业创新的政策，对人才、创意、资金、知识产权保护等作出规定，从政策上给予发展保障。除了财政资金支持外，积极吸引社会资本投入到文化产业的发展上，加快设立中原文化产业投资基金，支持各地组建专业文化投融资平台，积极引导文化产业规模化、规范化发展。除此之外，还要出台措施保障重点文化产业项目建设用地。

本著是集体智慧的结晶，杨健燕教授提出总提纲，朱金瑞教授负责全书的组织协调工作。全书共分七章，杨健燕教授、杜继锋撰写第一章；刘蕴博士撰写第二章；王萌博士、刘蕴博士撰写第三章；王萌博士撰写第四章；沙家强博士撰写第五章；路向峰博士撰写第六章；马静博士撰写第七章。全书由杨健燕教授审稿，程文晋教授统稿，刘蕴博士校对。由于时间仓促，水平有限，难免有不足之处，敬请专家学者批评指正。

杨健燕

2017 年 3 月于龙子湖　毓苑

附：1993年以来有关文化经济政策一览表

1993—2002年颁布的文化经济政策

类别	年份	名称	来 源
中央政策	1993	《国家税务总局、文化部、国家体委关于来我国从事文艺演出及体育表演收入应严格依照税法规定征税的通知》	国家税务总局 文化部、国家体委
	1994	《关于继续对宣传文化单位实施财税优惠政策的规定》	国务院
	1994	《国家税务总局关于境外团体或个人在我国从事文艺及体体育演出有关税收问题的通知》	国家税务总局
	1996	《国务院关于进一步完善文化经济政策的若干规定》	国务院
	1996	《国家税务总局关于对电影发行单位的发行不征收营业税的通知》	国家税务总局
	2000	《国务院关于支持文化事业发展若干经济政策的通知》	国务院
	2000	《国家税务总局关于明确电子出版物属于软件征税范围的通知》	国家税务总局
	2000	《国家税务总局关于出版物广告收入有关增值税问题的通知》	国家税务总局
	2001	《财政部、国家税务总局关于出版物和电影拷贝增值税及电影发行营业税政策的通知》	财政部 国家税务总局
	2001	《中华人民共和国文化产业发展第十个五年计划纲要》	文化部
	2002	《财政部、国家税务总局关于企业等社会力量向中华社会文化发展基金会的公益救济性捐赠税前扣除问题的通知》	财政部 国家税务总局
	2002	《财政部、国家税务总局关于电视收费征收营业税问题的通知》	财政部 国家税务总局

续表

类别	年份	名称	来 源
地方政策	2000	《2001—2005 年北京市文化建设发展纲要》	北京市
	2000	《陕西省文化厅关于加快我省发展文化产业的意见》	陕西省
	2001	《北京市文化事业发展“十五”规划和 2010 年远景目标》	北京市
	2001	《江苏省 2001—2010 年文化大省建设规划纲要》	江苏省
	2001	《江苏省人民政府关于加快文化大省建设若干经济政策的意见》	江苏省
	2001	《江苏省文化产业“十五”发展计划》	江苏省
	2001	《吉林省文化系统文化产业“十五”计划和 2015 年规划基本思路》	吉林省
	2001	《浙江省文化厅文化产业“十五”规划及 2010 年远景目标》	浙江省
	2001	《河南省“十五”期间文化产业发展规划》	河南省
	2001	《四川省文化厅关于加快我省文化产业发展的意见》	四川省
	2001	《贵州省文化产业“十五”发展规划》	贵州省
	2002	《中共浙江省委、浙江省人民政府关于深化文化体制改革、加快文化产业发展的若干意见》	浙江省
	2002	《湖南省文化产业发展规划（2001—2010 年）》	湖南省
	2002	《中共湖南省委、湖南省人民政府关于加快文化产业发展若干政策措施的意见》	湖南省
	2002	《关于深化文化体制改革、建设文化大省的若干配套经济政策》	广东省
	2002	《西藏自治区人民政府关于加快发展我区文化产业的若干意见》	西藏自治区
	2002	《广州市文化发展“十五”计划》	广州市

资料来源：文化部文化产业司编：《文化产业政策汇编》（增订本），2006 年 2 月

2003—2011年颁布的文化经济政策

类别	年份	名称	来 源
中央政策	2003	《文化部关于支持和促进文化产业发展的若干意见》	文化部
	2003	《国务院办公厅文化体制改革试点中经营性文化事业单位转制为企业的规定（试行）》	国务院
	2003	《国务院办公厅关于文化体制改革试点中支持文化产业发展的规定（试行）》	国务院
	2003	《财政部、国家税务总局关于出版物增值税和营业税政策的补充通知》	财政部、国家税务总局
	2004	《文化部关于鼓励、支持和引导非公有制经济发展文化产业的意见》	文化部
	2005	《国务院关于鼓励、支持和引导个体、私营等非公有制经济发展的若干意见》	国务院
	2005	《国务院关于非公有资本进入文化产业的若干决定》	国务院
	2005	《财政部、海关总署、国家税务总局关于文化体制改革试点中支持文化产业发展若干税收政策问题的通知》	财政部、海关总署、国家税务总局
	2005	《财政部、海关总署、国家税务总局关于文化体制改革中经营性文化事业单位转制为企业的若干税收政策问题的通知》	财政部、海关总署、国家税务总局
	2005	《财政部、国家税务总局关于印刷少数民族文字出版物增值税政策的通知》	财政部、国家税务总局
	2005	《国家税务总局关于广播电视有线数字付费频道业务征收业税问题的通知》	国家税务总局
	2006	《关于进一步支持文化事业发展若干经济政策的通知》	国务院办公厅
	2006	《关于深化文化体制改革的若干意见》	国务院
	2006	《国家“十一五”时期文化发展规划纲要》	国务院
	2009	《文化产业振兴规划》	国务院
	2009	《财政部、海关总署、国家税务总局关于支持文化企业发展若干税收政策问题的通知》	财政部、海关总署、国家税务总局
	2009	《文化部关于加快文化产业发展的指导意见》	文化部
	2010	《中共中央关于制定国民经济和社会发展第十二个五年规划的建议》	中共中央
	2010	《关于金融支持文化产业振兴和发展繁荣的指导意见》	中宣部、中国人民银行、财政部等九部委
	2011	《中共中央关于深化文化体制改革推动社会主义文化大发展大繁荣若干重大问题的决定》	中国共产党第十七届中央委员会

续表

类别	年份	名称	来 源
行业政策	2003	《外商投资电影院暂行规定》	国家广播电影电视总局
	2004	《文化部关于促进商业演出展览文化产品出口的通知》	文化部
	2004	《关于加快电影产业的若干意见》	国家广播电影电视总局
	2004	《文化部、商务部、海关总署关于促进国产音像制品出口的通知》	文化部、商务部、海关总署
	2004	《电影企业经营资格准入暂行规定》	国家广播电视局、商务部
	2005	《文化部、财政部、人事部、国家税务总局关于鼓励和发展民营文艺表演团体的意见》	文化部、财政部、人事部、国家税务总局
	2005	《外商投资电影院暂行规定》的补充规定	国家广播电影电视总局、商务部、文化部
	2005	《电影企业经营资格准入暂行规定》的补充规定	国家广播电影电视总局、商务部
地方政策	2003	《关于深化文化体制改革、建设文化大省的若干配套经济政策》	广东省
	2003	《广东省建设文化大省规划纲要（2003—2010）》	广东省
	2003	《天津市2003—2007年文化教育卫生体育产业发展实施意见》	天津市
	2003	《内蒙古自治区人民政府关于支持文化事业和文化产业发展若干政策的通知》	内蒙古自治区
	2003	《内蒙古自治区文化产业2003年至2010年发展规划》	内蒙古自治区
	2003	《关于深化文化体制改革、加快文化产业发展、全面加强文化建设的意见》	辽宁省
	2003	《安徽省文化产业发展规划纲要》	安徽省
	2003	《江西省文化系统2003 — 2010年文化产业发展规划》	江西省
	2003	《河南省文化厅关于加快文化产业发展的若干意见》	河南省
	2003	《广西壮族自治区文化厅关于加快发展广西文化产业的若干意见》	广西壮族自治区
	2003	《四川省文化厅关于加快我省文化产业发展的意见》	四川省
	2004	《上海市文化产业发展规划（2004-2010）》	上海市
	2004	《黑龙江省文化厅关于进一步促进文化产业发展的意见》	黑龙江省
	2004	《湖北省文化事业和文化产业发展规划（2004—2010）》	湖北省

续表

类别	年份	名称	来 源
地方政策	2004	《中共重庆市委、重庆市人民政府关于积极培育文化市场、加快文化产业发展的意见》	重庆市
	2004	《文化产业改革试点中支持文化产业发展的实施办法（试行）》	重庆市
	2004	《云南省加快文化产业发展的若干政策》	云南省
	2004	《中共云南省委、云南省人民政府关于深化文化体制改革、加强文化产业发展的若干意见》	云南省
	2004	《陕西省文化系统文化产业发展规划（2004 年—2010 年）》	陕西省
	2004	《甘肃省人民政府关于加快和促进文化产业发展的意见》	甘肃省
	2005	《北京市文化产业发展规划（2004—2008 年）》	北京市
	2005	《河南省建设文化强省规划纲要（2002—2020 年）》	河南省
	2005	《中共河南省委、河南省人民政府关于大力发展文化产业的意见》	河南省
	2005	《河南省国资委关于大力支持文化产业体制改革的若干意见》	河南省
	2005	《河南省国土资源厅关于大力支持文化产业发展的意见》	河南省
	2005	《河南省商务厅关于大力支持文化产业发展的意见》	河南省
	2005	《河南省工商行政管理局关于大力支持文化产业发展的意见》	河南省
	2005	《河南省国家税务局关于大力支持文化产业发展的意见》	河南省
	2005	《河南省地方税务局关于落实税收政策、大力支持文化产业发展的意见》	河南省
	2005	《关于加快文化产业发展若干经济政策》	深圳市
	2005	《关于建设文化产业基地的实施意见》	深圳市
	2005	《关于扶持动漫游戏产业发展的若干意见》	深圳市
	2005	《陕西省文化产业发展纲要》	陕西省
	2005	《陕西省财政厅、陕西省地方税务局、陕西省国家税务局关于支持文化事业发展若干经济政策的意见》	陕西省
	2005	《青海省文化厅关于加快非公有制文化产业发展的意见》	青海省
	2006	《深圳市文化产业发展“十一五”规划》	深圳市
	2007	《山东省关于深化文化体制改革加快文化产业发展的若干政策》	山东省
	2007	《山东省文化产业发展专项规划（2007—2015）》	山东省

资料来源：根据相关资料整理

2012—至今颁布的文化经济政策

类别	年份	名称	来源
中央政策	2012	《国家“十二五”时期文化改革发展规划纲要》	中共中央办公厅、国务院办公厅
	2012	《文化部“十二五”时期文化产业倍增计划》	文化部
	2014	《国务院关于推进文化创意和设计服务与相关产业融合发展的若干意见》	国务院
	2014	《文化部、中国人民银行、财政部关于深入推进文化金融合作的意见》	文化部、中国人民银行、财政部
	2014	《国务院关于加快发展对外文化贸易的意见》	国务院
	2014	《国务院关于大力支持小微文化企业发展的实施意见》	国务院
	2014	《国务院办公厅关于印发文化体制改革中经营性文化事业单位转制为企业和进一步支持文化企业发展两个规定的通知》	国务院办公厅
	2014	《文化部、财政部关于推动特色文化产业发展的指导意见》	文化部、财政部
	2014	《财政部、国家税务总局关于继续实施文化体制改革中经营性文化事业单位转制为企业若干税收政策的通知》	财政部、国家税务总局
	2014	《财政部、海关总署、国家税务总局关于继续实施支持文化企业发展若干税收政策的通知》	财政部、海关总署、国家税务总局
	2014	《国务院办公厅关于印发文化体制改革中经营性文化事业单位转制为企业和进一步支持文化企业发展两个规定的通知》	国务院办公厅
	2015	《文化部办公厅关于扶持成长型小微文化企业工作方案的通知》	文化部办公厅
	2015	《财政部、发展改革委、人民银行关于在公共服务领域推广政府和社会资本合作模式指导意见》	财政部、发展改革委、人民银行
	2016	《关于推动文化文物单位文化创意产品开发的若干意见》	文化部、国家发展改革委、财政部、国家文物局
	2017	《国家“十三五”时期文化发展改革规划纲要》	中共中央办公厅、国务院办公厅
	2017	《“十三五”时期文化扶贫工作实施方案》	文化部
	2017	《文化部“十三五”时期文化产业发展规划》	文化部

续表

类别	年份	名称	来 源
地方政策	2016	《北京市“十三五”时期文化创意产业发展规划》	北京市委、发改委
	2016	《关于加快发展对外文化贸易的实施意见》	北京市政府办公厅
	2014	《天津市人民政府关于加快服务业发展的意见》	天津市人民政府
	2017	《关于加快推进知识产权强市建设的实施意见》	天津市
	2017	《关于推动山西省文化文物单位文化创意产品开发的实施意见》	山西省文化厅、省发改委、省财政厅、省文物局
	2017	《山西省“十三五”文化改革发展规划》	山西省发改委、省文化厅
	2017	《山西省“十三五”文化强省规划》	山西省政府
	2017	《内蒙古自治区知识产权事业发展“十三五”规划》	内蒙古自治区人民政府办公厅
	2017	《内蒙古自治区“十三五”文化改革发展规划》	内蒙古自治区
	2017	《辽宁省“十三五”时期文化改革发展规划》	辽宁省文化厅
	2016	《吉林省人民政府办公厅关于金融支持文化产业发展的实施意见》	吉林省人民政府办公厅
	2017	《关于推动文化文物单位文化创意产品开发的实施意见》	吉林省省文化厅、省发改委、省财政厅
	2016	《黑龙江省“十三五”时期贫困地区公共文化服务体系建设工作方案》	黑龙江省文化厅、省发改委、省民委、省财政厅、省新闻出版广电局、省体育总局、省扶贫办
	2014	《关于促进上海电影发展的若干政策》	上海市委宣传部等
	2014	《上海市关于深入推进文化与金融合作的实施意见》	上海市委宣传部等
	2015	《上海市政府关于贯彻<国务院关于推进文化创意和设计服务与相关产业融合发展的若干意见>的实施意见》	上海市政府
	2017	《江苏省文化厅“十三五”文化发展规划》	江苏省文化厅
	2016	《南京市推进文化创意和设计服务与相关产业融合发展行动计划（2015—2017 年）》	南京市
	2016	《浙江省文化发展“十三五”规划》	浙江省发改委、省文化厅
	2015	《浙江省人民政府办公厅关于进一步推动我省文化产业加快发展的实施意见》	浙江省人民政府办公厅
	2016	《河南省支持文化企业发展和经营性文化事业单位转企改制的若干政策》	河南省政府办公厅
	2016	《广东省推进文化创意和设计服务与相关产业融合发展行动计划（2015—2020 年）》	广东省人民政府

资料来源：根据相关资料整理